上・中級
公務員試験

人文科学

[改訂第2版]

日本史／世界史／地理
思想／文学・芸術

本書の特長と使い方

本書の特徴

　大卒程度の国家総合職・専門職・一般職,地方上級(全国型・東京都・特別区),市役所で出題された最近の過去問を分析し,頻出事項を厳選してわかりやすく解説しています。その中でも特に公務員試験でねらわれやすいテーマは,ランキング形式で「重要テーマBEST10」としてまとめ,科目の冒頭に掲載しています。

まずはここを読み,重要ポイントを頭にいれておきましょう。

　本書のテーマ分類は,最新版「新スーパー過去問ゼミ」シリーズに準拠しており,併用して学習を進めることで一層理解を深めることができます。特に覚えるべき項目は赤字になっているので,付録の「暗記用赤シート」を使って赤字を隠し,スピーディーに何度も知識の定着度合いをチェックすることができます。

① テーマタイトル
各科目のテーマ分類は,「新スーパー過去問ゼミ」シリーズに準拠しています。

② テーマ別頻出度
出題頻度・重要度をA,B,Cの3段階で表示

③ 試験別頻出度
国家総合職,国家一般職[大卒],国家専門職[大卒],地方上級(全国型・東京都・特別区),市役所(C日程)の各試験における出題頻度を★の数で表示
★★★→最頻出
★★☆→頻出
★☆☆→出題あり
───→出題なし

④ 学習のポイント
各テーマの全般的な出題傾向と学習に当たっての注意点をコンパクトに解説

---

② ① C 縄文・弥生・古墳時代

試験別頻出度	国家専門職 ★☆☆	地上特別区 ──
国家総合職 ──	地上全国型 ──	市役所C ──
国家一般職 ★☆☆	地上東京都 ──	

④ 学習のポイント
◎縄文・弥生時代の時期や○○○様式の特色を区別して理解しておこう。
◎古墳時代を含めて,遺跡が○○時代に当たるかを問われることも多く,各時代の遺跡の特徴を整理しておきたい。

❶ 石器時代
打製石器を使って狩猟・漁労・採集の生活をしていた旧石器時代と,磨製石器,土器の製作,水稲耕作が始まった新石器時代に区分される。

●旧石器時代の特色

更新世(洪積世)約200万年～約1万年前 氷河時代	打製石器・尖頭器・細石器の使用 先土器文化(無土器文化):土器は作られていない	狩猟・漁労・植物の採集生活

❷ 新石器時代─地質年代の完新世(沖積世)
磨製石器や縄文土器が作られた縄文時代,弥生土器と金属器が使用され,水稲耕作が伝来して階級社会が生じた弥生時代に区分される。

期間	縄文時代	弥生時代
	1万年前～紀元前4世紀	紀元前3世紀～3世紀頃
社会	狩猟・漁労,採集生活 貧富の差のない社会	水稲耕作の開始❶。織物が作られる 貧富の差が生じ,階級が発生
石器	打製石器・磨製石器	磨製石器
金属	未使用	鉄器・青銅器
住居	竪穴住居	竪穴住居・高床倉庫・平地式建物
埋葬	屈葬	伸展葬・甕棺墓・支石墓など
信仰	アニミズム,土偶,抜歯❷	青銅製祭器(銅剣,銅矛(銅鉾)・銅戈,銅鐸❸)
分布	日本列島全域	南西諸島・北海道を除く地域

---
❶ 紀元前4～3世紀頃朝鮮半島から九州北部に伝わり,2世紀頃までに本州北端に広がった
❷ 成人儀礼の習俗　❸ 平形銅剣は瀬戸内中部,銅矛(銅鉾)・銅戈は九州北部,銅鐸は近畿を中心として分布

12

2

「新スーパー過去問ゼミ」シリーズを解き進めるのと並行して本書を読み，知識を整理しながら覚えていくのも効果的ですが，はじめに「重要テーマBEST10」をざっと読んで，順位の高いテーマから取り組んでいくのもよいでしょう。また，試験別の頻出度を★の数で示しているので，本試験まで時間がない受験生は，自分が受ける試験の頻出度の高いテーマから取り組むことをお勧めします。

学習の締めくくりには1問1答形式の科目別「スコアアタック」を解き，間違ったところを中心に繰り返し解きなおしましょう。

過去問を解きながら，また，通学・通勤などのスキマ時間を活用し，本書を繰り返し学習して知識分野のマスターをめざしてください。

第1章　古代・中世

❸ 古墳時代　⑤

弥生時代以降，3世紀後半から7世紀まで古墳が盛んに作られた時代で，ヤマト政権が全国的に勢力を広げていった時期に当たる。7世紀以降，仏教が広まるにつれて火葬が行われ，古墳（土葬）の築造は衰退していく。

	前期（形成期）	中期（最盛期）	後期（衰退期）
期間	3世紀後半～4世紀	4世紀末～5世紀	6～7世紀
形態	・前方後円墳・前方後方墳	前方後円墳などの**巨大古墳**	小円墳を中心とする群集墳
内部	竪穴式石室	竪穴式石室・横穴式石室	横穴式石室　装飾壁画が見られる
副葬品	土師器　鏡，玉，碧玉などの呪術的宝器	土師器・須恵器　甲冑，剣，馬具などの武具	須恵器　金銅製の武具・工芸装身具
埴輪	円筒埴輪	**形象埴輪**：人・動物など	衰退
分布	近畿・瀬戸内海沿岸	日本列島の平野部	山麓や山間部でも築造
古墳	箸墓古墳	大仙陵古墳	藤ノ木古墳

❹ 縄文・弥生・古墳時代の土器の特色

縄文土器	縄文時代。焼成温度が600～800℃と低く，厚手でもろい。黒褐色。撚糸文，貝殻文，渦巻文，無文など文様はさまざま
弥生土器	弥生時代の焼成温度が1,000℃と高く，薄手。赤褐色。文様は主に幾何学文様か，無文。ロクロは使用されていない
土師器	古墳時代前期～中期。弥生土器の流れをひく素焼きの土器
須恵器	古墳時代中期～後期。焼成温度が1,000℃以上と高く，灰色で硬い。渡来人がロクロと登窯を使用する製法を伝えた

プラス+α　近年の考古学ニュース　⑥

2009年以降の発掘調査で，邪馬台国の候補地として纒向遺跡・箸墓古墳（いずれも奈良県）が有力な見解が話題となった。また，2017年には福岡県の沖ノ島が世界文化遺産に登録された。2021年には北海道・北東北の縄文遺跡群が世界遺産に登録された。考古学の時事的ニュースには目を留めておこう。

日本史

世界史

地理

思想

文学・芸術

⑤付属の赤シート

赤シートをかぶせると，赤字で記されている部分が見えなくなるので，穴埋め問題のように使うことも可能。

自分なりの書き込みを加える際も，赤色やピンク色のペンを使えば，同様の使い方ができる。

⑥プラスα

テーマの理解をさらに一歩深めるために挑戦してほしい問題や解説

人文科学の出題傾向&学習法

　人文科学は，「日本史」「世界史」「地理」「思想」「文学・芸術」からなる。試験によっては「歴史」「文化」などの科目名で総合的な内容が出題されることもある。いずれも範囲の広い科目であり，今後は科目横断的な出題がさらに増えると予想されるので，頻出分野に的を絞った効率的な学習が必要となる。「暗記科目」の性質上，細切れの時間を利用するなどして，知識のインプットを心掛けたい。あとは過去問を解いて出題パターンをつかもう。1科目当たりの出題数を考えれば，いたずらに時間を費やすのは得策ではない。高校時代に履修してなじみのある科目や，興味・関心のある分野に絞って学習するのも一手であろう。

【 日本史 】　日本史は「古代・中世」「近世」「近代・現代」，さらに「テーマ別通史」に大別される。試験によって多少違いはあるが，江戸時代が最頻出で，最近は明治～昭和期・戦後史の出題も増えてきている。また対外関係に関する問題のほか，文化史・仏教史・政治史についても要注意である。

【 世界史 】　世界史は「西洋史（古代・中世）」「西洋史（近代）」「西洋史（現代）」「イスラーム史・東洋史」に大別される。最頻出の現代西洋史と中国史を中心に学習を進めるとよい。1テーマ，1時代ずつをつぶしながら，時間の許す範囲で徐々に範囲を広げていこう。

【 地　理 】　地理は「人間と環境」「生活と産業」「世界の諸地域」「日本の地理」に大別される。出題の基本は各地域の特色を問うものである。最新の地図帳を用意して，いつでも見られるようにしておこう。細かい数値の暗記は必要ではないが，基本的な統計データの動向は押さえておきたい。

【思　想】　思想家とその思想の特色・キーワードの組合せ形式が多い。主要著作からの抜粋とその解説という形式も多く見られる。近代思想，日本の思想家，中国の思想家が最頻出テーマ。

【文学・芸術】　文学・芸術は，国家公務員試験での出題がなくなった代わりに，「日本史」「世界史」の中で文学・芸術の関連内容が総合的に問われるパターンが増えている。東京都ではジャンルを問わず日本に関する文化・芸術が頻出である。

教養試験の科目別出題数（令和3年度）

科目＼試験	国家総合職［大卒］	国家一般職［大卒］	国家専門職［大卒］	地方上級（全国型）※	地方上級（東京都）	地方上級（特別区）	市役所（C日程）※
政治	2	2	1	4	2	3	2
経済	1	1	1	3	1	1	2
社会	0	0	1	5	0	0	5
時事	3	3	3	0	5	4	0
日本史	1	1	1	2	1	1	2
世界史	1	1	1	2	1	1	2
地理	1	1	1	2	1	1	1
思想	1	1	1	0	0	1	0
文学・芸術	0	0	0	0	1	0	0
数学	0	0	0	1	0	0	1
物理	1	1	1	1	1	2	1
化学	1	1	1	2	1	2	1
生物	1	1	1	2	1	2	2
地学	0	0	0	1	1	2	1
文章理解	11	11	11	8	8	9	6
判断推理	8	8	8	9	5	9	4
数的推理	6	5	5	7	7	6	4
資料解釈	2	3	3	1	4	4	2
計	40	40	40	50	40	40/48※	40

※地方上級（全国型）とは，地方公務員採用上級試験（道府県・政令指定都市）の共通問題のうち，広く全国的に分布しているタイプ。市役所（C日程）とは，市役所上級試験のうち，多くの市役所が実施する9月の出題タイプ。40/48は48問中40問選択解答。

CONTENTS

人文科学

日本史

人文科学
日本史

重要テーマ BEST10

本試験の出題傾向から，重要と思われるテーマをランキングした。学習の優先順位の参考にしよう。

1 江戸時代の幕藩体制の推移　P.28~33

　各徳川将軍の政治の特色を的確に把握しておくことが重要。家康から3代将軍家光までの武断政治，儒教を重視し，湯島聖堂を建立した5代将軍綱吉と新井白石による正徳の治に代表される文治政治，享保・寛政・天保の三大改革，薩長による倒幕運動が展開された幕末までの流れを整理しておこう。

2 文化史　P.42~45

　文化史が頻出テーマの一つ。飛鳥文化から江戸時代の化政文化まで，世界遺産に登録されている神社仏閣を中心に，有名な文学作品・絵画作品に関する正確な知識を問う問題も多い。仏教史や教育史など通史的な出題も見られる。映像や写真などで実物を確認しておくとよい。

3 明治時代　P.34~37

　新政府の政策では，富国強兵と殖産興業による近代化政策が頻出。自由民権運動から大日本帝国憲法の発布までの流れでは，民権派と政府の両方の動きが問われる。日清戦争と日露戦争の原因と結果，韓国併合に至る国際関係をグローバルな視点でとらえておく。

4 戦後史

P.42~45

戦後の日本を振り返る出題が増えている。GHQによる占領時代，日本の戦後処理の歴史，高度成長時代，バブル経済時代まで，日本の政治経済を問う問題がみられる。各時代の首相の取り組みもあわせて理解しておきたい。

5 室町幕府の政治と文化

P.22・49

政治面だけでなく，文化に関する出題も多い。3代将軍足利義満の金閣と北山文化，8代将軍義政の銀閣と東山文化など基本事項を押さえ，さらに，応仁の乱後の京都の荒廃も理解しておく。

6 鎌倉幕府の執権政治

P.21

源頼朝が成立させた初の封建制度とその支配機構は重要。北条時政から始まる執権政治も頻出事項なので，執権の政策に目を通しておきたい。蒙古襲来前後の社会状況の変化にも要注意。

7 対外交渉史

P.56~61

各時代の為政者が，東アジアの国々や欧米列強に対しどのような外交政策をとってきたのか，通史的に時代をまたぐ形での出題が多い。各時代の貿易の特徴や，相手国の名を組み合わせて理解しておきたい。

8 大正時代から昭和初期

P.38~41

2つの護憲運動の発生・展開と，第一次世界大戦参戦の経緯がよく問われる。大正デモクラシーの風潮も理解しておきたい。

9 織豊政権

P.25~27

織田信長と豊臣秀吉の政策の違いを押さえ，城郭建築に独自の特色が反映されている桃山文化も確認しておくこと。

10 律令制度の変遷

P.16~18

飛鳥時代に大宝律令（701年）が制定され，律令国家としてスタートするまでの過程，平安時代に新たに令外官が設置され，三代格式が編纂された経緯を，社会の変化もあわせて確認しておこう。

学習の ポイント
◎縄文・弥生時代の時期や土器，生活様式の特色を区別して理解しておこう。
◎古墳時代を含めて，遺跡からどの時代に当たるかを問われることも多く，
各時代の遺跡の特徴を整理しておきたい。

❶ 石器時代

打製石器を使って狩猟・漁労・採集の生活をしていた**旧石器時代**と，
磨製石器，土器の製作，水稲耕作が始まった**新石器時代**に区分される。

●旧石器時代の特色

更新世（洪積世）約200万年～約1万年前氷河時代	打製石器・尖頭器・細石器の使用先土器文化（無土器文化）：土器は作られていない	狩猟・漁労・植物の採集生活

❷ 新石器時代―地質年代の完新世（沖積世）

磨製石器や縄文土器が作られた縄文時代，弥生土器と金属器が使用され，水稲耕作が伝来して階級社会が生じた弥生時代に区分される。

	縄文時代	弥生時代
期間	1万年前～紀元前4世紀	紀元前3世紀～3世紀頃
社会	狩猟・漁労，採集生活貧富の差のない社会	水稲耕作の開始❶。織物が作られる貧富の差が生じ，階級が発生
石器	打製石器・磨製石器	磨製石器
金属	未使用	鉄器・青銅器
住居	竪穴住居	竪穴住居・高床倉庫・平地式建物
埋葬	**屈葬**	**伸展葬**。甕棺墓・支石墓など
信仰	アニミズム，土偶，抜歯❷	**青銅製祭器**（銅剣，銅矛，銅戈，銅鐸❸）
分布	日本列島全域	南西諸島・北海道を除く地域

---

❶ 紀元前4～3世紀頃朝鮮半島から九州北部に伝わり，2世紀頃までに本州北端に広がった
❷ 成人儀礼の習俗　　❸ 平形銅剣は瀬戸内中部，銅矛（銅鉾）・銅戈は九州北部，銅鐸は近畿を中心として分布

❸ 古墳時代

　弥生時代以降，3世紀後半から7世紀まで古墳が盛んに作られた時代で，ヤマト政権が全国的に勢力を広げていった時期に当たる。7世紀以降，仏教が広まるにつれて火葬が行われ，古墳（土葬）の築造は衰退していく。

	前期（形成期）	中期（最盛期）	後期（衰退期）
期間	3世紀後半～4世紀	4世紀末～5世紀	6～7世紀
形態	円墳・前方後円墳・前方後方墳	前方後円墳などの**巨大古墳**	小円墳を中心とする群集墳
内部	竪穴式石室	竪穴式石室・横穴式石室	横穴式石室装飾壁画が見られる
副葬品	土師器鏡，玉，碧玉などの呪術的宝器	土師器・須恵器甲冑，剣，馬具などの武器	須恵器金銅製の武具・工芸装身具
埴輪	**円筒埴輪**	**形象埴輪**：人・動物など	衰退
分布	近畿・瀬戸内海沿岸	日本列島の平野部	山麓や山間部でも築造
古墳	箸墓古墳	大仙陵古墳	藤ノ木古墳

❹ 縄文・弥生・古墳時代の土器の特色

縄文土器	縄文時代。焼成温度が600～800℃と低く，厚手でもろい。黒褐色。撚糸文，貝殻文，渦巻文，無文など文様はさまざま
弥生土器	弥生時代の焼成温度が1,000℃と高く，薄手で硬い。赤褐色。文様は主に幾何学文様か，無文。ロクロは使用されていない
土師器	古墳時代前期～中期。弥生土器の流れをひく素焼きの土器
須恵器	古墳時代中期～後期。焼成温度が1,000℃以上と高く，灰色で硬い。渡来人がロクロと登窯を使用する製法を伝えた

プラス+ α 近年の考古学ニュース

2009年以降の発掘調査で，邪馬台国の候補地として纒向遺跡・箸墓古墳（いずれも奈良県）が有力という見解が話題となった。また，2017年には福岡県の沖ノ島が世界文化遺産に登録された。2021年には北海道・北東北の縄文遺跡群が世界遺産に登録された。考古学の時事的ニュースには目を留めておこう。

❺ 旧石器・縄文・弥生・古墳時代の注目の遺跡

旧石器時代	岩宿遺跡 (群馬県)	1949年，相沢忠洋が関東ローム層（更新世後期の地層に火山灰が堆積して形成）から打製石器（黒曜石の石片）を発見。旧石器文化の存在が証明された
縄文時代	三内丸山遺跡 (青森県)	紀元前3500年から1,500年間続いた大集落跡。竪穴住居や高床倉庫，墓群など計画的に整備された集落。また出土品から遠隔地との交易が行われていたことがわかった
弥生時代	吉野ヶ里遺跡 (佐賀県)	弥生時代全時期にわたる，墳丘墓，高床倉庫群，物見櫓を備えた大規模な環濠集落跡。1998年，九州にはないとされてきた銅鐸が出土し話題となった。『魏志』倭人伝に記された女王卑弥呼の邪馬台国との関連で注目されている
	登呂遺跡 (静岡県)	竪穴住居群，高床倉庫，水田跡，畔畔などが発掘。弥生後期の農耕生活像が明らかになった
古墳時代	稲荷山古墳 (埼玉県)	古墳時代中期。金象嵌の銘文のある鉄剣が出土。銘文中の「辛亥年」は471年，大王名はワカタケルとされ，この頃すでにヤマト政権の勢力が東国地方にまで及んでいた。この銘文は，**江田船山古墳出土鉄剣銘文**とともに，漢字の早い使用例
	岩戸山古墳 (福岡県)	古墳時代後期。527年，筑紫国造の磐井がヤマト政権の新羅征討を阻むため古代最大の内乱を起こした（**磐井の乱**）。岩戸山古墳はその磐井の墓とされる。石人・石馬で知られる

❻ ヤマト政権の成立

王を中心とする大和地方の豪族たちが初めて国内統一を果たした権力体制。対外的にも「倭の五王」などが積極的に交流を図った。

□【 ヤマト政権 】…4世紀頃，大和地方を中心に，王（**大王→天皇**）と呼ばれた首長と豪族たちが連合して統一した政権。高句麗の好太王碑によると，391年倭軍が朝鮮に出兵とあるから，4世紀末頃には国内統一を進めていたとされる。

□【 倭の五王 】…5世紀，中国の南朝に朝貢した五王（五人の倭王）で，『宋書』倭国伝などに記されている。朝鮮の高句麗の南下に対抗するため高い称号を得ようとし，また大陸文化の摂取に努めた。

❼ ヤマト政権の支配体制

ヤマト政権は，豪族を統制する氏姓制度，人民・土地を支配する部民制度によって権力・経済基盤を強化していった。

□【 氏姓制度 】…氏という血縁的集団である豪族に姓（地位）を与えて政治的・社会的身分を秩序づけて統制した制度。氏の首長を氏上，その成員を氏人と呼んだ。

●姓の種類

中央の豪族	臣	蘇我・平群・葛城・巨勢	大臣（最有力者）→蘇我
	連	大伴・物部・中臣・忌部	大連（最有力者）→大伴・物部
地方の豪族	君	筑紫・上毛野	国造（地方官）・県主（直轄領・小地域の長）
	直	東漢	
	造	馬飼	国造・伴造（朝廷に奉仕する首長）

渡来人には史・忌寸・村主などの姓を与えた。

□【 部民制度 】…ヤマト政権の人民（部民）・土地の支配制度。部民は貢納・労役が義務づけられ，経済的基盤をつくった。

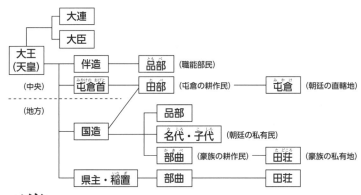

プラス+α

Question ヤマト政権は各地に［ 1 ］を設けて直接管理し，［ 2 ］が労役に従事した。

Answer ［1］屯倉 ［2］田部

日本史

世界史

地理

思想

文学・芸術

頻出度 C
テーマ 2 **律令国家**

試験別頻出度
国家総合職 ───
国家一般職 ★☆☆
国家専門職 ───
地上全国型 ★☆☆
地上東京都 ★☆☆
地上特別区 ★☆☆
市役所C ★☆☆

学習のポイント
◎律令制度の官制や支配体制の内容が出題される。
◎律令制度の崩壊から荘園の発生をふまえて，10世紀頃武士が発生した社会状況を理解しておきたい。

❶ 律令制度の変遷

645年の**大化の改新**後，公地公民制を実施，大宝律令，養老律令が制定され，12世紀まで続く律令制度による政治支配体制が確立した。

●律令制度の形成期

□【 改新の詔 】…646年，孝徳天皇が発布。公地公民制・中央集権体制・班田収授法・租調庸制度の4か条の政治方針を決めた。

□【 公地公民制 】…皇室・豪族の私地・私民を廃し，朝廷の直接支配下に置いた制度。新政権の支配を確立した。

□【 庚午年籍 】…668年，天智天皇は**近江令**を制定し，670年，全国的な戸籍（庚午年籍）を作成した。

□【 壬申の乱 】…671年天智天皇が没すると，翌年，皇位をめぐり，子の**大友皇子**と弟**大海人皇子（天武天皇）**の間に起こった争い。

□【 飛鳥浄御原令 】…天武天皇が制定。689年，持統天皇が施行。

●律令制度の完成期

□【 大宝律令 】…701年，刑部親王・藤原不比等が編修し，日本で初めて完成した律6巻と飛鳥浄御原令を整理した令11巻を制定。

□【 養老律令 】…718年，藤原不比等が編修，律10巻令10巻を制定。

●律令制度の動揺期

人口の増加と負担過重による農民の逃亡・浮浪→公地公民制の崩壊

□【 三世一身法 】…723年，新たに開墾した土地は，3世代にわたって私有できる。

□【 墾田永年私財法 】…743年，開墾田の**永久私有**を認める。公地公民制が崩壊し，**初期荘園**が誕生した。

日本史

世界史

地理

思想

文学・芸術

❷律令制度の政治支配体制

　二官八省を設けた中央官制や地方官制を組織し，班田収授法，租調庸制度を実施して人民を支配し，中央集権国家体制を推進した。

●官制

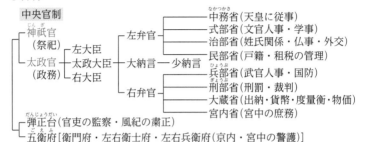

中央官制

- 神祇官（祭祀）
- 太政官（政務）─ 太政大臣 ┬ 左大臣 ─ 左弁官 ┬ 中務省（天皇に従事）
　　　　　　　　　　　　　　　├ 式部省（文官人事・学事）
　　　　　　　　　　　　　　　├ 治部省（姓氏関係・仏事・外交）
　　　　　　　　　　　　　　　└ 民部省（戸籍・租税の管理）
　　　　　　　　├ 大納言 ─ 少納言
　　　　　　　　└ 右大臣 ─ 右弁官 ┬ 兵部省（武官人事・国防）
　　　　　　　　　　　　　　　├ 刑部省（刑罰・裁判）
　　　　　　　　　　　　　　　├ 大蔵省（出納・貨幣・度量衡・物価）
　　　　　　　　　　　　　　　└ 宮内省（宮中の庶務）
- 弾正台（官吏の監察・風紀の粛正）
- 五衛府[衛門府・左右衛士府・左右兵衛府（京内・宮中の警護）]

地方官制

〈諸国〉
畿内・七道 ─ 国（国司）┬ 郡（郡司）─ 里（里長）
　　　　　　　　　　　└ 軍団

〈重要地〉
- 京 ─ 左右京職 ┬ 東西市司
　　　　　　　└ 坊
- 摂津 ─ 摂津職
- 筑紫 ─ 大宰府 ┬ 防人司・鴻臚館
　　　　　　　└ 西海道諸国

●人民への支配体制

土地制度	班田収授法	6年ごとに戸籍を作り，6年に1回，**6歳以上の男女**（良民・賤民）に**条里制**で区画された口分田を班給。口分田の売買は禁止
物品税	租	田租。1段につき稲2束2把の割合（収穫高の3％）
	調	絹・糸・綿・布などの特産物を中央政府に納める
	庸	正丁（21〜60歳の男子）は上京して10日間の労役，もしくは庸布を納める
労働税	雑徭	国司のもとで年間60日以下の労役
	衛士	五衛府の衛士府や衛門府に配属。任期は1年
	防人	大宰府の防人司に配属され，沿岸防備に当たった。任期は3年

プラス+α

Question 日本最初の令とされている法典の名称と制定者は？
Answer 近江令，天智天皇

❸ 律令制度の再建

体制の刷新を図り，律令制度の再建をめざした**桓武天皇**は，794年，平安京に遷都し，平安時代が始まった。

- □【 **勘解由使**(かげゆし) 】…**国司**の監視を強化するため，国司交代の時に前任者の不正をチェックする監督官。また，巡察使を派遣し地方行政を監督させた。

- □【 **健児の制**(こんでい) 】…人民の負担を軽減するため軍団を廃止（奥州・九州を除く）。郡司の子弟（健児）を兵として地方の治安維持に当たらせた。

- □【 **蔵人**(くろうど) 】…嵯峨天皇時代に新設。天皇に直属し機密文書や命令の下達，天皇への上奏を扱った**令外官**(りょうげのかん)❶。初代蔵人頭は藤原冬嗣。

- □【 **検非違使**(けびいし) 】…京中の警護・裁判・訴訟を扱った令外官。

- □【 **弘仁格式**(こうにんきゃくしき)❷ 】…律令は社会の実情に合わせて修正が行われた。弘仁格式は三代格式の最初のもので，ほかに**貞観格式**(じょうがん)，**延喜格式**(えんぎ)がある。

❹ 摂関政治の確立

平安時代中頃から**藤原北家**(ほっけ)は天皇家と密接に結びつき，天皇に代わって政治の実権を握り，**摂関政治**が行われた。

摂政	未成年の天皇に代わって政治を行う官職。嵯峨天皇に信任された北家の**藤原冬嗣**は，810年蔵人頭に就任し政界に進出。天皇家と婚姻関係を結んで外戚として勢力を伸ばした。冬嗣の次男**藤原良房**(よしふさ)は**承和の変**(じょうわ)で政治基盤を固め，857年太政大臣となり，翌年清和天皇の**摂政**に就いた（正式には866年）
関白	成人後の天皇に代わり，政治を行う官職。良房の養子藤原基経(もとつね)は884年，初めて光孝天皇の**関白**となり，藤原氏の摂関政治を確立。11世紀の**藤原道長・頼通**時代に全盛期を迎える

❺ 延喜・天暦の治

藤原氏の力を抑えるため宇多天皇は基経の死後，関白を廃止。次いで**醍醐**(だいご)**・村上天皇**は摂関を置かず，**天皇親政**を行った。この10世紀前半の親政を「**延喜・天暦の治**(てんりゃく)」と呼ぶ。

- □【 **菅原道真** 】…藤原氏に対抗するため宇多・醍醐天皇に重用された。894年に**遣唐使の中止**を建言した。醍醐天皇のとき，右大臣となったが，左大臣**藤原時平**(ときひら)の讒言(ざんげん)により，901年に大宰府に左遷された。

---

❶ 令に規定されていない官職　❷ 格は律令条文の改正，式は施行細則

日本史

世界史

地理

思想

文学・芸術

❻ 荘園整理令と院政時代

　1068年，藤原氏を外戚としない**後三条天皇**は即位すると親政を行い，天皇の復権をめざした。次の**白河天皇**も親政を引き継ぎ，1086年，堀河天皇に譲位後も上皇（法皇）として院政を始めた。

□【　延久の荘園整理令　】…1069年，後三条天皇は**記録荘園券契所（記録所）**を設置，不備のある荘園の整理に当たらせて公領の回復に努めた。

□【　院政　】…白河・鳥羽・後白河上皇の全盛期を院政時代と呼ぶ。**受領**[3]層に支持され，荘園と**知行国制**[4]によって経済的基盤を確立。平氏を**北面の武士**として用い，院の警護に当たらせた。

❼ 武士の台頭

　10世紀には律令体制が崩壊し，地方の治安が乱れた。中央から治安維持に当たるため中下級貴族が派遣されてそのまま土着し豪族となり，盗賊追捕の**追捕使，押領使**に任命され，武士団を結成していった。

開始年	戦　乱	内　　容	鎮圧者・勝利者
935年	**平将門の乱**[5]	下総での反乱	平貞盛・藤原秀郷
939年	**藤原純友の乱**	瀬戸内海での反乱	源基経
1028年	**平忠常の乱**	上総での反乱	源頼信→源氏東国進出
1051年	前九年の役	陸奥の安倍氏の反乱	**源頼義・源義家**
1083年	後三年の役	出羽の清原氏の内紛	源義家→棟梁の地位確立
1156年	保元の乱	崇徳上皇 対 後白河天皇	後白河天皇 平清盛・源義朝
1159年	平治の乱	平清盛 対 源義朝・源頼朝	**平清盛** 太政大臣就任
1185年	壇ノ浦の戦い	平氏 対 源氏	源氏→鎌倉幕府

---

[3] 国司（おもに守）の別名　[4] 国司の上に位置する知行国主（上級貴族）に，権限とその国
からの収入を与える制度　[5] 平将門と藤原純友の乱を併せて，承平・天慶の乱という

プラス+**α**

Question 院の警護に当たるため設置された武士を何というか。
Answer 北面の武士

学習の
ポイント

◎武家社会（鎌倉・室町時代）の変遷は頻出テーマの一つ。
◎鎌倉時代の各執権の政策と出来事，建武の新政，南北朝，室町幕府の統治政策を把握しておきたい。

❶鎌倉幕府の成立

鎌倉を根拠地とした**源頼朝**は，1180年に侍所を設置するなど統治機構を整備し，1192年に**征夷大将軍**に任ぜられ，幕府を開いた。

●鎌倉幕府の政治機構

```
                ┌ 侍所(1180)  …御家人の統制
      〈中央〉  ┼ 公文所(1184) →政所(1191)  …一般政務・財政
                └ 問注所(1184) …訴訟・裁判
将軍─執権─┤   ┌ 京都守護(1185) →六波羅探題(1221)
      (1203) │ ┼ 鎮西奉行(1185) →鎮西探題(1293)
                │ └ 奥州総奉行(1189)
      〈地方〉  ┌ 守護(1185)
                └ 地頭(1185)                (注) 数字は設置年
```

●守護と地頭

1185年，頼朝は守護・地頭の設置を後白河法皇に認めさせた。

	設置	資格	任務
守護	1国1名	東国の有力御家人	**大犯三カ条**（大番催促，謀反人・殺害人の取り締まりや逮捕）
地頭	公領・荘園	御家人	年貢の徴収と納入・土地の管理・治安維持

●将軍と御家人制度

将軍と御家人は，土地を媒介とする封建的な主従関係を結んだ。

□【　御恩と奉公　】…将軍は御家人に**本領安堵**[1]，**新恩給与**[2]や守護・地頭に任命するなどの御恩を与え，御家人は将軍に奉公した。奉公には軍役，平時での朝廷警備の京都大番役，鎌倉警備の鎌倉番役，幕府・寺社などの建造費や儀礼費用を負担する関東御公事などがあった。

---

❶ 御家人の領地の権利を保証すること　❷ 功績があれば，新たに土地を与えること

❷北条氏の執権政治

源氏は3代で絶え,北条氏の**執権政治**によって鎌倉幕府は運営された。

□【 **北条時政** 】…初代執権。梶原景時や比企能員を倒し,2代将軍源頼家を幽閉。**源実朝**を3代将軍として,幕府の実権を握る。

□【 **北条義時** 】…2代執権。1221年,**承久の乱**を起こした後鳥羽上皇を破り,北条氏による執権政治を確立した。京都守護を廃し,**六波羅探題**を設けて朝廷を監視,没収した上皇方の所領に**新補地頭**を配置した。

□【 **北条泰時** 】…3代執権。執権を補佐する**連署**を設け,御家人から選んだ**評定衆**によって政務や訴訟を評議する体制を整えた。1232年には,武家社会の初めての成文法「**御成敗式目(貞永式目)**」を制定。

□【 **北条時頼** 】…5代執権。1247年,有力御家人三浦泰村を倒し(宝治合戦),北条氏の専制体制を進めた。1249年,評定衆を補佐する**引付衆**を設置して,訴訟の迅速化を図った。1252年には藤原将軍を廃し,皇族将軍を迎えて朝廷との関係改善にも努めた。

□【 **北条時宗** 】…8代執権。蒙古襲来(元寇)(1274年**文永の役**,1281年**弘安の役**)のときの執権。御家人に異国警固番役を課し,**石塁**を築くなど,防備に努めた。しかし,十分な恩賞を与えられなかったために,御家人の間に幕府への不満を生んだ。→1297年**永仁の徳政令**

□【 **北条貞時** 】…9代執権。1285年,**霜月騒動**が起こり有力御家人安達泰盛が滅ぼされ,**得宗専制政治**が強まった。1293年,沿岸の防備を強化するため**鎮西探題**を設置した。

●永仁の徳政令(1297年)

窮乏する御家人を救済するために,北条貞時は1297年に徳政令を出した。しかし経済は混乱し,金融業者が御家人への貸出しをためらったため,かえって御家人の生活は苦しくなった。翌年廃止。

Question 北条氏一門の嫡流家が独裁的に行った政治を何というか。

Answer 得宗専制政治

❸ 室町幕府の政治

1333年に鎌倉幕府を滅ぼした後醍醐天皇は建武の新政を行ったが，3年で失敗。南北朝の動揺の中，足利尊氏が室町幕府を開いた。

□【 足利尊氏 】…1336年，建武式目❸を制定。1338年，光明天皇により征夷大将軍に任ぜられ，室町幕府を開いた。1350〜52年，観応の擾乱で尊氏・高師直は尊氏の弟直義を討ち，体制の基礎を固めた。

□【 南北朝 】…1336〜92年，北朝（京都）＝持明院統と南朝（吉野）＝大覚寺統の対立。南朝は北畠親房❹を中心に対抗した。

□【 足利義満 】…3代将軍。山名氏清（1391年，明徳の乱），大内義弘（1399年，応永の乱）らの有力守護大名を倒して幕府の支配体制を確立する一方，南朝の後亀山天皇と和議を結んで，1392年に南北朝を合一させた。京都室町に花の御所（1378年）を造営し，勘合貿易（1404年）を展開するなど，室町幕府の全盛を極めた。

□【 管領 】…将軍を補佐する幕府の最高統括者。細川・斯波・畠山3氏から任命されたので三管領，侍所の所司（長官）には山名・赤松・一色・京極の4氏から選ばれたので四職と呼ばれた。

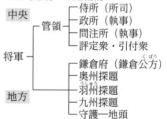

●室町幕府の政治機構

□【 足利義教 】…6代将軍。1438年，永享の乱で鎌倉公方の足利持氏を倒したが，1441年，嘉吉の変（乱）で播磨の守護赤松満祐に殺害された。将軍の権威が大きく揺らぐようになった。

□【 応仁の乱 】…1467〜77年，8代将軍義政の継嗣問題と守護大名の家督争いをめぐって，細川勝元方と山名持豊方に分かれて戦った。

将軍継嗣問題	管領・所司の対立	家督争い	
東軍＝足利義視 西軍＝足利義尚・日野富子	細川勝元 山名持豊（宗全）	斯波義敏 斯波義廉	畠山政長 畠山義就

❸ 17か条の施政方針
❹『神皇正統記』を著し，南朝の正統性を主張した

④ 鎌倉と室町の社会

	鎌倉時代	室町時代
農村	畿内・西日本で二毛作普及 肥料の発達（刈敷） 牛馬耕の普及 荏胡麻（灯油の原料）栽培	二毛作が一般化，畿内では三毛作開始 畑作の発達，水車・竜骨車の利用 収穫の安定化 手工業の原料→藍・漆栽培
都市	定期市の開催→三斎市 見世棚（小売店）の出現 座の発達 問丸の出現→委託販売・商品中継・運送 借上の出現→金融業 遠隔地取引→為替	定期市の発達→六斎市 見世棚の増加 座の増加 問屋→商品販売 馬借・車借→運送 土倉・酒屋→金融業 遠隔地取引拡大→為替
貿易	日宋貿易→**宋銭**の流入	勘合（日明）貿易→**明銭**の流入

⑤ 室町時代の一揆

　15世紀，高利貸しや守護に対し，**徳政**❺の要求や権益を守るため農民や国人（在地領主）らが団結して一揆を起こすようになった。

□【　正長の徳政一揆（土一揆）　】…1428年，近江の**坂本の馬借**が徳政を要求して蜂起，畿内一帯に波及した。

□【　嘉吉の徳政一揆　】…1441年，嘉吉の変直後，足利義勝が7代将軍になることが決まったとき，地侍の指導の下で数万人が一揆を起こした。幕府は徳政令を発布し，事態を収拾した。

□【　山城の国一揆　】…1485年，**国人**❻が農民を指導して畠山政長・畠山義就両軍を国外に撤退させ，8年間自治を続けた。

□【　加賀の一向一揆　】…1488年，浄土真宗本願寺派の農民・国人らが守護富樫政親を滅ぼした。約1世紀の自治支配を行った（「百姓の持ちたる国」といわれた）。

❺ 債権・債務の破棄　　❻ 地方武士のこと

Question 応仁の乱の二派に分かれて戦った東西軍の総大将はだれか。

Answer 東軍：細川勝元　西軍：山名持豊

試験別頻出度	国家専門職 ――	地上特別区 ★☆☆
国家総合職 ★☆☆	地上全国型 ――	市役所C ★☆☆
国家一般職 ――	地上東京都 ――	

> **学習の ポイント**
> ◎このテーマに関する問題の頻出度は高くはないが,まれに出題も見られる。戦国時代の状況から織豊政権の流れを理解しておこう。
> ◎織田信長と豊臣秀吉の政策の相違点を問う問題が見られる。

❶ 戦国大名

応仁の乱以後,幕府の権力は失墜し,**下剋上**の世の中になり,各地に戦国大名が登場し**戦国時代**に入った。

●戦国大名の形成と領国(分国)の統治法

- ・幕府の支配を受けず,分国を自力で経営。
- ・荘園制の否定。
- ・家臣団は**寄親・寄子制❶**により統制。
- ・分国法を制定し,領国支配の基本法とした。**家法**,壁書とも。

●主な分国法

伊達氏	陸奥	『塵芥集』(1536年)
結城氏	下総	『結城氏新法度』(1556年)
武田氏	甲斐	『甲州法度之次第』(1547年)
今川氏	駿河	『今川仮名目録』(1526年)
朝倉氏	越前	『朝倉孝景条々』(1471～81年)

- ・城下町を形成し,家臣団や商工業者を住まわせて経済圏を築き,農民は**郷村制**で支配した。

❷ キリスト教の伝来

1549年,イエズス会宣教師フランシスコ・ザビエルは鹿児島に来航し,キリスト教を日本に初めて伝え,九州・中国地方で布教した。

- □【 **布教と南蛮貿易** 】…戦国大名だった島津貴久,大内義隆らは南蛮貿易の品物や鉄砲,火薬を求めて,宣教師を保護した。ザビエル以降の宣教師はガスパル・ヴィレラ,ルイス・フロイス,オルガンチノなど。
- □【 **天正遣欧使節** 】…1582年,大友義鎮(宗麟)・有馬晴信・大村純忠の**キリシタン大名**はイエズス会宣教師**ヴァリニャーニ**の勧めでローマ教皇のもとに伊東マンショ,千々石ミゲル,中浦ジュリアン,原マルチノの少年使節を派遣した(4名は90年に帰国)。

――――――
❶ 主従関係を親子関係に擬制したもの。有力武士を寄親,新しい家臣を寄子として編成した

❸ 織田信長の統一事業

　織田氏は，尾張の守護斯波氏の守護代から戦国大名として台頭，信長は天下統一への道を歩んだ。

●信長の統一事業

1560年	桶狭間の戦い。駿河の今川義元を倒す
1567年	稲葉山城の戦いで斎藤竜興を破り，岐阜に進出
1568年	足利義昭を立てて入京，全国制覇をめざした
1570年	姉川の戦いで浅井長政軍（近江）・朝倉義景軍（越前）を破る
1571年	比叡山延暦寺を焼打ち
1573年	15代将軍義昭を京都から追放。室町幕府滅亡
1574年	伊勢長島の一向一揆を平定
1575年	長篠合戦。鉄砲隊が威力を発揮し，武田勝頼を破る
1576年	安土城（近江）を築く
1580年	石山（大坂）の本願寺を屈伏させる
1582年	天目山の戦いで武田氏を倒す。本能寺の変（明智光秀の謀反）

●信長の政策

□【　指出検地　】…領主に土地の面積・収穫量などの土地台帳を差し出させ，領地内の収納高を調査した。**荘園公領制**を解体させた。

□【　楽市楽座　】…座の特権を廃して多くの新興商人（新儀商人）に営業を認める商業政策。城下町を育成し経済力を強めるとともに，座の保護者だった公家・寺社などの経済基盤を奪った。

□【　関所の廃止　】…物資流通を妨げていた関所を撤廃，交通網を整備し，商工業を活発化させた。

□【　キリスト教の保護　】…南蛮貿易の利を得るためキリスト教を保護し，1569年，ルイス・フロイスに京都居住と布教を許可した。一方，封建勢力の寺院は徹底的に弾圧した。

プラス+ α

Question　甲斐の武田氏の分国法は何というか。
Answer　「甲州法度之次第」

❹ 豊臣秀吉の全国制覇と政策

1582年，山崎の合戦で明智光秀を破った豊臣秀吉は，信長の後継者としての地位を得て全国制覇をめざした。

1582年	山崎の合戦で明智光秀を破る
1583年	賤ケ岳の戦いで柴田勝家を破る 大坂城の築城に着手する
1584年	小牧・長久手の戦いで織田信雄・徳川家康と戦い，和睦する
1585年	長宗我部元親を破り，四国を平定 正親町天皇より関白に任ぜられた 戦国大名に惣無事令❷を出した
1586年	後陽成天皇より太政大臣に任ぜられ，豊臣姓を与えられた
1587年	島津義久を破り，九州を平定
1590年	小田原の北条氏政を倒し（小田原攻め），伊達政宗を服属させた 天下統一が完成

● 太閤検地

1582年，山城で行って以来，検地は全国の征服地で実施され，大名に領国の検地帳と国絵図を提出させた。検地基準や方法は統一され，この検地を**太閤検地**（天正の石直し）という。太閤検地は寺社，貴族や皇族領にも実施され，荘園公領制は完全に崩壊した。

□【 町段畝歩制 】…土地測量の基準を統一した。

6尺3寸四方＝1歩	30歩＝1畝	10畝＝1段	10段＝1町

□【 京枡 】…京枡❸を採用し，計量を統一した。

□【 石高制の制定 】…田畑を上田・中田・下田・下々田の等級に分け，それぞれの石盛❹を決め石高（収穫高）を算出した。年貢はその石高によって決められ，大名の領地の石高が明らかになり，大名知行制が確立した。

□【 一地一作人の確立 】…土地ごとに耕作する農民を定め，年貢納入の負担を課した。農民の身分は確定し，兵農分離が徹底された。

---

❷ 戦国大名に私戦を禁じ，領地の確定を秀吉に委任させる
❸ 京都を中心に使われていた枡。約1,800cm³
❹ 反当たりの標準収穫高

26

●統治組織

□【　五大老・五奉行　】…秀吉は，石田三成らの側近を**五奉行**に任じて政務を分担させた。また徳川家康，前田利家らの有力大名を**五大老**として，五奉行の顧問役を与えた。

●刀狩

1588年，京都の方広寺の大仏建立という名目で，**刀狩令**を発布。農民の一揆の防止と，**兵農分離**を進めた。

□【　人掃令（身分統制令）　】…1591年に発布。武家奉公人が農民や町人になることや，農民が転業することを禁じた。刀狩とともに身分の固定化を図り，武士による政治体制を導いた。

●対外政策

□【　バテレン追放令　】…秀吉は当初，信長の政策を継いでキリスト教布教を認めていたが，1587年，**宣教師**（**バテレン**）の国外退去を命じ，長崎の教会領を直轄領とした。しかし，南蛮貿易は認めていたため徹底し切れなかった。

□【　朱印船貿易　】…秀吉は，**倭寇の海賊行為を禁止**（1588年，海賊取締令）する一方，南蛮貿易は奨励した。渡航許可の朱印状を与える朱印船貿易を始めたとされ，これは家康に引き継がれていく。

□【　文禄・慶長の役　】…明を征服しようとした秀吉は，朝鮮に服属と先導を要求したが拒絶され，1592年，加藤清正，小西行長ら約16万の軍を朝鮮に派兵した（**文禄の役**）。朝鮮の水軍や明の援軍に苦戦した日本軍は和議を結んだものの，講和には至らず，1597年に再度出兵した（**慶長の役**）。しかし，翌年秀吉の死去により撤退した。朝鮮出兵は朝鮮人民を苦しめ，武士や農民が疲弊しただけでなく，豊臣政権の支配力も失われていった。

プラス+α

Question　秀吉が身分の固定化を図るために行った政策は何か。
Answer　人掃令（身分統制令）

試験別頻出度	国家専門職 ★☆☆	地上特別区 ★☆☆
国家総合職 ★★★	地上全国型 ★★★	市役所C ★★☆
国家一般職 ★★★	地上東京都 ★★☆	

学習の
ポイント

◎最頻出のテーマで，江戸時代を理解できるかどうかが日本史の攻略の鍵を握っている。
◎幕藩体制の成立と安定，三大改革，幕末の状況は頻繁に出題されている。

❶ 江戸幕府の機構

1603年に征夷大将軍に任ぜられた徳川家康は江戸に幕府を開いた。

●中央機構

□【 大老・老中 】…最高職の大老は常置ではなく，老中が政務統括者。若年寄が老中を補佐し，寺社奉行・町奉行（江戸の行政・司法・警察）・勘定奉行（財政）が一般政務に当たった。大目付は大名，目付は旗本・御家人を監察した。

●地方機構

□【 京都所司代 】…朝廷や西国大名を監察。大坂城代（西国大名の監察）・遠国奉行・城代などが幕府直轄地（天領）を統治した。

❷ 大名の種類

大名は1万石以上の領地を与えられた者で，1万石以下を直参[1]という。

□【 親藩 】…尾張・水戸・紀伊の御三家のように徳川氏一門の大名。譜代大名は三河以来の徳川氏の家臣だった大名，外様大名は関ヶ原の戦い以降に家臣となった大名である。

❸ 大名の統制

一国一城令，武家諸法度などで大名を厳しく統制した。

□【 武家諸法度 】…1615年，徳川家康が秀忠の名で出した元和令（13条）が最初で，将軍の代替わりごとに発布。大名の心得・居城修補の制限・城郭の新築禁止・婚姻の許可制・同盟禁止などが規定された。徳川家光のとき，参勤交代[2]・大型船の建造禁止が付け加えられた（寛永令）。

---

[1] 旗本・御家人のこと
[2] 1635年に家光が制定。江戸と国元を1年交代で往復。大名には大きな経済負担となった

日本史

世界史

地理

思想

文学・芸術

❹ 幕政の改革　正徳の治（1709 〜 16年）

　5代将軍徳川綱吉は**文治政策**を進めたが，側用人**柳沢吉保**の独断政治，寺社の建設事業などにより幕府財政は窮乏。6代**家宣**・7代**家継**のとき，朱子学者新井白石が登用され，正徳の治と呼ばれる改革を行った。

□【　正徳小判の鋳造　】…元禄の粗悪な貨幣を改め良質な貨幣を鋳造し，その信頼回復に努め，物価の騰貴を抑制しようとした。

□【　海舶互市新例　】…1715年，金銀の海外流出を防ぐために白石が実施した長崎貿易の制限。**長崎新令・正徳新令**ともいう。白石の政治は理想主義的政策で現実に合わないうえ，財政も改善されず譜代大名などから不満が募り，8代将軍吉宗就任後，退任した。

❺ 幕政の三大改革①　享保の改革（1716 〜 45年）

　8代将軍徳川吉宗は幕府権力の強化と財政立て直しをめざし，享保の改革を実施した。だが年貢増徴，**享保の飢饉**により，農村は疲弊。百姓一揆や打ちこわしが急増し，社会は大きく動揺した。

倹約令	奢侈を禁止。質素倹約を奨励し，財政支出を抑制
上げ米の制	1万石につき100石の米を献上させ，参勤交代の期間を短縮した
足高の制	旗本が家格より高い役職に就いたとき，役高の差額分を支給。退職後はもとの石高に戻す。人材登用と経費節減を図った
定免法	従来の検見法に代え，豊凶に関係なく年貢率❸を一定とする徴収方法で，年貢増徴を図った
殖産興業政策	新田開発（**町人請負新田**）・商品作物（甘藷栽培など）の奨励
相対済し令	金銭貸借のトラブルは訴訟として受理せず，旗本・御家人と**札差**❹の当事者間で解決させる。裁判の簡素化
公事方御定書	裁判・刑罰の基準を定めた
目安箱	投書箱の設置。小石川薬草園や**小石川養生所**，**町火消**などが実現した

❸ 4公6民（40％）から5公5民（50％）と増徴した
❹ 金融業

プラス+ **α** 武家諸法度（元和令）

家康は南禅寺金地院の崇伝に起草させた武家諸法度を，大坂の役直後，秀忠の名で発布した。

❻ 老中・田沼意次の政治（1757 〜 86年）

　9代**徳川家重**・10代**徳川家治**に仕え，側用人から老中となった田沼意次（おきつぐ）は財政再建に商業資本を積極的に活用した。しかし商人と癒着し賄賂が横行，また，**天明の大飢饉**などで農村が荒廃し，百姓一揆が頻発して社会不安が増大した。

□【　専売制　】…銅・鉄・朝鮮人参などに座を設け専売制とした。また，**株仲間**を公認し，営業税の**運上（うんじょう）・冥加（みょうが）**を課した。ほかに新田開発として**印旛沼（いんば）・手賀沼の干拓**に着手したが失敗。

❼ 幕政の三大改革②　寛政の改革（1787 〜 93年）

　1787年，老中に就任した松平定信は11代**徳川家斉（いえなり）**を補佐し，農村の復興と緊縮財政を基本とする寛政の改革を行った。しかし，厳しく改革を断行したので民衆の不満が高まり，6年間で罷免された。

囲米の制（かこいまい）	天明の大飢饉の経験から，備荒貯蓄・米価調節を目的に社倉・義倉を設け穀物を貯蔵
七分積金	貧民救済・災害に備え，町費の節約分の70％を積み立てさせる
棄捐令（きえんれい）	旗本・御家人救済のため，6年以前の札差（ふださし）の貸金を破棄
寛政異学の禁	昌平坂学問所を設立。朱子学を官学（正学）とし，他の儒学諸派の学問の講義を禁じた
人足寄場	浮浪人・無宿人を石川島に収容し，職業訓練を施した
旧里帰農令	出稼ぎ者を旅費など工面し帰農を奨励
出版統制令	洒落本・黄表紙などを弾圧

❽ 幕政の三大改革③　天保の改革（1841 〜 43年）

　12代**徳川家慶**の信任を得た老中水野忠邦は**天保の改革**を実施したが，成果が上がらず，以後，幕府権力は衰えていった。

倹約令	風俗を取り締まり，奢侈な菓子・料理・衣服を禁止
株仲間の解散	自由競争を奨励し，物価を引き下げることを目的とした。しかし流通機構が混乱し，10年で株仲間を復活させた
人返しの法	農村を復興させるため，農民の出稼ぎを禁止し，出稼ぎ者は強制的に帰村させた
上知令（じょうちれい）	江戸・大坂付近の大名領50万石を直轄領にしようとしたが，大名・旗本の反対にあい実現しなかった

❾ 江戸時代の商業・金融

　農業・諸産業が飛躍的に発展し，交通網が整備されると商品流通が全国的規模に広がった。その商業の中心地は江戸・大坂・京都の三都で，特に大坂は「**天下の台所**」といわれるほど大変にぎわった。

●**交通網の整備**

・陸上交通は**五街道**などの街道が整備され，**宿駅・関所**が設けられた。

・海上交通は**河村瑞賢**により**西廻り・東廻り海運（航路）**が開拓され，江戸と大坂を結ぶ航路には**菱垣廻船**，**樽廻船**が定期運航された。

●**流通機構**

□【　**蔵屋敷**　】…大名が大坂や江戸に**蔵物（蔵米）**を保管する蔵屋敷を建て，市場で売却させた。蔵物を保管・売却する商人を**蔵元**といい，その代金を保管する商人を**掛屋**という。

□【　**札差**　】…旗本・御家人に支給される禄米の受け取り・売却に当たる商人で，禄米を担保に金融業も営んでいた。

□【　**株仲間**　】…1721年，幕府から営業の独占を公認された商工業者の同業組合。江戸の**十組問屋**，大坂の**二十四組問屋**が有名。

●**近代工業のめばえ**

□【　**問屋制家内工業**　】…問屋商人が農民に原材料や器具を貸与して製品を作らせ，加工賃を支払った。

□【　**マニュファクチュア（工場制手工業）**　】…**問屋商人**が工場を設け，賃金労働者を雇い，分業と協業により生産した。大坂周辺や尾張の綿織物業，足利・桐生の絹織物業，摂津の伊丹・池田・灘の酒造業などに見られた。

農村家内工業
（農民の副業）

↓

問屋制家内工業
（18世紀頃〜）

↓

マニュファクチュア
（19世紀頃〜）

プラス+**α**

Question　株仲間を公認し，専売制を設けるなど，商業資本を活用した政策を行ったのはだれか。

Answer　田沼意次

18世紀後半頃からロシア，イギリス，アメリカの船が，日本沿岸に姿を現すようになり，幕府はその対応に追われた。

●ロシア・西欧列強の接近

1792年	ロシア使節ラクスマンが漂流民大黒屋光太夫を送還して根室に来航，通商を要求したが，松平定信は拒否した
1808年	イギリス船フェートン号が長崎に来航しオランダ商館を襲撃し，大きな衝撃を与えた（**フェートン号事件**）
1825年	異国船打払令（無二念打払令）。清とオランダ船以外の外国船は，ちゅうちょなく（二念無く）打ち払うことを命じた
1837年	アメリカの捕鯨船モリソン号が日本の漂流民を伴い，通商を求めて浦賀に来航したところ，異国船打払令により撃退された（**モリソン号事件**）
1839年	モリソン号事件を契機に，鎖国政策を批判した**渡辺崋山・高野長英**らが処罰された（蛮社の獄）
1842年	**天保の薪水給与令**。アヘン戦争で清がイギリスに敗れたことに動揺した幕府は異国船打払令を改め，来航した外国船に食糧・燃料などを与えることにした

●ペリーの来航と開国

1853年，アメリカの東インド艦隊司令長官**ペリー**は黒船を率いて浦賀に来航，大統領フィルモアの国書を受け取らせて開国を要求した。

□【　日米和親条約　】…1854年ペリーが再来し，日米和親条約が締結された。条約は**下田・箱館の開港**，燃料・食糧などの供給，最恵国待遇[5]の供与など全12条からなった。神奈川条約ともいう。

□【　日米修好通商条約　】…1856年，初代駐日総領事**ハリス**が下田に来日。1858年，大老井伊直弼は勅許を得ないでこの条約に調印した。条約は全14条からなり，①**箱館・神奈川（横浜）・新潟・兵庫・長崎の開港**，②**領事裁判権（治外法権）**を承認，③**協定関税（日本には関税自主権がない）**などの内容で，**不平等条約**だった。オランダ・ロシア・イギリス・フランスとも結ばれ，**安政の五カ国条約**ともいう。

---

[5] 他国に有利な条件を与えると，アメリカにも自動的にその条件が認められる

●開国と貿易

・おもに横浜で貿易が行われ，取引の大半はイギリス。

・輸出品は8割が生糸で，他に蚕種・茶など。輸入品は綿織物・毛織物・鉄砲・艦船など。輸出によって国内市場の供給が減ったことなどによって**物価**が**騰貴**し，庶民生活を圧迫し一揆や打ちこわしが多発。

・日本と外国との**金銀比価**[6]が著しく異なるため，大量の金貨が流出。幕府が金貨の質を落としたために，物価騰貴に拍車。→攘夷運動へ

●倒幕・王政復古までの動乱の軌跡

□【　公武合体　】…老中**安藤信正**が**和宮降嫁**[7]など公武合体政策を推進，公武合体派の薩摩藩・会津藩は長州藩などの**尊王攘夷派**[8]（尊攘派）と対立したが，薩摩藩は1866年，長州藩と同盟し，倒幕に転換。

安政の大獄	1858～59年，**井伊直弼**は通商条約に反対する尊攘派を弾圧。**橋本左内・吉田松陰**らが処刑された。1860年，水戸の浪士らが井伊を殺害（桜田門外の変）
八月十八日の政変	1863年，薩摩・会津の公武合体派が，長州などの尊攘派を京都から追放。尊攘派公卿の三条実美らは長州へ逃れた
禁門の変（蛤御門の変）	1864年，長州の久坂玄瑞らの急進派が京都皇居内外で薩摩・会津両藩と交戦したが，敗走。幕府軍が長州征討
薩長連合（同盟）	1866年，**坂本竜馬**らの仲介により薩摩の西郷隆盛，長州の木戸孝允が相互援助を確約。両藩は倒幕運動へ転換した
大政奉還	1867年，山内豊信らが大政奉還を建白し，**徳川慶喜**はこれを受け入れ大政奉還を上表した
王政復古の大号令	1867年，公卿岩倉具視らが発令した天皇中心による新政府宣言。摂関・将軍の廃止，総裁・議定・参与の三職を置くなどの内容

[6] 欧米1：15，日本1：5
[7] 孝明天皇の妹和宮と14代将軍家茂との結婚（1862年）
[8] 尊王：天皇崇拝，攘夷：排外主義

プラス+α

Question モリソン号事件で幕府の政策を批判した蘭学者が弾圧された事件は何か。

Answer 蛮社の獄（1839年）

頻出度 **B** 明治時代

試験別頻出度	国家専門職 ★★☆	地上特別区 ★★☆
国家総合職 ★★☆	地上全国型 ★★★	市役所C ★★★
国家一般職 ★☆☆	地上東京都 ★☆☆	

学習のポイント

◎明治新政府の政策は多岐にわたっているが，地租改正，自由民権運動，条約改正など重要ポイントとその影響は押さえておきたい。

◎日清・日露戦争は原因と結果，産業への影響を対照して整理しておこう。

❶ 明治新政府の政策

1868年1月の**鳥羽・伏見の戦い**に始まった戊辰（ぼしん）戦争は，翌69年5月**箱館・五稜郭（ごりょうかく）の戦い**で終結。明治新政府は近代国家建設を急務の作業とした。

五箇条の御誓文	1868年3月，天皇が神に誓う形で示された新政府の基本方針。公議世論の尊重，開国和親が示された。
政体書の制定	1868年4月，太政官への権力集中・三権分立・官吏公選制などを採用
版籍奉還	1869年1月，**大久保利通・木戸孝允**の建議で最初に薩長土肥4藩の領地と領民を天皇に返還。他藩がこれにならった。大名は旧領地の知藩事に任命
廃藩置県	1871年7月，**府知事・県令**を中央が任命。全国は1使・3府・72県に統合され，新政府の中央集権制が確立した
秩禄処分（ちつろくしょぶん）	版籍奉還により旧藩士は士族となり，政府から秩禄を支給されていたが，1876年の**金禄公債証書発行条例**により秩禄制が廃止され，士族の生活は困窮化した
日朝修好条規	1875年の**江華島事件**を受けて，1876年に締結。朝鮮を開国させ，釜山・仁川・元山の開港地での領事裁判権を得るなど朝鮮に**不平等条約**を押しつけた

❷ 地租改正

新政府は旧来の土地制度と税制を改革して，国家財源の安定を図ったが，農民の負担は軽くならず農民一揆が頻発した。

1872年2月	田畑永代売買の解禁（自由に田畑を売ることができる）
7月	地券の発行（土地所有権の公認）
1873年7月	**地租改正条例の公布。地価を定め，税率は地価の3%とし，**現物納から金納に改め，納税者は耕作者から土地所有者（地主）とした
1877年1月	政府は農民の不満と士族の不満が結びつくことを恐れ，その対策として地租を引き下げた（3%から**2.5%**）

❸ 殖産興業と金融制度

富国強兵のため殖産興業政策を推進し，金融制度の近代化に着手した。

殖産興業	・東京の深川セメントや群馬県の富岡製糸場など繊維・軍需工業を中心に**官営模範工場**を設立
金融制度	・1871年，**新貨条例**により円・銭・厘の10進法を採用 ・1882年，大蔵卿**松方正義**は日本銀行を設立して兌換紙幣を発行し，不換紙幣を回収した（**紙幣整理**）。さらに厳しい緊縮財政をとったため，インフレは収拾したがデフレが高進し，不況を招いた

❹ 自由民権運動・西南戦争

1874年，板垣退助・後藤象二郎・江藤新平らが国会開設要求の民撰議院設立建白書を提出。これを契機に自由民権運動が展開された。1877年には西郷隆盛と不平士族によって西南戦争が起こったが鎮圧された。

主な自由民権運動	政府の対策
・民撰議院設立建白書（1874年） ・国会期成同盟結成（1880年） ・**開拓使官有物払下げ事件**❶が問題化（1881年） ・**板垣退助**が自由党結成（1881年） ・**大隈重信**が立憲改進党結成（1882年） ・福島事件・秩父事件などが起きる	・**讒謗律・新聞紙条例**（1875年），**集会条例**（1880年）を制定 ・明治十四年の政変で大隈重信が罷免され，伊藤博文は世論をかわすため官有物払下げの中止，10年後の**国会開設の勅諭**を出した（1881年）

❺ 大日本帝国憲法の制定

1882年，伊藤博文はヨーロッパへ憲法の研究調査に派遣された。

・**華族令の制定**（1884年），**内閣制度創設**（1885年）を経て，伊藤はドイツ人ロエスレルを顧問に，憲法草案をまとめた。1888年，枢密院での憲法草案審議を経て，翌年，**大日本帝国憲法**が発布された。1890年に第1回帝国議会が開催された。

❶ 北海道開拓使の官有物を，長官黒田清隆が同郷の政商五代友厚に安く払い下げようとした事件

プラス+α

Question 地租改正反対の農民一揆を収拾するため，地租率は［ 1 ］から［ 2 ］に減免された。

Answer ［ 1 ］3％　［ 2 ］2.5％

❻日清戦争（1894 〜 95年）

●原因と下関条約

1894年，朝鮮で甲午農民戦争（**東学〔党〕の乱**）が起こり日清両軍が出兵，清との対立が決定的となった。同年7月25日，日本海軍が豊島沖で清国艦隊を砲撃して日清戦争が始まった。1895年，日本の勝利に終わり，下関条約が締結された。

下関条約	①朝鮮の独立の承認，②遼東半島・台湾・澎湖諸島を日本に割譲，③2億両の賠償金の支払い，④沙市・重慶・蘇州・杭州の開港など 日本全権は伊藤博文，陸奥宗光，清国全権は**李鴻章**

●結果

☐【 **三国干渉** 】…1895年，露仏独が遼東半島の返還を要求し，日本は受諾。国内では「**臥薪嘗胆**」をスローガンに軍備拡張を進めた。

☐【 **第1次産業革命** 】…軽工業を中心に，大阪紡績会社の設立など紡績業・製糸業・織物業が発達。また，1897年には金本位制が確立。

❼日露戦争（1904 〜 05年）

●原因とポーツマス条約

ロシアは1900年の北清事変後満州を占領。1902，日本はロシアの南下政策に対抗して**日英同盟**を締結。1904年，旅順攻撃で日露戦争が開始された。1905年，ポーツマス条約により戦争が終わった。

ポーツマス条約	①韓国における日本の優越権の承認，②旅順・大連の租借，③長春以南の鉄道の譲渡（のちの南満州鉄道），④北緯50度以南の樺太の譲渡，⑤沿海州・カムチャツカの漁業権など 日本全権は小村寿太郎，ロシア全権は**ヴィッテ**

●結果

☐【 **日比谷焼打ち事件** 】…1905年，ポーツマス条約でロシアから賠償金が得られず，国民の不満が高まり発生した。

☐【 **第2次産業革命** 】…1901年の**八幡製鉄所**の操業開始を中心に，鉄鋼業・機械工業・造船業・電気事業が発達。都市は発展したが，農村は疲弊。また，三井・三菱・住友など**財閥**が形成された。

❽ 条約改正交渉

条約改正は明治政府の大きな課題だった。1894年に治外法権の撤廃，1911年に関税自主権の完全回復で悲願を達成した。

□【　岩倉具視　】…1872年，欧米使節団全権として条約改正の予備交渉を行ったが，アメリカで拒否されて失敗。

□【　寺島宗則　】…1876～78年，関税自主権の回復を交渉。アメリカは日米関税改定約書に調印したが，イギリス・ドイツが反対し無効。

□【　井上馨　】…1882～87年，改正案は関税自主権の一部回復を求め，前提条件として外国人の内地開放，外国人判事の任用などを盛り込んだ。しかし，その井上案は亡国的だと，フランス人の法律顧問**ボアソナード❷**をはじめ政府内外で批判された。また，鹿鳴館に代表される極端な欧化政策は，国民の反感を買い，井上は外相を辞任。

□【　大隈重信　】…1888～89年，井上案を引き継いで，外国人判事を大審院に限って任用しようとしたが，この秘密交渉の改正草案が「ロンドン・タイムズ」に掲載され，反対世論が沸騰して外相を辞任。

□【　青木周蔵　】…1891年，治外法権の撤廃・関税率の引き上げなどを交渉，イギリスが同意したが，同年起きた**大津事件❸**で外相を引責辞任し，交渉は中断。

□【　陸奥宗光　】…1894年，領事裁判権（治外法権）の撤廃，内地開放，関税率の一部引上げを内容とする**日英通商航海条約**を締結，条約改正に成功。1899年に発効。

□【　小村寿太郎　】…1911年，新通商航海条約締結交渉の際，関税自主権の完全回復に成功した。

---

❷ 旧民法の最初の草案者。その草案を穂積八束らが反対し民法典論争が起こった
❸ 1891年，来日中のロシア皇太子ニコライが大津で巡査に襲われた事件

プラス+**α**

Question　東京日比谷に洋風の鹿鳴館を建設するなど，欧化対策を積極的に進めた外務卿はだれか。

Answer　井上馨

試験別頻出度	国家専門職 ★☆☆	地上特別区 ★☆☆
国家総合職 ★☆☆	地上全国型 ★★☆	市役所C ★☆☆
国家一般職 ★☆☆	地上東京都 ★☆☆	

学習の
ポイント

◎大正期の護憲運動や各内閣の政策などが出題されているので要注意。
◎近年，現代史重視の傾向にあり，昭和初期の軍部の台頭から太平洋戦争
までを，国内の事件と政府の対策を関連づけてまとめておきたい。

❶ 第1次護憲運動

　藩閥政治に反対して**立憲政治**の確立をめざした尾崎行雄・犬養毅による第1次護憲運動は，大正デモクラシーの出発点となった。

●第1次護憲運動に至るまでの内閣

　明治末期，長州閥の桂太郎と立憲政友会の西園寺公望が交互に組閣する「**桂園時代**」が続いた。

第1次桂太郎内閣 (1901〜06年)	日英同盟調印，日露戦争→ポーツマス条約→日比谷焼打ち事件→国民の非難を浴びて総辞職
第1次西園寺公望内閣 (1906〜08年)	鉄道国有法公布，恐慌などにより総辞職
第2次桂太郎内閣 (1908〜11年)	韓国併合，日米新通商航海条約調印→関税自主権の回復，工場法公布
第2次西園寺公望内閣 (1911〜12年)	陸軍の2個師団増設要求を財政難のため否決，陸軍大臣の辞職によって総辞職
第3次桂太郎内閣 (1912〜13年)	天皇の詔勅❶で成立したことをきっかけに，護憲運動が活発化。2か月足らずで総辞職

●第1次護憲運動の展開

□【　大正政変　】…立憲国民党の犬養毅や立憲政友会の尾崎行雄が中心となり「閥族打破・憲政擁護」を唱えた。桂首相は議会無視の態度をとったが，国民の非難が高まり，1913年，第3次桂内閣は倒れた。

□【　第1次山本権兵衛内閣　】…1913〜14年。桂内閣の後を継ぎ，行財政整理，軍部大臣現役武官制の改正などを行い，護憲運動を鎮めた。1914年に発覚した**シーメンス事件❷**で総辞職。

---

❶ 従来は宮中に入った者は政権を担当しなかった。しかし，内大臣兼侍従長の職にあった桂は，詔勅を引き出して首相となった
❷ 海軍高官によるドイツのシーメンス（ジーメンス）社などからの収賄事件

❷ 大正時代の主な出来事

日本史

　大正デモクラシーを背景に普選運動が高まり，普通選挙法が実現した。

□【　第一次世界大戦　】…1914年に中国の権益拡大をねらいドイツに宣戦布告。翌15年，**第2次大隈重信内閣**は中華民国の**袁世凱**に，山東省のドイツ権益の譲渡など**二十一カ条の要求**を認めさせた。

□【　シベリア出兵　】…1918年，チェコスロヴァキア軍援護を名目に出兵。このシベリア出兵によって米価が高騰して各地で米騒動が頻発，**寺内正毅内閣**（1916 ～ 18年）は総辞職した。シベリア撤兵は1922年，**加藤友三郎内閣**（1922 ～ 23年）のとき。

□【　原敬内閣　】…1918年，立憲政友会総裁の原敬が初の政党内閣を組織（～ 21年）。平民宰相とうたわれたが，普通選挙には否定的。1919年，朝鮮で**三・一独立運動**，中国で**五・四運動**が起きた。

□【　ワシントン海軍軍縮条約❸調印　】…**高橋是清内閣**（1921 ～ 22年）。1921 ～ 22年に開かれた**ワシントン会議**ではこの海軍軍縮条約のほか，中国の領土保全，門戸開放などを約束した**九カ国条約❹**が締結された。**石井・ランシング協定**は破棄され，日本は山東省の利権を放棄した。

● 第2次護憲運動の展開

□【　第2次護憲運動　】…**清浦奎吾内閣**（1924年）に対し，普通選挙や貴族院改革を掲げた**護憲三派**（立憲政友会・憲政会・革新倶楽部）が結束。**大正デモクラシー❺**が浸透し世論も護憲運動を支持。総選挙で清浦内閣は敗れ総辞職。

□【　第1次加藤高明内閣　】…護憲三派の連立内閣を組織（1924 ～ 25年）。1925年に25歳以上の男子に選挙権を与える**普通選挙法**が成立したが，同時に労働・社会主義運動を取り締まる**治安維持法**も制定された。

世界史

地理

思想

文学・芸術

---

❸ 主力艦保有量の制限，10年間にわたる主力艦の建造禁止
❹ イギリス・アメリカ・日本・フランス・イタリア・ベルギー・ポルトガル・オランダ・中国
❺ 吉野作造の民本主義，美濃部達吉の天皇機関説が代表的な思想

プラス+α

Question 清浦奎吾内閣のとき，普通選挙の実現に向けて第2次護憲運動を展開した護憲三派の政党は何か。

Answer 立憲政友会・憲政会・革新倶楽部

❸ 戦後恐慌・金融恐慌・昭和恐慌

　大正末から昭和初期にかけての恐慌の中で，財閥の産業支配は強化されていった。

戦後恐慌	第一次世界大戦後，ヨーロッパ諸国が世界市場に復帰した結果，輸出が低迷し生産過剰に陥り，会社・商社が倒産した。さらに1923年の**関東大震災**で工場地帯が壊滅，銀行経営が悪化
金融恐慌	1927年，震災手形を処理中に台湾銀行の不良経営が暴露，銀行の取付け騒ぎが起こり中小の銀行が倒産。若槻礼次郎内閣は総辞職し，**田中義一内閣**による3週間の**モラトリアム（支払猶予令）**の実施と，日本銀行からの巨額な救済融資で危機を脱した
昭和恐慌	1929年，ニューヨーク・ウォール街の株価暴落に始まった**世界恐慌**が日本に波及。1930年，浜口雄幸内閣の**井上準之助**蔵相は，金解禁を断行し，財政緊縮のデフレ政策を進めた。しかし大量の正貨流出や輸出減少で企業経営が悪化して倒産や失業者が増大，農産物価格も暴落。そのため**労働争議**や**小作争議**が増大した。翌年，犬養毅内閣が金輸出を再禁止。→管理通貨制度開始

❹ 軍部の台頭

●対外進出・外交

満州事変	1931年の柳条湖事件❻から満州への侵略戦争が始まり，翌32年，満州国❼を建設した
国際連盟脱退	1932年，国際連盟はリットン調査団を派遣し，日中紛争を調査。**リットン報告書**を受けて総会では，満州からの日本軍撤退などが決議され，これを不服とした日本代表松岡洋右が会議場を退席。翌33年，日本は国際連盟を脱退した
日独伊三国防共協定	1936年，ソ連を中心とする共産主義に対する防共協定が成立。ファシズム3国の連携が強化され，1940年には**日独伊三国同盟**が締結された
日中戦争	1937年，北京郊外で日中両軍が衝突した盧溝橋事件を機に日中戦争へ突入
ノモンハン事件	1938年，日ソ両軍が衝突した張鼓峰事件で日本軍は敗北したが，翌39年5月，満州西部のノモンハンで日本軍とモンゴル軍・ソ連軍は再び軍事衝突した。日本軍は再び惨敗，9月に第二次世界大戦が始まり停戦協定が結ばれた。1941年，**日ソ中立条約締結**。→日本は南方侵略へ進んだ

---

❻ 関東軍参謀石原莞爾らが起こした南満州鉄道爆破事件
❼ 日本の傀儡政権で，宣統帝溥儀が執政

●国内での出来事

□【　五・一五事件　】…1932年5月15日，**海軍**の青年将校のクーデターで犬養毅首相が殺害された。→政党政治（内閣）が崩壊した。

□【　滝川事件　】…1933年，自由主義的刑法学説を唱えていた滝川幸辰京大教授が弾圧された。1935年には美濃部達吉の天皇機関説が貴族院で問題化（**天皇機関説事件**）。→思想学問の弾圧。

□【　二・二六事件[8]　】…1936年2月26日に起こった**陸軍**の皇道派青年将校のクーデターで**高橋是清**蔵相らが殺害された。岡田啓介内閣が倒れ，次の広田弘毅内閣で**軍部大臣現役武官制**が復活された。

□【　国家総動員法　】…1938年，**第1次近衛文麿内閣**が制定。**価格等統制令・生活必需物資統制令・新聞紙等掲載制限令**などの統制令が出され，戦時体制が確立した。

□【　国民徴用令　】…1939年，平沼騏一郎内閣が国家総動員法第4条の規定に基づき制定。戦争遂行のために国民を動員した。

□【　大政翼賛会　】…1940年，第2次近衛内閣を中心に新体制運動が始まり，大政翼賛会が結成された。政党は解散してこれに呼応した。大政翼賛会は**大日本産業報国会・大日本婦人会**や，部落会・町内会・隣組を指導し，国家統制機関の役割を果たした。

□【　国民学校　】…1941年に小学校を改称。国家総動員体制のもと，国家主義的教育を実施しようとした。

□【　太平洋戦争　】…1941年12月8日，真珠湾攻撃とマレー半島上陸により開戦したが，翌42年のミッドウェー海戦の敗北を機に戦局は不利となった。44年から本土空襲が本格化し，45年4月にはアメリカ軍の**沖縄上陸**，広島・長崎への**原子爆弾投下，ソ連参戦**と続き，ついに8月14日，日本は**ポツダム宣言**を受諾し無条件降伏した。

[8] 超国家主義者の北一輝が首謀者として処刑された

　プラス+α

Question　1932年，犬養毅首相が殺害された事件は何か。またその結果何が終わったか。

Answer　五・一五事件　政党政治（内閣）

第二次世界大戦後の諸改革

> **学習のポイント**
> ◎戦後史の出題頻度は近年高くなっている。戦後の諸改革や出来事と内閣が一致するよう理解しておこう。
> ◎1990年代の政治史からも出題。時事ニュースには関心を持つこと。

❶ 第二次世界大戦後の日本の改革

連合国軍最高司令官総司令部（**GHQ**）はポツダム宣言に基づき，民主主義国家として再建するよう**間接統治方式**で政府を指導。1945年10月，**幣原喜重郎**内閣に，GHQ最高司令官マッカーサーは女性の解放・教育の自由主義化・経済の民主化などの五大改革を指令した。

憲法はGHQが草案を作成し，これを修正したものが，1946年11月に**日本国憲法**として公布され，翌47年5月施行（**第1次吉田茂内閣**）。

●婦人参政権の実現

□【 **改正選挙法** 】…1945年12月公布。日本で初の**女性参政権**❶が実現。

●労働組合の助成

労働三法が制定され，**労働省**も新設された。

労働組合法（1945年12月公布）	労働者の団結権・団体交渉権の保障
労働関係調整法（1946年9月公布）	労働争議の調停・ストライキの制限
労働基準法（1947年4月公布）	労働条件の最低基準の規定

●教育の自由主義化

□【 **教育基本法**❷ 】…1947年3月公布。教育の機会均等，義務教育の六・三（九年）制，男女共学→翌48年，教育勅語の廃止。

□【 **学校教育法** 】…1947年3月公布。六・三・三・四の学制の規定。
→戦前の複線型構造の学制から単線型構造へ変更。

●圧政的諸制度の撤廃

□【 **言論・出版の自由回復** 】…治安維持法・特別高等警察の廃止，政治犯の釈放（1945年10月）

---

❶ 1946年4月の戦後初の総選挙で，39名の女性議員が誕生した
❷ 第1次吉田内閣の高橋誠一郎（文部大臣）の下で制定

●経済の民主化

□【　財閥解体　】…1945年10月，GHQは財閥解体を指令。三井・三菱・住友など15財閥の株式・社債を凍結，**持株会社整理委員会**を設置し処分した。**独占禁止法**や過度経済力集中排除法で徹底化を図った。

□【　農地改革　】…1946年2月，第一次農地改革を実施したが不徹底。同年10月，GHQの勧告により**第二次農地改革**を断行。

・在村地主の小作地は1町歩（北海道は4町歩）以下。

・それ以外の農地は政府が強制買収して小作人に廉価で売却。

・小作料は収穫量の25％以下を金納など。

□【　独占禁止法　】…1947年4月公布。監視機構として**公正取引委員会**の新設。

❷日本の戦後の経済復興

　戦後，国民は生活物資の不足やインフレに悩んでいたが，GHQはインフレ収束策の指令を出し，ドッジ，シャウプに経済再建に当たらせた。

経済安定 九原則	1948年12月，GHQが第2次**吉田茂**内閣に指令。インフレの収束と，日本経済の自立による対日援助軽減を目的とし，予算の均衡・徴税の強化・賃金の安定・輸出振興・物価の安定など9項目を要求。→ドッジ・ラインで具体化
ドッジ・ ライン	1949年，GHQの経済顧問ドッジが出した経済安定策。日銀引受けの復興融資金庫債の発行停止など緊縮財政のデフレ政策をとった。**1ドル＝360円の為替レート**❸が確立
シャウプ 勧告	1949年，コロンビア大学教授シャウプの税制改革勧告。国税は直接税主義として所得税に比重を置き，また，地方財政確立のため独立税方式とその補填のため**地方交付税**の制度を採用した
特需景気	1950年，**朝鮮戦争**勃発。輸送・修理・軍需品などの需要が増大し，1951年には戦前の経済水準まで回復

❸ このレートは1971年の円切上げ（1ドル＝308円）まで続く

 プラス+α　GHQの憲法草案

1945年10月11日のマッカーサーによる憲法改正指示を受けて，政府は憲法問題調査委員会を設置。大日本帝国憲法の基本原理を守った改正案を作成したが，GHQはこれを認めず，別にマッカーサー3原則（天皇制の民主化・戦争放棄・封建制の廃止）を盛り込んだ草案を起草した。

❸ 冷戦下の日本

　米ソの冷戦下でアメリカの国際体制に組み込まれる中，日本は驚異的な経済成長を成し遂げた。

●第2～5次吉田茂内閣（1948～54年）

□【　サンフランシスコ平和条約　】…1951年9月，日本と連合国48か国との講和条約（翌52年4月発効）。日本の主権回復。同時に日米安全保障条約を締結し，アメリカ軍の日本駐留を認めた。

□【　破壊活動防止法　】…1952年，占領下の団体等規制令などの治安立法を引き継ぐ形で制定された。

□【　日米相互防衛援助協定　】…1954年に結ばれたMSA四協定❹の一つ。経済援助と引き換えに防衛力の強化。→同年，**防衛庁**を設置し，保安隊・海上警察隊を改組して自衛隊を組織した。

●鳩山一郎内閣（1954～56年）

□【　日ソ共同宣言　】…1956年，ソ連との国交回復→**領土問題**❺は未解決。

□【　国際連合　】…1956年，日ソ共同宣言を受けて，加盟が認められた。

●岸信介内閣（1957～60年）

□【　日米相互協力及び安全保障条約　】…1960年に締結（1970年以降は自動延長）→安保闘争が激化し，条約成立後，岸内閣は倒れる。

安全保障条約 （日米新安保条約）	①アメリカの日本防衛義務の明確化，②在日米軍の軍事行動の事前協議制，③相互防衛力の強化

●池田勇人内閣（1960～64年）

□【　国民所得倍増計画　】…1960年から高度経済成長政策を推進した。1964年には**東京オリンピック**開催。

●佐藤栄作内閣（1964～72年）

□【　日韓基本条約　】…1965年，朴正熙（パクチョンヒ）政権と締結し，国交正常化。

□【　日米共同声明　】…1968年に小笠原諸島返還を実現，翌69年の佐藤・ニクソン会談では**1972年**の沖縄返還・安保体制堅持が約束された。

□【　ニクソン・ショック（ドル・ショック）　】…1971年，ニクソン大統領がドルと金の交換廃止を発表。各国は**変動為替相場制**に移行。

---

❹ ほかに余剰農産物購入協定・経済的措置協定・投資保証協定
❺ 平和条約調印後の歯舞・色丹返還を約束

❹ 現代の日本

●1970年代以降の内閣

田中角栄内閣 (1972～74年)	1972年，日中共同声明（周恩来首相）→日中国交正常化 1973年，第一次オイルショック→インフレ進行
三木武夫内閣 (1974～76年)	「偽りのない政治」をスローガンに組閣 1976年，ロッキード疑獄事件が発覚し，田中角栄逮捕
福田赳夫内閣 (1976～78年)	円高不況克服，経済摩擦問題解消に努める 1978年，日中平和友好条約締結
大平正芳内閣 (1978～80年)	1979年，イラン革命などにより第二次オイルショック 1980年，初の衆参同時選挙の最中，急逝
鈴木善幸内閣 (1980～82年)	1981年，アメリカにシーレーン（海上航路）防衛を約束 1982年，参議院議員の全国区選挙→比例代表制を実施
中曽根康弘内閣 (1982～87年)	1983年，「日本列島不沈空母化」の発言問題 行政改革・教育改革を推進。1987年に国鉄をJRへ民営化❻
竹下登内閣 (1987～89年)	1989年，消費税の導入（3％→1997年に5％） リクルート事件が発覚し，1989年6月総辞職
宇野宗佑内閣 (1989年)	自民党三役の経験がない初の首相。参議院選挙で自民党が大敗し辞任。69日間という戦後4番目の短命内閣
海部俊樹内閣 (1989～91年)	リクルート事件処理。衆議院小選挙区比例代表制の導入などの政治改革をめざしたが失敗
宮沢喜一内閣 (1991～93年)	1992年，国連平和維持活動（PKO）法成立 1992年，カンボジアに自衛隊派遣
細川護熙内閣 (1993～94年)	1992年，日本新党を結成。翌93年の総選挙で非自民8党派の細川連立内閣が成立→55年体制崩壊
羽田孜内閣 (1994年)	4月に首相に就いたが，新党さきがけと社会党の連立離脱で少数与党となり，わずか2か月の短命内閣
村山富市内閣 (1994～96年)	1994年，自民・社会・さきがけ連立内閣誕生 1994年，社会党，自衛隊合憲承認
橋本龍太郎内閣 (1996～98年)	1996年，沖縄の米軍基地普天間飛行場の返還合意 1997年，自民党単独政権の復活
小渕恵三内閣 (1998～2000年)	1999年，情報公開法成立，ガイドライン関連法成立 1999年，「自自公」連立政権
森喜朗内閣 (2000～01年)	2000年，「神の国」発言が問題化。九州・沖縄サミット開催 2001年，中央省庁再編
小泉純一郎内閣 (2001～06年)	発足直後の世論調査で8割を超える高支持率 2005年，郵政民営化法が成立

　2006～07年は第1次安倍晋三内閣。2009年から民主党を中心とする連立内閣。2012年末から2020年9月までは第2・3・4次安倍内閣。

❻ 1985年には日本電信電話公社がNTTへ，日本専売公社がJTへ民営化された

試験別頻出度			
国家総合職 ★★☆	国家専門職 ———	地上特別区 ★★☆	
国家一般職 ★★☆	地上全国型 ★☆☆	市役所C ★★☆	
	地上東京都 ———		

学習のポイント

◎文化史では，室町・桃山・江戸時代が特に重要。
◎仏教史は各時代の仏教と政治とのかかわりを注意しておこう。
◎思想6「日本の思想家」，文学・芸術1「日本古典文学」も参照のこと。

❶ 飛鳥文化 — 6世紀後半から7世紀半ばにかけて，推古天皇・聖徳太子時代

特色	・**聖徳太子**や**蘇我氏**の仏教奨励により初めての仏教文化が隆盛 ・遣隋使の派遣などによる中国の**六朝文化**やギリシア・ペルシアなどの影響が見られる国際性豊かな文化
建築	**法隆寺**：聖徳太子が建立，現存する世界最古の木造建築 **法興寺（飛鳥寺）**：蘇我馬子が建立，最初の本格的寺院 四天王寺・法起寺・中宮寺
彫刻	**北魏様式**（端正で力強い）：法隆寺金堂釈迦三尊像（**鞍作鳥**作），同寺金堂薬師如来像，同寺夢殿救世観音像，飛鳥寺釈迦如来像 **南朝様式**（丸みを帯び柔和な美しさ）：法隆寺百済観音像，広隆寺半跏思惟像・中宮寺半跏思惟像
工芸	法隆寺玉虫厨子，中宮寺天寿国繡帳→忍冬唐草文様
経典	『三経義疏』❶（法華経・維摩経・勝鬘経の3経の注釈書）

❷ 白鳳文化 — 7世紀後半から8世紀の初め頃，天武・持統天皇時代

特色	・律令形成期の清新な**貴族文化** ・国家保護を受けた仏教文化 ・遣唐使の派遣による初唐文化の影響を受ける
建築	薬師寺東塔，大官大寺（大安寺）
彫刻	薬師寺金堂薬師三尊像，薬師寺東院堂聖観音像，興福寺仏頭，法隆寺阿弥陀三尊像
絵画	法隆寺金堂壁画，高松塚古墳壁画

---

❶ 聖徳太子が撰した，日本最古の書物

❸ 天平文化 ── 天平年間（729～49年）の聖武天皇時代

特色	・国家仏教が興隆し，仏教的色彩が強い ・盛唐文化の影響による国際色のある文化
仏教	鎮護国家思想に基づき仏教を保護 南都六宗❷（三論宗・成実宗・法相宗・倶舎宗・華厳宗・律宗）
建築	法隆寺夢殿，東大寺法華堂，唐招提寺金堂
彫刻	東大寺不空羂索観音像，興福寺阿修羅像，唐招提寺鑑真像
絵画	「薬師寺吉祥天女像」「正倉院鳥毛立女屏風」
編纂	『古事記』『日本書紀』❸『風土記』❹『懐風藻』❺『万葉集』

❹ 弘仁・貞観文化 ── 平安時代初期の文化

特色	・律令再興の気運を反映した唐風文化
仏教	天台宗：最澄，延暦寺，法華経を説き，主著に『顕戒論』 真言宗：空海，金剛峰寺，教王護国寺，密教で加持祈祷が中心
彫刻	観心寺如意輪観音像，神護寺薬師如来像，室生寺弥勒堂釈迦如来像
絵画	密教画：神護寺両界曼荼羅，園城寺不動明王像

❺ 国風文化 ── 10世紀以降の摂関時代

特色	・唐風文化を消化し，日本の風土にあった独自の文化が発展。 ・藤原氏の摂関家を中心とする華やかな貴族文化（藤原文化ともいう）
国文学	物語：『伊勢物語』『宇津保物語』『源氏物語』，日記：『土佐日記』 『蜻蛉日記』『更級日記』，随筆：『枕草子』，和歌：『古今和歌集』
仏教	浄土教の普及（末法思想の影響）：空也（市聖），源信（『往生要集』） 神仏習合思想から本地垂迹説❻が確立
建築	寝殿造（貴族の邸宅様式），平等院鳳凰堂

❷ 奈良仏教の教理研究の学派
❸ 舎人親王らが編修
❹ 播磨・常陸・出雲・肥前・豊後の5風土記が現存
❺ 大友皇子，藤原不比等らの最古の漢詩集
❻ 本地（本体）は仏であり，神は仏の迹垂れて，人々を救済するために現れた仮の姿とする考え

プラス+α

Question 飛鳥文化の仏像で端正で力強い北魏様式に比べて，丸みを帯び柔和な美しさを表現している様式は何か。
Answer 南朝（南梁）様式

日本史

世界史

地理

思想

文学・芸術

❻ 院政期の文化 ── 平安時代末期

特色	・**国風文化**の成熟 ・浄土教などが地方まで普及し，地方文化が成育
文芸	歴史書：『大鏡』『栄花（華）物語』，軍記物語：『将門記』『陸奥話記』， 説話集：『今昔物語集』，歌謡：『梁塵秘抄』
絵画	絵巻物：「源氏物語絵巻」「信貴山縁起絵巻」「伴大納言絵詞」「鳥獣 戯画」
建築	中尊寺金堂，白水阿弥陀堂，浄瑠璃寺本堂，三仏寺投入堂，富貴寺 大堂，厳島神社

❼ 鎌倉文化 ── 13世紀〜14世紀前半

特色	・新仏教が庶民や武士の間で広まった ・公家文化に加え，写実的で力強い**武家風文化**が発展
仏教	**他力本願**（浄土真宗❼系）：民衆に普及 　浄土宗（法然）：専修念仏，『選択本願念仏集』，知恩院 　浄土真宗（親鸞）：悪人正機説，『教行信証』，本願寺 　時宗（一遍）：踊念仏，『一遍上人語録』，清浄光寺 **自力本願**（禅宗系）：武士の間に普及 　臨済宗（栄西）：公案による悟り，『興禅護国論』，寿福寺・建仁寺 　曹洞宗（道元）：座禅・只管打坐，『正法眼蔵』，永平寺 　法華宗❽（日蓮）：題目・即身成仏，『立正安国論』，久遠寺
神道	伊勢神道（**度会神道**）：伊勢外宮神官の度会家行が反本地垂迹説を 主張
文学	和歌：『新古今和歌集』『山家集』『金槐和歌集』，随筆：『方丈記』『徒 然草』，紀行文：『十六夜日記』，説話集：『宇治拾遺物語』，軍記物： 『平家物語』『保元物語』『源平盛衰記』，史書：『吾妻鏡』『愚管抄』
学問	金沢文庫：北条実時が金沢の称名寺に創設した図書館
建築	**大仏様**（**天竺様**）：東大寺南大門，**禅宗様**（**唐様**）：円覚寺舎利殿， 正福寺千体地蔵堂，**和様**：蓮華王院本堂（三十三間堂），石山寺多 宝塔，**折衷様**：観心寺金堂
彫刻	東大寺南大門金剛力士像（運慶・快慶），六波羅蜜寺空也上人像 （康勝），興福寺金剛力士像（定慶）

❼ 一向宗ともいう　　❽ 日蓮宗ともいう

❽ 北山文化　室町文化① ─ 足利義満時代

特色	・禅宗の影響を強く受けた**武家文化と公家文化との融合**
建築	鹿苑寺金閣（寝殿造と禅宗様の融合），安楽寺三重塔
絵画	**水墨画**：明兆・如拙（「瓢鮎図」），周文
文芸	**五山文学**（禅僧による漢詩文学）：義堂周信・絶海中津・中巌円月
仏教	臨済宗の隆盛❾，京都・鎌倉の五山十刹の制の確立
芸能	能❿：観世座の観阿弥・世阿弥（『風姿花伝』），狂言

❾ 東山文化　室町文化② ─ 足利義政時代

特色	・「わび」「さび」や「幽玄」の趣のある洗練された文化
建築	慈照寺銀閣，書院造：慈照寺東求堂同仁斎，庭園：枯山水（竜安寺）
絵画	**水墨画**：雪舟（「秋冬山水図」） **大和絵**：土佐派（土佐光信），狩野派（狩野正信・元信）
芸能	茶道：村田珠光・武野紹鴎の侘び茶，花道：池坊専慶の立花
仏教	臨済宗（一休宗純），浄土真宗（**蓮如⓫**），神道：唯一神道⓬

❿ 桃山文化 ─ 信長・秀吉時代

特色	・大名や豪商の気風と経済力を反映した，**豪壮・華麗な文化**
建築	城郭建築：安土城・大坂城・伏見城→天守閣と書院造
絵画	障壁画：**狩野永徳**（「桧図屏風」），狩野山楽（「松鷹図」）・長谷川等伯（「松林図屏風」） 風俗画：狩野長信（「花下遊楽図屏風」），狩野秀頼（「高雄観楓図屏風」）
芸能	茶道：千利休の侘び茶の大成，歌舞伎：阿国歌舞伎（出雲阿国）
南蛮文化	主にポルトガルから伝えられたヨーロッパ文化

❾ 幕府の保護を受けて官寺として発展　　❿ 田楽・猿楽などから発展
⓫ 蓮如の本願寺派が加賀の一向一揆の中心勢力　　⓬ 吉田兼倶が反本地垂迹説を説く

プラス+α

Question 足利将軍家の帰依を受けた仏教は何宗か。
Answer 臨済宗

⓫ 元禄文化 ― 江戸時代の文化① ―17世紀後半〜18世紀初め

特色	・京都・大坂を中心とした上方の文化 ・幕藩体制の安定により，商品経済が発展し豪商や町人が文化を担う ・現実を肯定した合理主義的で，華麗で洗練された文化が開花
国文学	**浮世草子**：井原西鶴『好色一代男』『世間胸算用』『日本永代蔵』 **浄瑠璃脚本**：近松門左衛門『曾根崎心中』『冥途の飛脚』『心中天網島』 **俳諧**：松尾芭蕉『猿蓑』『笈の小文』『奥の細道』
美術	装飾画（琳派）：俵屋宗達（「風神雷神図屛風」）→尾形光琳（「紅白梅図屛風」「燕子花図屛風」），浮世絵：菱川師宣（「見返り美人図」）
芸能	歌舞伎：坂田藤十郎，市川団十郎 人形浄瑠璃：竹本義太夫（義太夫節）

●儒学三派（朱子学・陽明学・古学）

　幕府は朱子学を官学として重んじたが，朱子学を批判する陽明学，古学も隆盛した。

朱子学派	**理気説**を主張し，忠孝・礼儀を重視 →幕府の官学	林羅山[13]（京学派）， 山崎闇斎（南学派）
陽明学派	**知行合一**を重んじ社会的実践論を主張→体制批判的に見られ幕府から排除された	**中江藤樹**，熊沢蕃山
古学派	古典研究により孔子・孟子の本来の儒学思想を学ぶ	山鹿素行，伊藤仁斎， 荻生徂徠[14]，太宰春台

●学問

史学	徳川光圀：朱子学の水戸学派で大義名分論に基づき『大日本史』を編纂。→幕末の尊王論に影響
農学	宮崎安貞『農業全書』，大蔵永常『農具便利論』『公益国産考』
本草学	貝原益軒『大和本草』，稲生若水『庶物類纂』
その他	天文暦学：安井算哲（貞享暦），医学：山脇東洋『蔵志』，数学：吉田光由『塵劫記』，関孝和『発微算法』

---

[13] 家康に仕え，幕府儒官林家の祖。子の林鵞峰と『本朝通鑑』を編纂
[14] 蘐園塾を開き，蘐園学派の祖。将軍吉宗に仕えた

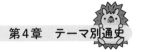

⓬ 化政文化 ── 江戸時代の文化② ── 18世紀末～19世紀初め

特色	・江戸経済が発展するにつれ，文化の中心も江戸へ移り，江戸の町人文化が享楽的に華やいだ。→江戸時代の文化の熟成期 ・幕藩体制動揺期で国学・洋学が発達し批判的な思想も萌芽
文学	洒落本：山東京伝『仕懸文庫』→寛政の改革で弾圧 黄表紙：恋川春町『金々先生栄花夢』 人情本：為永春水『春色梅児誉美』→天保の改革で弾圧 滑稽本：十返舎一九『東海道中膝栗毛』，式亭三馬『浮世風呂』 読本：上田秋成『雨月物語』，滝沢馬琴『南総里見八犬伝』 狂歌：大田南畝（蜀山人） 俳諧：与謝蕪村『蕪村七部集』，小林一茶『おらが春』 紀行文・地誌：菅江真澄『菅江真澄遊覧記』，鈴木牧之『北越雪譜』
浮世絵	鈴木春信（「弾琴美人」）→錦絵（多色刷版画）の創始者 喜多川歌麿（「婦女人相十品」）→美人画の大成 葛飾北斎（「富嶽三十六景」），歌川（安藤）広重⑮（「東海道五十三次」） →風景画
芸能	浄瑠璃：竹田出雲『仮名手本忠臣蔵』 歌舞伎：鶴屋南北『東海道四谷怪談』

●学問

　日本古来の精神を追究する国学と，西洋科学に注目した洋学（蘭学）が発達し，幕末の尊王思想と軍事技術を支えた。

国学	国学の四大人：荷田春満『創学校啓』，賀茂真淵『万葉考』， 本居宣長『古事記伝』，平田篤胤⑯『古道大意』 塙保己一『群書類従』
蘭学	新井白石『西洋紀聞』『采覧異言』→イエズス会シドッチを尋問 前野良沢・杉田玄白・中川淳庵『解体新書』 伊能忠敬『大日本沿海輿地全図』

---

⑮ 安藤広重は俗称
⑯ 平田神道（復古神道）は尊王攘夷運動の中心思想

プラス+α

Question 寛政の改革で風紀を乱したとして処罰された作家はだれか。

Answer 山東京伝

試験別頻出度	国家専門職 ────	地上特別区 ★☆☆
国家総合職 ★☆☆	地上全国型 ★☆☆	市役所 C ★☆☆
国家一般職 ────	地上東京都 ────	

学習の
ポイント

◎律令体制から荘園制への移行期や荘園制の発展，明治の土地改正などを
テーマに，難易度の高い出題が見られる。
◎荘園制を核とし，土地制度の変遷を時代と関連づけて理解しておこう。

❶ 律令時代

　律令制度以前のヤマト政権は，服属した小国の王や豪族を国造や家主
に任命して地方を支配し，経済基盤を固めていった（県主制→国造制）。

●律令制度

　大化の改新後，律令制度による**公地公民制**が進められ，班田収授法が施行された。田地は**輸租田**（租税対象の田）と**不輸租田**（租税免除の田）に大別される。

●律令制度の崩壊─8〜9世紀

① 農民の税負担が重く，逃亡→浮浪者は豪族や寺社の下で労働→**公地公民制の崩壊**

② 人口増加で，口分田の不足→**百万町歩開墾計画**（722年）→**三世一身法**（723年）→**墾田永年私財法**（743年）→**荘園制**

□【 初期荘園（墾田地系荘園） 】…貴族・地方豪族・寺社が墾田したり，農民の墾田地の購入や位田・寺田・神田などの私有化が進み初期荘園（**墾田地系荘園**）が発生する。

輸租田	口分田	良男（田2段）・良女（田1段120歩）賤男（240歩）賤女（160歩）
	位田	五位以上の官人。正一位（80町）〜従五位（8町）
	賜田	特別の恩勅者に支給
	功田	特別の功労者に支給
	賜田	郡司（大領6町・少領4町）
不輸租田	賜田	太政大臣（40町）〜防人正（1町6段）
	寺田・神田	寺院・神社→永代使用
輸地子田	乗田	口分田の剰余地。農民に賃租させ地子をとる

・班田制の崩壊後，朝廷は財源確保のため**勅旨田**（院・宮の田）・**官田**（畿内の田）・**公営田**（大宰府の直営田）・**諸司田**（諸官司の田）などを経営した。

❷ 平安時代

　10世紀初め，朝廷の公領支配は国司に任せる新しいシステムとなる。国司は田地の耕作を有力農民に請け負わせ，税を徴収。その請負人を**田堵**（と），課税対象の田地を請負人の名を付けて**名田**（**名**）と呼ばれた。

□【 **国衙領**（こくがりょう） 】…10世紀後半になると，大名田堵や開発領主が土地開墾を推進。**国衙**（国司の役所）はその開墾地を中心に公領を郡・郷・保などに再編成し，彼らを**郡司・郷司・保司**などに任命し徴税を請け負わせた。彼らの多くは在庁官人となり，公領をも私領地のように支配した。→**国衙領の形成**

□【 **荘園整理令** 】…延喜の荘園整理令（902年），**記録荘園券契所**（**記録所**）を設置した**延久の荘園整理令**（1069年）など，朝廷は荘園増加を防止・縮小するため基準に合わない荘園を停止した。

□【 **官省符荘**（かんしょうふしょう） 】…荘園は租税対象の輸租田だったが，10世紀以降，太政官符や民部省符を得て**不輸権**❶（租税免除）を認められた荘園（**官省符荘**）が増加。国衙認可のみで不輸権を得た荘園を**国免荘**（こくめんのしょう）という。

□【 **寄進地系荘園** 】…11世紀中頃以降，開発領主は国衙の搾取から逃れるため，所領を中央の貴族や寺社に寄進して荘園（**寄進地系荘園**）とし，自らは荘官となり荘園を管理した。荘園領主（**領家**）はさらに上流の摂関家や天皇（**本家**）に寄進し安定を図った。さらに荘園領主は国衙の派遣する**検田使**や**追捕使**の立入りを拒否する権利（**不入権**）を獲得し，荘園が朝廷の支配から独立するようになった。

□【 **知行国制**（ちぎょうこく） 】…貴族や寺社を知行国主に任命して1国の支配権を与え，そこから収益を得させる制度。院政期に盛んになり，13世紀には全国の3分の2以上が知行国となった。

---

❶ その手続きを立券荘号という

プラス+**α**

Question 国司から田地を請作する農民を［ 1 ］といい，その田地は［ 2 ］と呼ばれた。

Answer ［ 1 ］田堵　［ 2 ］名田（名）

日本史

世界史

地理

思想

文学・芸術

❸ 鎌倉時代

鎌倉幕府の経済的基盤は**関東知行国❷**と**関東御領❸**，**関東進止の地❹**で，地頭を通じて年貢や兵粮米を徴収した。

●本補地頭と新補地頭

本補地頭	1185年に源頼朝が設置	以前からの慣例に従い収入を得た
新補地頭	1221年の承久の乱後，没収した院方所領に御家人を任じた	11町につき1町を給田など新補率法を適用

貴族勢力が弱まってくると地頭は年貢横領や荘園侵略を行い支配基盤を強めた。そのため両者間の争いの解決策がとられた。

□【　地頭請　】…地頭が年貢の徴収を請け負うことは従来からの職務だったが，地頭請では荘園領主とあらかじめ年貢高を決め，それ以上の徴収は地頭の取り分となった。

□【　下地中分　】…荘園領主の対応策で，荘園を地頭と折半してしまい（**下地中分**），荘園領主は半分になった荘園から地頭を排除して支配権を確保。地頭は荘園の所有者となった。

❹ 室町時代～織豊政権の時代

鎌倉幕府の時，設置された守護はしだいに任国での支配力を強め，さらに国人や地侍と主従関係を結んで守護大名となり，権限を拡大していった。

□【　守護請　】…守護は荘園・国衙領の経営を任されて，毎年一定の年貢徴収を請け負うようなった。

□【　半済令　】…守護は徴収した年貢の半分を兵粮米として取得でき，国人などにそれを分与する権限が与えられた（**半済令**）。**足利尊氏**が観応の擾乱直後の1352年に近江・美濃などに出してから普及した。守護請や半済令を利用して守護の大名化が進み，領国の一円支配を行うまでに成長していった（**守護領国制**）。

□【　太閤検地　】…豊臣秀吉が全国に実施。荘園制は完全に崩壊した。
　　→一地一作人の確立

---

❷ 朝廷が将軍に与えた荘園
❸ 平氏から没収した荘園
❹ 幕府が地頭の設置権を持っている公領や荘園

日本史

世界史

地理

思想

文学・芸術

❺ 江戸時代

　幕政の財源は農業に基盤を置き，幕府は農民を厳しく統制した。農民は税に苦しみ，最低限の生活を強いられた。

●農民統制令

田畑永代売買禁止令 （1643年）	本百姓の没落を防ぎ，年貢を確保しようとした。 1872年の解禁まで続いた
慶安の御触書（1649年）	32条からなり，農民生活の細部まで統制
分地制限令（1673年）	家綱時代，耕地の細分化を禁止
田畑勝手作りの禁（数回）	米の収穫減少を防ぐため，畑への転作を禁止

●農民の税負担

□【　村請制　】…農民は**本百姓**（高持百姓）・**水呑百姓**（無高百姓）に分かれ，本百姓は検地帳に登録され，租税を負担した。本百姓から**名主**（庄屋・肝煎）・**組頭**・**百姓代**の村役人（村方三役）が選ばれ，村政に当たった。村請制は名主が責任者となって租税を納入する制度で，租税には**本途物成**・**小物成**・**高掛物**・**国役**・**助郷役**の種類があった。

❻ 明治時代

　1873年に地租改正が実施されるまでは，複雑な算出方法による現物貢納が行われ，新政府の財政は極めて不安定だった。

□【　地租改正　】…地租改正により土地所有者が地価の３％を金納することに改められた（**1877年に地価３％→2.5%**）。旧貢租収入と見合うような地租収入を目標とした政府は，収穫米高や米価査定などを操作して地価を決定したので，農民の負担は相変わらず重かった。

□【　寄生地主制　】…1880年代に入ると，松方財政によりデフレが進み自作農が没落し，高率の小作料が課せられる小作農が増加。土地は大地主に集中して**寄生地主制**が確立した。

プラス+α

Question 室町時代，荘園の年貢の半分を軍費として徴収し，荘園領主を圧迫した令は何か。

Answer 半済令

試験別頻出度		
国家総合職 ★☆☆	国家専門職 ───	地上特別区 ★☆☆
国家一般職 ★☆☆	地上全国型 ★☆☆	市 役 所 C ★★★
	地上東京都 ───	

学習の
ポイント

◎通史的に広範囲で出題される。各時代の文化交流，貿易は要注意。
◎対外交渉史は政治史と合わせた出題もあり，特に近代の中国，朝鮮との
関係を問う問題は難易度も高く，理解を深めておきたい。

❶ 古墳時代

渡来人によって漢字・儒教・仏教などの大陸文化が移入された。

□【 **儒教** 】…4～5世紀，**王仁**（わに）が論語をもたらしたとされる。6世紀
初め頃，百済から**五経博士**（ごきょうはかせ）が来日し広まった。

□【 **仏教** 】…公伝[1]としては，538年（一説に552年），百済の**聖明王**
が仏像と経典を伝えたとされる。

❷ 飛鳥時代

遣隋使，遣唐使が大陸文化をもたらし国際性豊かな文化が開花。

遣隋使	第1回は600年，第2回の607年に小野妹子が派遣され，隋の煬帝に国書を提出。大陸文化を摂取した→**飛鳥文化**
遣唐使	630年に犬上御田鍬（いぬかみのみたすき）が派遣された。唐文化を摂取するとともに，対新羅関係を優位にするために実行。**吉備真備**（きびのまきび）・**玄昉**（げんぼう）らが随行

□【 **白村江の戦い**（はくそんこう（はくすきのえ）） 】…660年に唐・新羅連合軍が**百済**を滅ぼす。663年，
百済を救援するため日本軍が白村江で唐・新羅連合軍と戦ったが敗北
した。→朝鮮から撤退。唐に対する国防強化，国内整備に努めた。

❸ 奈良時代

唐文化の移入に努める一方，ツングース系の渤海（ぼっかい）とも密接に交渉した。

□【 **渤海国**[2] 】…新羅を牽制するため日本に通交を求め（727年），日
本からも**渤海使**が派遣された。交易は約200年間続けられた。

□【 **鑑真**（がんじん） 】…苦難の末に753年に来日した唐僧で，**律宗**を伝えた。東
大寺に**戒壇**（かいだん）を築いて聖武上皇に戒を授け，759年には唐招提寺を建立。

---

❶ それ以前も渡来人によって伝えられていた
❷ 698年頃，ツングース系の靺鞨（まっかつ）族が旧高句麗領に建国。926年，契丹（きったん）に滅ぼされた

❹ 平安時代

907年に唐が滅亡し，979年宋が中国統一。平氏は日宋貿易に傾注。

□【 **遣唐使の中止** 】…894年，菅原道真は唐の衰退，航海の危険など
を理由に挙げ，遣唐使廃止を建議し，認められた。

□【 **日宋貿易** 】…平安中期から鎌倉中期まで行われた。平清盛は**大輪
田泊**（だのとまり）（神戸港）を修築，**音戸瀬戸**（おんどのせと）（広島県呉市）を開削して瀬戸内海
航路を整備し日宋貿易を独占した。

❺ 鎌倉時代

□【 **建長寺船** 】…1315年に焼失した建長寺の再建費を得るため，
1325年に14代執権**北条高時**は元に建長寺船を派遣した。→**日元貿易**

❻ 室町時代

足利政権は日朝貿易・日明貿易によって莫大な利益を得た。

□【 **天龍寺船** 】…1342年，天龍寺建立を計画した**足利尊氏**は，その
建立費用を得るため天龍寺船を元に派遣した。→**日元貿易**

□【 **前期倭寇** 】…14世紀半ば頃から**倭寇**が朝鮮半島を襲い，高麗衰
退。→1392年，李成桂（りせいけい）が高麗を滅ぼし**李氏朝鮮**を建国。

□【 **日朝貿易** 】…足利義満は倭寇禁止を求めた李氏朝鮮と国交を開い
た。**三浦**（さんぽ）❸には**倭館**が置かれたが，1419年の**応永の外寇**（がいこう）❹，1510年の
三浦の乱❺などで衰退。

□【 **日明貿易** 】…1401年，足利義満は明と国交を開き，1404年から
明への朝貢貿易の形式で**勘合貿易**を開始した。→のちに大内氏が独占

□【 **琉球王国** 】…1429年，中山王尚巴志（しょうはし）が**中山**（ちゅうざん）・**北山**（ほくざん）・**南山**（なんざん）の3王
国を統一し，琉球王国を建国。日本・明・朝鮮・東南アジア諸国間の
中継貿易。

❸ 富山浦（ふざんぽ）・乃而浦（ないじほ）・塩浦（えんぽ）の3港のこと
❹ 朝鮮が対馬を倭寇の本拠地とみなして襲撃した事件
❺ 私貿易を制限した朝鮮に不満を持った三浦の日本居留民の反乱

プラス+ **α**

Question 753年に来日した［ 1 ］は，東大寺に［ 2 ］を築いて聖武上
皇に戒を授けた。
Answer ［ 1 ］鑑真 ［ 2 ］戒壇

❼ 織豊政権

ヨーロッパとの交易で新しい技術・文化を輸入した。

□【　鉄砲の伝来　】…1543年，**種子島**にポルトガル人が漂着し，鉄砲を伝えた。

□【　キリスト教の伝来　】…1549年，イエズス会の**フランシスコ・ザビエル**がキリスト教を伝えた。

□【　南蛮貿易　】…ポルトガル・スペイン（イスパニア）両国との貿易。貿易はキリスト教布教と一体で，肥前の大村純忠など戦国大名は貿易に益するため布教を認めた。→**南蛮文化**（南蛮屏風・活字印刷機など）

輸出品	輸入品
銀・刀剣・硫黄・扇	鉄砲・火薬・鉄・中国産生糸・絹織物・雑貨

❽ 江戸時代

朱印船貿易は盛んだったが，やがて幕府は鎖国体制を固める。

□【　朱印船貿易　】…豊臣秀吉が始めたとされる朱印船貿易は，徳川家康も推進し隆盛した。1635年，3代家光の鎖国令まで行われた。船主には島津・有馬・鍋島・松浦氏などの西南大名や，**角倉了以，茶屋四郎次郎，末吉孫左衛門**などの豪商がいた。海外移住者も増え，シャム（タイ）のアユタヤ，安南のツーランやフェフォなど東南アジア各地に日本町ができた。アユタヤの**山田長政**は有名。

□【　糸割符制度　】…1604年，幕府は生糸の買取権・専売権を特定商人[6]に与え（**糸割符制度**），ポルトガル貿易（生糸輸入独占）に打撃を与えた（のち，オランダ・中国にも適用）。

□【　慶長遣欧使節　】…1613年，伊達政宗はノビスパン（メキシコ）・イスパニアに通商を求め，**支倉常長**を送ったが，実現しなかった。スペイン国王，ローマ教皇に謁見し，1620年に帰国。

❾ 鎖国

幕府はキリスト教によって，秩序が乱れることと，貿易の利益によって西南大名が力をつけることをおそれ，強固な鎖国体制を実行した。

□【　リーフデ号　】…1600年，オランダ船リーフデ号が豊後に漂着。

---

[6] 堺・長崎・京都（のち，江戸・大坂）の商人に与え，**糸割符仲間，五カ所商人**といった

イギリス人**ウィリアム・アダムズ**❼，オランダ人**ヤン・ヨーステン**❽
は家康の外交顧問として招かれた。1609年にはオランダの東インド
会社船が平戸に来航し，同地に商館を設置。→**日蘭貿易開始**。1613
年にはイギリスが貿易を求め来日。→**日英貿易開始**

□【 **禁教令** 】…1612年，家康は幕領に禁教令を出し，翌年に全国に
発した。①封建道徳と合わない，②宗教一揆のおそれ，③旧教国の侵
略の疑いなどの理由が挙げられる。

□【 **貿易港の制限** 】…1616年，中国船以外の外国船入港地を平戸・
長崎に制限。1623年にイギリス人が退去，翌24年にはイスパニア船
の来航を禁止した。

□【 **鎖国令** 】…1633年，家光は鎖国令で奉書船以外の日本船海外渡
航禁止（奉書船制度）。また，海外居住5年以上の邦人の帰国禁止。
1635年には海外渡航・邦人帰国の全面禁止。

□【 **島原の乱** 】…1637年，島原，天草で**天草四郎時貞**を盟主とした
キリシタン農民の一揆が起き，翌38年，鎮圧された。→キリスト教
禁止と鎖国体制の徹底化。→1640年から幕領で**宗門改役**がキリシタ
ン摘発を行い，長崎では踏絵が強化された。→**宗門改制度**（1664年）

□【 **出島** 】…1639年にポルトガル船の来航を禁止。1641年，長崎の
出島にオランダ商館を移した。以後，長崎での貿易はオランダ・中国
に制限され，鎖国が完成した。

□【 **朝鮮通信使** 】…1607年，朝鮮通信使が初来日し国交回復（以後，
将軍の代替わりに来日）。1609年には朝鮮と**己酉約条**（慶長条約）を
締結，**対馬藩主の宗氏**が日朝貿易を独占した。

---

❼ 三浦半島に領地を与えられ，三浦按針と名のった
❽ 耶陽子と称し，のち貿易に従事

プラス+α

Question 江戸時代初め，ノビスパン・イスパニアに渡りイスパニア国王
やローマ教皇に謁見したのはだれか。

Answer 支倉常長

59

日本史

世界史

地理

思想

文学・芸術

　近代の朝鮮交渉史は日本の侵略の歴史であり，日露戦争後の韓国併合で植民地とした。太平洋戦争終結によって朝鮮民族は解放された。

●**明治時代**

征韓論	1873年，明治新政府は朝鮮に国交を望んだが拒否された。没落士族の不満をそらす目的を持って**征韓論**が起こる。**大久保利通・木戸孝允**らは内政の整備を訴えて征韓論を抑え，**西郷隆盛**は下野した。→**西南戦争**（1877年）
日朝修好条規	**江華島事件**後，1876年に締結した不平等条約。朝鮮開国
壬午事変	1882年，**閔妃一派[9]**と対立していた**大院君**一派が起こしたクーデターで，日本公使館が焼打ちされた。鎮定後の同年，朝鮮と**済物浦条約**を結び，日本の駐兵権などを認めさせた
甲申事変	1884年，親日派の**独立党**が日本軍の援助を借りてクーデターを起こしたが，清国の派兵に抑えられた。日本は朝鮮と**漢城条約**，中国と**天津条約**を締結
甲午農民戦争	1894年，減税と排日を求める全羅道の農民の反乱で，**東学党の乱**ともいう。→日清戦争
日韓議定書	日露戦争中の1904年，韓国支配を強化するため内政干渉の自由を認めさせた。以降**第1次〜第3次日韓協約**を結び朝鮮侵略を進めた。1905年には統監府を設置
韓国併合	**1910年**，韓国統治権を掌握。漢城を京城と改めて**朝鮮総督府**を置き，韓国統治の本拠とした。初代総督は**寺内正毅**。→大陸進出

●**大正時代**

□【　三・一独立運動　】…民族自決の原則などを掲げた米大統領ウィルソンの十四カ条に励まされ，1919年に起こった朝鮮民族独立運動で，**万歳事件**ともいう。**原敬内閣**は厳しく弾圧しつつ，国際世論へ配慮。

●**昭和時代（戦後）**

□【　日韓基本条約　】…**佐藤栄作内閣**の1965年，南の大韓民国との間に日韓基本条約を締結し国交が正常化した。しかし，北の朝鮮民主主義人民共和国との間では国交回復が遅れている。なお，**指紋押なつ廃止**は1991年の日韓首脳会議で決められた。

---

❾ 日本の改革にならった開化派。のち閔妃一派は親清に転じた

日本史

世界史

地理

思想

文学・芸術

⓫ 明治時代以降の中国との交渉

　日清・日露戦争によって大陸進出への道を固めた日本は，独走する軍部の主導で日中戦争へ突入していく。

●明治時代

日清修好条規	1871年締結。日本は不平等条約をめざしたが，結果は対等条約だった
台湾出兵	1874年，征韓中止の不満をそらすために行われた**日本最初の海外出兵**。西郷従道が指揮し，**征台の役**ともいう
天津条約	甲申事変後，1875年に締結。朝鮮からの日清両軍の撤退，朝鮮出兵時の相互事前通告などを取り決めた。→清の朝鮮支配強化
日清戦争	1894年勃発。1895年下関条約→三国干渉
北清事変	1900年，**義和団事件**を受けて日本・ロシアなど列国が出兵。1901年，清国は**北京議定書**で謝罪。→ 1904年**日露戦争**→ 1905年ポーツマス条約

●大正時代

□【　二十一カ条の要求　】…1915年，第2次**大隈重信**内閣が中華民国大総統**袁世凱**につきつけた利権拡大の要求。抗日運動が激化。

□【　五・四運動　】…1919年，パリ講和条約反対，反帝国主義，排日を叫んだ中国民衆の運動。

●昭和時代

□【　山東出兵　】…1927年，国民政府軍の北伐に対し，軍閥**張作霖**を利用して在留邦人保護を口実に出兵。→**日中対立激化**

・日中戦争への過程

1931年柳条湖事件（**満州事変**）→ 1932年**満州国**建国→ 1933年国際連盟脱退→ 1937年盧溝橋事件（**日中戦争**）→ 1945年ポツダム宣言受諾

・戦後の歩み

1972年**日中共同声明**＝日中国交正常化（**田中内閣**）→ 1978年**日中平和友好条約**締結（**福田内閣**）

プラス+**α**

Question 壬午事変後，日本の駐兵権を認めさせた条約は何か。
Answer 済物浦条約

日本史の 50 問スコアアタック

Question

□1 縄文人の成人儀礼の習俗は何か。

□2 渡来人が伝えたロクロと登窯を用いて作られた土器は何か。

□3 ヤマト政権の経済的・軍事的基盤を築いた制度を何というか。

□4 ヤマト政権下で，職能部民のことを ① といい，それを統率した首長は ② と呼ばれた。

□5 初めての整備された律令である ① は701年，② と藤原不比等が編修し，その翌年文武天皇が施行した。

□6 班田収授法は6年ごとに作成した ① に基づき，6歳以上の男女に ② で区画された ③ を支給することである。

□7 蔵人は ① 天皇のときに設けられた令外官で，初代蔵人頭に ② と巨勢野足が任じられた。

□8 律令制度は社会の実情によって修正されたが，三大格式のすべてを挙げよ。

□9 源頼朝が1180年に御家人を統制するために設けた組織は何か。

□10 守護の任務である大番催促，謀反人・殺害人の逮捕をまとめて何というか。

□11 北条 ① は1221年，② で後鳥羽上皇を破り執権政治を確立。また，京都守護を廃し，③ を設けた。

□12 南北朝の対立とは，京都の北朝＝ ① と吉野の南朝＝ ② の争いで，足利義満は1392年，南朝の ③ 天皇と和平を結んで南北朝を合体させた。

Answer

1 抜歯

2 須恵器
朝鮮の技法

3 部民制度
氏姓制度

4 ①品部 ②伴造
首長のもとに伴が職務分担

5 ①大宝律令
②刑部親王
718年養老律令

6 ①戸籍 ②条里制 ③口分田
唐の均田法を移入

7 ①嵯峨
②藤原冬嗣
摂関政治への道を築く

8 弘仁格式，貞観格式，延喜格式

9 侍所
初代別当は和田義盛

10 大犯三か条
守護は1国1人

11 ①義時
②承久の乱
③六波羅探題

12 ①持明院統
②大覚寺統
③後亀山

□**13** 1488年に浄土真宗本願寺派の農民らが守護富樫政親(とがしまさちか)を倒した一揆は何か。

□**14** 1536年に成立したとされる『塵芥集』は何氏の分国法か。

□**15** 織田信長は天下統一をめざし，1573年に室町幕府を滅ぼした。その最後の将軍は何代のだれか。

□**16** 1582年以来，豊臣秀吉が全国の征服地で実施した ① によって， ② は完全に崩壊した。

□**17** 豊臣秀吉が1592年，97年の2度にわたって行った朝鮮出兵を何というか。

□**18**   ① は徳川氏一門の大名， ② は三河以来徳川氏の家臣だった大名， ③ は関ヶ原の戦い以降に家臣になった大名である。

□**19** 8代将軍吉宗が実施した享保の改革の一つで，金銭貸借のトラブルは旗本・御家人と札差(ふださし)の当事者間で解決させ，裁判の簡素化を図った政策は何か。

□**20** 老中松平定信が行った寛政の改革で，次のことを主旨とした政策はそれぞれ何か。

 ① ：備荒貯蓄・米価調節を目的

 ② ：貧民救済のため町費を節約

 ③ ：旗本・御家人の借金を帳消し

 ④ ：朱子学を正学に，儒学諸派を禁止

 ⑤ ：無宿人を石川島に収容

 ⑥ ：帰農奨励

□**21** 12代将軍 ① に仕えた老中 ② は株仲間の解散，人返しの法など天保の改革を実施したが，成果は上がらなかった。

13　加賀の一向一揆

14　伊達氏
家法・壁書ともいう

15　15代足利義昭

16　①太閤検地
　　②荘園公領制
一地一作人の確立

17　文禄・慶長の役

18　①親藩
　　②譜代大名
　　③外様(とざま)大名
大名は1万石以上

19　相対済し令
1719年発令

20　①囲米(かこいまい)の制
　　②七分積金
　　③棄捐(きえん)令
　　④寛政異学の禁
　　⑤人足寄場
　　⑥旧里帰農令
11代家斉に任える

21　①家慶
　　②水野忠邦

☐**22** 1854年に締結した日米和親条約で，他国に有利な条約を与えると，アメリカにも自動的にその条件が認められるという内容の条文があるが，そのことを何というか。

☐**23** 桜田門外の変後，和宮降嫁など公武合体政策を推進した老中はだれか。

☐**24** 公議世論の尊重，開国和親を中心とする，1868年に発表された明治新政府の基本方針は何か。

☐**25** 征韓論に敗れて下野した ①，後藤象二郎ら前参議は1874年，大久保利通らの有司専制を批判して ② を左院に提出した。

☐**26** ポーツマス条約では賠償金が支払われなかったため国民の不満が爆発し，1905年に起きた事件は何か。

☐**27** 1894年，治外法権の撤廃，関税率の一部引上げなどを盛り込んだ日英通商航海条約が締結され，条約改正に成功したが，そのときの外相はだれか。

☐**28** 第一次護憲運動は立憲国民党の ① や立憲政友会の ② らが展開し，1913年第3次 ③ 内閣は倒れた。

☐**29** 第2次大隈重信内閣は1915年，中華民国に21か条の要求を突きつけたが，そのときの中華民国大総統はだれか。

☐**30** 世界恐慌が日本に波及した1930年，浜口内閣の ① 蔵相は ② を断行し，デフレ政策を進めたが，景気は改善されず，労働争議や ③ が頻発した。翌年，④ 内閣が金輸出を再び禁止した。

22 最恵国待遇
このときの老中は阿部正弘

23 安藤信正
坂下門外の変で失脚

24 五箇条の御誓文
庶民には五榜の掲示

25 ①板垣退助
②民撰議院設立建白書

26 日比谷焼打ち事件

27 陸奥宗光（むつ）
1911年，関税自主権の完全回復（小村寿太郎外相）

28 ①犬養毅（いぬかいつよし）
②尾崎行雄
③桂太郎

29 袁世凱（えんせいがい）
孫文は臨時大総統

30 ①井上準之助
②金解禁
③小作争議
④犬養毅

□**31** 1936年に起きた二・二六事件の首謀者として処刑されたのはだれか。

31 北一輝

□**32** GHQは日本を民主主義国家として再建するよう占領政策を進めたが，どのような方法で行われたか。

32 間接統治方式
政府に指示・命令する

□**33** GHQは，経済の民主化を図るために財閥解体を指令したが，そのために作られた2つの法律は何か。

33 独占禁止法
過度経済力集中
排除法

□**34** 1954年のMSA協定の一つで，日本の防衛力の強化が促され，アメリカとの関係がより密接となった協定は何か。

34 日米相互防衛援助協定

□**35** 1972年，日中共同声明を発表し，日中交正常化を実現させたときの日本と中国の首相はだれか。

35 田中角栄
周恩来

□**36** 法華経・維摩経・勝鬘経の三経義疏を著したとされる人物はだれか。

36 聖徳太子
（厩戸皇子）

□**37** 奈良時代は鎮護国家思想に基づき国家仏教が隆盛し，盛んに教理研究が行われたが，その学派の総称は何か。

37 南都六宗

□**38** 鎌倉時代末期，伊勢外宮神官の ① が仏教に反論して反本地垂迹説を唱えた。このことを ② という。

38 ①度会家行
②伊勢神道
（度会神道）

□**39** 足利将軍家の保護によって繁栄した仏教の宗派は何か。また，義満のとき中国南宋の官寺制度に倣った寺院の制度は何か。

39 臨済宗
五山十刹の制

□**40** 江戸時代の国学の四大人とは，『創学校啓』を著した ① ，その弟子の ② ，国学の大成者 ③ ，幕末の尊王攘夷運動に影響を与えた ④ である。

40 ①荷田春満
②賀茂真淵
③本居宣長
④平田篤胤

□**41** 公地制が崩壊し，初期荘園成立の契機となった743年に発布された法律は何か。

41 墾田永年私財法

□42 平安時代，租税免除の不輸権が認められた荘園は何か。また，国衙の認可のみで不輸権を得た荘園は何か。	42 官省符荘 国免荘
□43 1352年に足利尊氏が始め，守護が徴収した年貢の半分を取得できる制度とは何か。	43 半済令
□44 江戸幕府の農民統制令で，1643年に出され，明治時代に入った1872年に廃止された法令は何か。	44 田畑永代売買禁止令
□45 753年に来日し律宗を伝えた ① は，東大寺に ② を築き，759年には ③ を創建した。	45 ①鑑真 ②戒壇 ③唐招提寺
□46 1404年に朝貢貿易の形で始めた日明貿易は，その頃猛威を振るっていた倭寇と区別するため何を持たせたか。	46 勘合（符）
□47 江戸幕府は堺・長崎などの特定商人に生糸の買取権・専売権を与え，ポルトガル貿易を大きく揺るがせた制度は何か。	47 糸割符制度
□48 1607年，朝鮮通信使が初来日し，1609年に幕府が朝鮮と取り交わした条約は何か。	48 己酉約条 （慶長条約）
□49 日露戦争中から韓国支配を強めた日本が韓国併合を果たした年は，何年か。また，初代総督はだれか。	49 1910年 寺内正毅
□50 1931年，関東軍の石原莞爾らが柳条湖で満鉄を爆破した事件を契機に何が勃発したか。	50 満州事変 _{1932年，満州国建設}

日本史の50問スコアアタック得点		
第1回（　／　）	第2回（　／　）	第3回（　／　）
／50点	／50点	／50点

人文科学

世界史

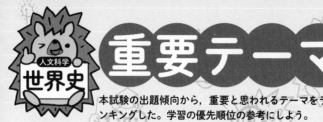

重要テーマ BEST 10

本試験の出題傾向から，重要と思われるテーマをランキングした。学習の優先順位の参考にしよう。

1 第二次世界大戦後の情勢　P.100~105

米ソの冷戦中に生じた朝鮮戦争，キューバ危機，ヴェトナム戦争の原因と結果を明確に理解しておきたい。1989年の米ソ首脳によるマルタ会談と冷戦の終結宣言，その後の東欧の民主化，ソ連邦の解体などの一連の流れ，地域紛争やテロなどの現代社会の諸問題についても確認しよう。

2 第一次世界大戦前後から第二次世界大戦　P.94~99

第一次世界大戦勃発の際の国際情勢が重要事項。三国同盟と三国協商のメンバー国，大戦の因果関係を押さえておこう。大戦中にロシア革命が起こり，その後，社会主義国家ソ連が成立したこと，アメリカ大統領ウィルソンの提案で国際連盟が設置されたが，アメリカは不参加だった点も問われやすい。

3 市民革命　P.86~89

イギリスのピューリタン革命と名誉革命，フランス革命は頻出事項。フランス革命に先立つアメリカ独立戦争も市民革命の一つで，その結果，現在のアメリカ合衆国が成立した過程も重要。

4 中国史　　P.114~119

　中国史は東洋史の中では最頻出テーマである。紀元前の秦の始皇帝の時代から現代の中華人民共和国の成立まで，繰り返し出題される事項が多く，出題傾向は把握しやすい。

5 近代国家の成立　　P.82~85

　「太陽の沈まぬ国」スペインはネーデルラントを支配下に置いたが，このスペインを破り，大きく海外進出を進めたのがイギリスだ。同時代の欧米諸国の海外拠点もあわせて覚えておきたい。

6 ルネサンス　　P.78・79

　イタリアで始まったルネサンスでは，人間らしい生き方の模索が文学と芸術の分野において始まった。科学の分野でも地動説が生まれた。作家・画家・科学者など人物を中心に覚えておきたい。

7 宗教改革　　P.81

　ドイツ人のルターがカトリックを批判したことに端を発した宗教改革は，カトリック教会に動揺を与えた。カルヴァン，イギリスのヘンリ8世の宗教改革も出題される。

8 イスラーム世界の発展　　P.106~109

　7世紀にアッラーを唯一神とするイスラーム教を創始したムハンマドの動向とイスラーム世界の拡大，イスラーム帝国の形成過程が重要事項。セルジューク朝，オスマン帝国についても要確認。

9 列強の帝国主義政策　　P.90~93

　19世紀末，欧米諸国の列強は，海外植民地の拡大に乗り出していく。特に，アジア・アフリカに進出した過程が頻出。

10 古代史と中世ヨーロッパ　　P.70~77

　ローマ帝国の皇帝とその政策が重要。ローマ帝国滅亡後の西ヨーロッパの中世世界とカトリック教会の状況も把握しておくこと。

テーマ **1**

試験別頻出度	国家専門職 ───	地上特別区 ★☆☆
国家総合職 ★☆☆	地上全国型 ★☆☆	市 役 所 C ★☆☆
国家一般職 ★☆☆	地上東京都 ★☆☆	

学習のポイント

◎問題は個々の文明のみで扱われず，必ず四大文明を同時に問う形式。
◎四大文明の特徴を表すキーワード，民族，発明された文字などが重要。
◎出題頻度は低いが，古代ギリシャ・ローマにも注意。

❶ 四大文明

治水・灌漑の必要から強大な権力集中を伴う専制国家が生まれた。

メソポタミア文明	ティグリス・ユーフラテス川	前3500 ～前1500年頃
エジプト文明	ナイル川	前3000 ～前1100年頃
インダス文明	インダス川	前2300 ～前1800年頃
黄河文明	黄河	前5000 ～前1500年頃

❷ メソポタミア文明

前3500年頃，メソポタミア地方（「肥沃な三日月地帯」）南部に**シュメール人**（民族系統不明）が都市を形成。

□【 **シュメール文化** 】…発掘された都市「**ウル**」が著名。都市国家の神官・役人・戦士が実権把握→前24世紀にアッカド人（セム系民族）が統一→さらに**アムル人**（セム系民族）がバビロン第1王朝を建国。

□【 **ハンムラビ王** 】…バビロン第1王朝（古バビロニア王国）の王→「**ハンムラビ法典**」制定→復讐法「**目には目を，歯には歯を**」。**楔形文字**を使用。実用の学問が発達→**太陰暦・60進法・七曜日制**

❸ エジプト文明

ナイル河谷に**部族国家**（ノモス）が分立→前3000年頃，肥沃なナイルデルタの農耕を背景に王（ファラオ）が統一国家。約30の王朝が交替（ハム系民族）。

□【 **ピラミッド** 】…神とされる王の墓→太陽神ラーを主神とする**多神教**。神像の**スフィンクス**，**ミイラ**（霊魂不滅観），「**死者の書**」も特徴。

□【 **神聖文字（ヒエログリフ）** 】…象形文字→ナポレオンのエジプト遠征で発見された**ロゼッタ・ストーン**（シャンポリオンの解読）で王名・文化など確認⇔パピルスなどの略字体（民衆文字，デモティック）の記録→氾濫後の耕地整理のため測地術が発達，**太陽暦・10進法**。

❹ インダス文明

インダス川流域の広範囲で前2300年頃から営まれた**ドラヴィダ系民族**による文明（遺跡はハラッパー，モエンジョ・ダーロが有名）。

□【　モエンジョ・ダーロ　】…インダス文明最大の都市遺跡。**給排水設備**が完備した都市，青銅器，彩文土器，1,000個あまりの印章が出土。**インダス文字（象形文字）**は未解読。

❺ 黄河文明

最近，黄河流域以外（長江流域など）の考古学的研究が進展し，現在では「中国古代文明＝黄河文明」は否定される。

□【　彩陶文化　】…前5000 ～ 4000年頃。磨製石斧や彩文土器を用いる。

□【　黒陶文化　】…前2000 ～ 1500年頃。**三足土器**が特徴。**邑**（村落）を形成，牛・馬を飼育→殷は前1500年頃に興った，現在確認できる中国最古の王朝。**夏**は中国最古の伝説上の王朝。

❻ 古代中国

［前史］黄河の中・下流域に邑を支配する王が出現。その王朝を殷と呼ぶ。**祭政一致**の神権政治を行い都市国家が発達。**饕餮文**で覆われた祭祀用の**青銅器・漢字**の起源を示す**甲骨文字**の使用始まる。

□【　周　】…前11世紀に**鎬京**（現在の西安）に都を置き華北を支配。世襲の諸侯以下，卿，大夫，士の**封建制度**をとる。

□【　春秋戦国　】…前8 ～前5世紀末まで春秋時代，以後前3世紀後半を戦国時代（→**諸子百家**の活躍）。

□【　秦の統一　】…前221年，始皇帝が初めて全国統一，中央集権（**郡県制**の施行，大運河の計画と**万里の長城**修築）を行う。

□【　漢の統一　】…前202年，劉邦（高祖）が混乱を収拾，項羽を破って再統一（前漢）し，**郡国制**を敷く。

プラス+ α　インダス文明滅亡の原因

高度な都市設計や精緻な出土品を残したインダス文明が，なぜ終焉したか未だにはっきりしていない。アーリヤ人の南下・侵入説もあるが，環境悪化説では，焼成れんがの燃料として都市周辺～近郊の木を切り尽くしたことが，山を荒らし川の流路改変の遠因になったとする。

日本史

世界史

地理

思想

文学・芸術

❼ 古代ギリシャ

[前史] エーゲ海周辺では，前20〜前12世紀にかけて**エーゲ文明**（クレタ文明，ミケーネ文明に分かれる）が栄えた。

□【　ポリスの成立　】…前8世紀半ばから人々が要地に集住（シノイキスモス）し，アクロポリス（城山）とアゴラ（広場）を中心とする小都市国家（ポリス）を作る。

●古代ギリシャ・アテネの政治

貴族政治	前8世紀	貴族の独裁政治
		前6世紀初頭にソロンの改革 ｛財産政治を要求 ／ 負債の帳消し｝
僭主政治	前6世紀半ば	僭主ペイシストラトスを民衆が支持
民主政治	前6世紀末	クレイステネス→**陶片追放**（オストラキスモス）
全盛期	前500〜前449年	**ペルシア戦争**→アテネがペルシア打破 ／ ペリクレス→民主政治の完成（直接民主政）
衰退期	前431〜前404年	ペロポネソス戦争→アテネがスパルタに敗北
衆愚政治	前5世紀後半	デマゴーグによる政治

●ヘレニズム時代（前334〜前30年）

前338年	マケドニアがギリシャを支配
前334〜前324年	アレクサンドロス大王の東方遠征
前323年	大王没後→大帝国が分裂

❽ 古代ローマ

[前史] 前6世紀末に先住民族エトルリア人の王を追放して共和政へ。

□【　平民の権利伸長　】…前5世紀初めに**護民官**を設置→ローマ最古の成文法「**十二表法**」→「リキニウス・セクスティウス法」で執政官（コンスル）の1人を平民から選出→「ホルテンシウス法」で平民と貴族の法的平等化。

□【　ローマの発展と内乱　】…ポエニ戦争（前264〜前146年）でカルタゴを支配下に→属州獲得→グラックス兄弟の自作農擁護（挫折）→閥族派と平民派の内乱へ。1次・2次の三頭政治→カエサルの養子オクタウィアヌスが**アウグストゥス**（尊厳者）として元首に。

前27年	ローマ帝国（元首政）成立。最盛期は五賢帝時代→「ローマの平和」
3〜4世紀	周辺の民族の侵入が激しくなり帝国は動揺。各地の軍隊が勝手に皇帝を立てる「軍人皇帝」の時代→3世紀末の**ディオクレティアヌス帝**は「専制君主政（ドミナトゥス）」を開始。**コンスタンティヌス帝**は313年にミラノ勅令で帝国内のキリスト教を公認
395年	東ローマ帝国（〜1453年）と西ローマ帝国（〜476年）に分裂

❾ 古代インド

[前史] 前1500年頃までにインド・ヨーロッパ系のアーリヤ人がインド西北部から侵入しパンジャーブ地方に定住。

□【 アーリヤ人 】…自然崇拝と神観念は『リグ・ヴェーダ』に→前1000年には鉄器使用開始。ガンジス川流域へ進出。都市と小王国。

□【 バラモン教 】…ヴァルナ（四姓：**バラモン，クシャトリヤ，ヴァイシャ，シュードラ**）最高位のバラモンがヴェーダの宗教を司祭した。

□【 ジャイナ教と仏教 】…前500年前後に発生，クシャトリヤ，ヴァイシャ中心に受容された。

ジャイナ教	**ヴァルダマーナ** （マハーヴィーラ）	厳しい不殺生の戒律を持ち，苦行を積むことで人は救われると説く
仏教	**ガウタマ・シッダールタ** （釈迦牟尼・ブッダ）	八正道を行えば生老病死の苦しみから人は救われると説く

□【 インドの諸王朝 】…マウリヤ朝は仏教の布教事業，クシャーナ朝は後漢・パルティアと通商，グプタ朝はヒンドゥー教が興る。

マウリヤ朝 前317年頃～ 前180年頃	アレクサンドロス大王の東方遠征の混乱に乗じ，コーサラ国の**チャンドラグプタ**が建国。前3世紀の**アショーカ王**時代が全盛期。→王の死後分裂	アショーカ王は初期仏教を保護，仏典結集を援助→スリランカなどの南方上座部仏教へ
クシャーナ朝 1～3世紀	バクトリアの**大月氏**が西北インドから侵入し支配。1世紀イラン系のクシャーン人がその支配から独立。2世紀の**カニシカ王**時代が全盛期	カニシカ王の保護政策→西北インドで大乗仏教に発展。**ガンダーラ美術**興隆→中国を経て朝鮮・日本へ
グプタ朝 320年頃～ 550年頃	ガンジス中流域を中心に北インド全域にわたる統一国家。**チャンドラグプタ2世**時代が全盛期	純インド的仏教美術が興る（グプタ様式の**アジャンター石窟寺院**）

プラス+α

Question ［ 1 ］は，［ 2 ］の報復に備えてデロス同盟を結成，他のポリスにも支配力を及ぼした。また，無産市民も政治に参加できるようになった。民会が政治の最高機関となり［ 3 ］のもとで民主政治が完成した。
Answer ［ 1 ］アテネ　［ 2 ］ペルシア　［ 3 ］ペリクレス

日本史

世界史

地理

思想

文学・芸術

試験別頻出度	国家専門職 ★☆☆	地上特別区 ★★☆
国家総合職 ★☆☆	地上全国型 ★☆☆	市役所C ★☆☆
国家一般職 ──	地上東京都 ★☆☆	

> ◎ローマ帝国分裂後に東西でどのような展開があったのか整理しておく。
> ◎西はカール大帝戴冠，フランク王国分割，東は十字軍とビザンツ帝国が中心。
> ◎政治とキリスト教の相互依存についても十分に理解しておきたい。

❶ フランク王国（メロヴィング朝・カロリング朝）

[前史] アジア系遊牧民**フン人**の圧迫で西ゴート族が375年にローマ帝国領内に侵入→**ゲルマン人大移動**始まる。

□【 **クローヴィス** 】…ガリア居住のゲルマン人のフランク人を統一，**メロヴィング朝フランク王国**を建国→496年，アリウス派を捨て**アタナシウス派**に改宗→ローマ教会と提携（フランク王国の安定的な西ヨーロッパ支配を可能とする）

□【 **ピピン** 】…トゥール・ポワティエ間の戦いでイスラーム勢力を駆逐し覇権を固めた**カール・マルテル**の子。メロヴィング朝を倒し，751年に**カロリング朝**を開く→ローマ教皇の支持。偶像禁止令を強制する東ローマ（ビザンツ）皇帝と対立したローマ教会は，ランゴバルド人を破りその土地を**教皇領に寄進**したピピンを保護者と仰ぐ。

□【 **カール大帝** 】…ピピンの子。西ヨーロッパの大半を制圧し「民族大移動」後の混乱を安定化→ローマ教皇レオ3世により**800年にローマ皇帝として戴冠**＝西ローマ帝国の復活。文化・芸術活動にも積極的（カロリング・ルネサンスを推進）⇔西欧の祖型。

□【 **帝国の分裂** 】…カール大帝の死後，843年の**ヴェルダン条約**と870年の**メルセン条約**により現在のフランス・イタリア・ドイツの3部分に分裂。分裂後の西フランク（フランス）では987年に**カペー朝**が，東フランク（ドイツ）では919年に**ザクセン朝**が建てられた。

□【 **東西教会の分離** 】…聖像禁止令（726年）を巡る争いから，東ローマ皇帝支配下のコンスタンティノープル教会と西のローマ教会が対立。1054年に正式に分離した。→東ヨーロッパ・スラヴ地域を中心とする**ギリシャ正教会**，西ヨーロッパ中心の**ローマ・カトリック教会**へ。

❷十字軍の遠征

11世紀頃，**セルジューク・トルコ**のシリア・パレスティナ征服と東ローマ（ビザンツ）帝国への侵入は，西欧のキリスト教徒に衝撃。

□【　クレルモン宗教会議　】…1095年，教皇ウルバヌス2世が東ローマ皇帝の救援依頼を受け**聖地イェルサレム奪還**の**十字軍**を呼びかける。→所領獲得の野心と宗教的情熱を持った騎士・貴族が遠征に参加。

□【　国王権の伸張　】…遠征の出費で**諸侯・騎士階級が没落**⇔教皇・君主の資金調達の努力は徴税機構の合理化につながり国王権が伸張。

●十字軍の歴史

	主導者	動機・目的	結果
第1回 1096～99年	フランス諸侯	占領された聖地の奪還	聖地奪回→イェルサレム王国建国
第2回 1147～49年	神聖ローマ皇帝 仏王ルイ7世	セルジューク朝の勢力回復をたたく	ダマスクスで敗退
第3回 1189～92年	神聖ローマ皇帝 仏王フィリップ2世 英王リチャード1世	アイユーブ朝のサラディンがイェルサレム王国を滅ぼす	英王と仏王の対立。サラディンと英王が単独講和
第4回 1202～04年	ヴェネツィア人	経済的な利益の追求が主となる	ラテン帝国を建設
第5回 1228～29年	神聖ローマ皇帝 フリードリヒ2世	ローマ教皇の強要で実施	一時的に聖地回復（すぐ撤退）
第6回 1248～54年	仏王ルイ9世	イスラーム勢力の根拠地エジプト攻略	敗退
第7回 1270年	仏王ルイ9世	チュニスを攻撃	ルイ9世病死。十字軍の拠点陥落

□【　東方貿易　】…十字軍は東方への関心を創出→ジェノヴァ，ヴェネツィアなどイタリア諸都市の商業活動が活発化。東方の香辛料が輸入され，接触したイスラーム先進文化の発達した技術・学問も伝えられた。

プラス+α「西欧の祖」カール大帝

ドイツでもフランスでも，歴史教科書に載っている初代国王はカール大帝（シャルルマーニュ）。EUの通貨統合も国王共有の歴史があるからこそ可能になったものか…。カールの生誕地で墓所でもある都市は，現在のドイツのアーヘンであるが，フランス人はエクス・ラ・シャペルと呼ぶ。日本人はまごつかされるが，実は別の場所ではなく同一都市である。

❸ 教皇権の盛衰

13世紀初めの**インノケンティウス 3 世**の頃，教皇権は頂点を極めたが，のち十字軍の失敗などで徐々に権威を喪失し，教皇の**バビロン捕囚**と呼ばれる屈辱的期間を迎える⇔逆に国王権（俗権）は伸張。

□【　**叙任権闘争**　】…俗人である皇帝や王の手に**聖職叙任権**がある状態は，教会改革の立場から不都合とした。

1075年	グレゴリウス 7 世は聖職売買と聖職者の結婚を禁じ，聖職叙任権を教皇の手に収めようとした←教皇至上権
1076年	神聖ローマ皇帝ハインリヒ 4 世はウォルムスの公会議で教皇の廃位を宣告→激怒した教皇はハインリヒを破門
1077年	諸侯に背かれたハインリヒは謝罪←カノッサの屈辱

□【　**クレルモン宗教会議**　】…1095年，十字軍の呼びかけ。教皇の「上り坂」の力を示す。

□【　**ヴォルムス協約**　】…1122年，ハインリヒ 5 世と教皇カリストゥス 2 世の間に成立。皇帝権からの教会権力の「**自立**」を示す。

□【　**各地への十字軍の派遣を提唱**　】…インノケンティウス 3 世は第 4 回十字軍のほか，異端のアルビジョワ派（南仏）への十字軍も敢行。カンタベリー大司教の選任を拒否した英国の**ジョン王**を破門。教権の絶頂期。

□【　**教皇のバビロン捕囚**　】…仏王フィリップ 4 世と教皇ボニファティウス 8 世は**教会・修道院の課税**を巡り対立→1303年，仏王の使者がボニファティウス 8 世を逮捕（アナーニ事件）→次いでフィリップ 4 世はフランス出身の法皇クレメンス 5 世を呼び寄せ，1309 〜 77年の間教皇庁を南フランスの**アヴィニョン**に設置（「教皇のバビロン捕囚」）。

□【　**教会大分裂（大シスマ）**　】…1378 〜 1417年，ローマに帰還した教皇に対抗してアヴィニョンにも別の教皇が立つ。→聖職者の腐敗が進行。この頃カトリック教義を批判する人物も現れ宗教界は混乱。→1414 〜 18年のコンスタンツ公会議でウィクリフは異端とされ，フスは処刑される（→フス戦争）⇒教会大分裂は解消。

| ウィクリフ
1320 ? 〜 84年 | イギリス | 聖書を信仰の基礎とし，教皇の権威否定。清貧を重視，教会の財産の国家への提供も支持 |
| フス
1370 ? 〜 1415年 | ボヘミア
（チェコ） | 聖職者の世俗化批判。主としてドイツ人のボヘミア聖職者への批判（民族運動の側面） |

❹ 神聖ローマ帝国

　ドイツ民族の住む東フランク王国は10世紀初頭にカロリングの王統が絶え，諸侯の選挙で王を選定。13世紀から神聖ローマ帝国を呼称。

□【　オットー1世　】…父ハインリヒ1世を継ぎ，936年にドイツ国王。**マジャール人**の侵入を撃退，イタリアを制圧して，962年，ローマ教皇より帝冠を受ける。→神聖ローマ帝国（**最盛期は11世紀**で，以後衰退）の成立起源。

□【　七選帝侯　】…1356年にカール4世が発布した金印勅書で，皇帝は血統の権利による選挙で選出されると規定→七選帝侯に優先権

□【　領邦国家　】…神聖ローマ帝国は強力な中央権力を持たず，最多期で**300**もの独立性の強い領邦国家（聖俗の諸侯・領主の領地）の集合体→1648年のウェストファリア条約で各領邦に独立国家的権利を承認（神聖ローマ帝国は1806年，ライン同盟結成を受け解体へ）

❺ 東ローマ帝国（ビザンツ帝国）

　395年の東西分裂でバルカン半島から小アジア地域に東ローマ帝国成立。**地中海帝国**の復活を目指す。

□【　ユスティニアヌス帝　】…6世紀の全盛期を体現。『ローマ法大全』を編纂させた。旧ローマ帝国の西の領土の復活を試み部分的に成功。教会と公共建造物の建設を推進。**→ハギア（セント）・ソフィア聖堂**

□【　停滞から衰退へ　】…7世紀にアヴァール人・スラヴ人がバルカンを占拠，8世紀には小アジアがイスラーム勢力の襲撃を受ける。9～11世紀に貿易で持ち直すが**セルジューク・トルコ**に苦しめられ，十字軍ではラテン帝国に首都コンスタンティノープルを一時占拠された。1453年，オスマン・トルコの**メフメット2世**の攻略を受け滅亡。

プラス+α

Question　[1]はカール大帝の死後ヴェルダン条約と[2]により3分割されたが，現在のドイツに当たる東フランクでは[3]家のオットー1世が出て，侵入してきた[4]人を撃退するなどして教皇から帝冠を授けられた。
Answer　[1]フランク王国　[2]メルセン条約　[3]ザクセン　[4]マジャール

日本史

世界史

地理

思想

文学・芸術

試 験 別 頻 出 度	国家専門職 ——	地上特別区 ★☆☆
国家総合職 ——	地上全国型 ★★★	市 役 所 C ★★☆
国家一般職 ——	地上東京都 ★☆☆	

学習のポイント

◎ルネサンスがイタリアで興った要因を問う問題や，ルネサンス期に活躍した芸術家，文学者，さらにその作品について問われる問題が頻出。
◎ドイツ・スイス・イギリスで興った宗教改革の流れは整理しておきたい。

❶ ルネサンス

14 ～ 16世紀に，イタリアを中心に興った人間の精神の解放を唱えた文化現象で，多くの優れた芸術家・文学者が誕生した。

□【　ルネサンス　】…「**再生**」の意味。中世の封建制度や教会の束縛からの解放をめざし，古典主義の復興や人文主義が潮流となった。

□【　人文主義(ヒューマニズム)　】…キリスト教以前のギリシャ・ローマの古典文化に人間性の回復を求めた思想。人間本位の立場に立ち，現実を肯定し個性を自由に表現する「万能人」「普遍人」が理想とされた。この主義者を**ヒューマニスト**という。

●**イタリア・ルネサンス誕生の背景**

・**東方（レヴァント）貿易**により，北イタリアのヴェネツィア・ジェノヴァ・フィレンツェなどの自由都市が経済的に繁栄していた。

・フィレンツェのメディチ家・ローマ教皇など有力な支配層が文化を保護した。

●**イタリア・ルネサンスの衰退**

・**商業革命**により貿易の中心地が地中海沿岸から大西洋沿岸に移り，イタリアの都市が衰えた。

・**イタリア戦争**（1494 ～ 1559年）が起こり，政治的にも混乱を深めた。

●**技術・科学の発達**

□【　羅針盤・火薬・活版印刷術❶　】（ルネサンスの三大発明）…羅針盤・火薬の起源は中国。これらによりヨーロッパで近代化が進められた。

□【　コペルニクスの地動説　】…16世紀中頃，ポーランドの**コペルニクス**はそれまでの天動説に対して，地動説を主張した。

---

❶ ドイツ人のグーテンベルクが発明（1450年頃）

❷代表的なルネサンス文化

　レオナルド・ダ・ヴィンチ，ミケランジェロ，ラファエロの３大巨匠によって，ルネサンス絵画が完成。またダンテ，ボッカチオ，マキャヴェリら人文主義者が活躍した。

イタリア	絵画	**レオナルド・ダ・ヴィンチ**：「モナ＝リザ」「最後の晩餐」 **ミケランジェロ**：「最後の審判」「ダヴィデ像」 **ラファエロ**：「聖母子像」「アテナイの学堂」 ボッティチェリ：「春」「ヴィーナスの誕生」
	建築	ブルネレスキ：サンタ・マリア大聖堂ドーム ブラマンテ：サン・ピエトロ大聖堂
	文学	**ダンテ**：『新生』『神曲』 ボッカチオ：『デカメロン』 ペトラルカ：『カンツォニーレ』，叙情詩人
	政治	**マキャヴェリ**：『君主論』
	科学	**ガリレオ・ガリレイ**：望遠鏡の発明，地動説を擁護
ネーデルランド	絵画	ファン＝アイク兄弟：油絵絵画法 ブリューゲル：『子供の遊び』『農民の踊り』
	政治	**エラスムス**：『愚神礼賛』
ドイツ	絵画	デューラー：『四使徒』，版画で有名
	文学	ロイヒリン：『ヘブライ語入門』，聖書研究 メランヒトン：『新約聖書』研究
	科学	ケプラー：惑星運行の法則
フランス	文学	**モンテーニュ**：『随想録（エセー）』 ラブレー：『ガルガンチュア物語』
スペイン	文学	セルバンテス：『ドン＝キホーテ』
イギリス	文学	チョーサー：『カンタベリ物語』 **シェークスピア**：『ハムレット』『オセロ』 **トマス・モア**：『ユートピア』→囲い込み運動批判

日本史

世界史

地理

思想

文学・芸術

Question　[1]はイタリア・ルネサンスの中心となった都市で，[2]はその都市の大富豪で文芸の保護に努めた。
　Answer　[1] フィレンツェ　[2] メディチ家

❸ 大航海時代

　十字軍以来アジアへの関心が高まった西ヨーロッパ諸国では航路開発を手がけ，インド航路の開拓やアメリカ大陸発見，世界周航などの大航海時代を迎えた。ヨーロッパ人の海外進出が本格的に始まった。

●背景

・13世紀に元を訪れた**マルコ・ポーロ**の『**世界の記述**』（『**東方見聞録**』）によりアジアへの関心が高まった。

・インドや東南アジア産の**香辛料**を求めて，西ヨーロッパ諸国はイスラーム商人や地中海諸都市を経ないで直接貿易をしようとした。

・異教徒への**キリスト教布教活動**を図ろうとした。

・ルネサンス期に科学・技術（羅針盤・緯度航法・海図）が発展した。

●展開：インド航路の開拓が目的

□【　バルトロメウ・ディアス〔ポルトガル〕　】…1488年，アフリカ南端の**喜望峰**に到達。

□【　コロンブス〔イタリア〕　】…1492年，スペイン女王**イサベル**の援助を受けて，西インド諸島のサン・サルバドル島に到着。**新大陸発見**。

□【　ヴァスコ・ダ・ガマ〔ポルトガル〕　】…1498年，インド西南岸のカリカットに到着。**インド航路**を開拓。

□【　カボット〔イタリア〕　】…1497〜98年，イギリス王ヘンリ7世の命で北アメリカ東岸探検。

□【　アメリゴ・ヴェスプッチ〔イタリア〕　】…1497〜1500年，南アメリカ探検。新大陸と確認する。

□【　カブラル〔ポルトガル〕　】…1500年，ブラジルに漂着。ブラジルはポルトガル領になる。

□【　バルボア〔スペイン〕　】…1513年，パナマ地峡を横断，**太平洋**を発見。

□【　マゼラン（マガリャンイス）〔ポルトガル〕　】…1519〜22年，スペイン王の命令でマゼラン一行は世界周航を達成。

●影響

□【　商業革命　】…貿易の規模がヨーロッパ，アジア，新大陸と世界的に広がり，また貿易の中心が大西洋沿岸に移り，イタリア都市が衰退。

□【 価格革命 】…新大陸から大量の**銀**が流入し，経済変動が起きた。

❹ 宗教改革

　教皇や教会の堕落を批判し，聖書によるキリスト教本来の信仰を取り戻そうとした宗教改革は，ドイツのルター，スイスのカルヴァン，イギリスのヘンリ8世らによって行われた。

●ドイツの宗教改革

□【 ルター 】…教皇レオ10世の**贖宥状（免罪符）販売**を非難して，1517年，「95カ条の論題」を発表，聖書中心主義・福音主義を主張した。1521年，破門。同年，ヴォルムス帝国議会で皇帝カール5世から公民権を剥奪された。

□【 ドイツ農民戦争 】…1524～25年，宗教改革に刺激され，農奴制の廃止などを訴えた**ミュンツァー**の反乱。ルターは初め農民を支持していたが，農民の過激な行動が目立つようになると諸侯側についた。

□【 アウグスブルクの和議 】…1555年，ルター派が公認された。

●スイスの宗教改革

□【 カルヴァン 】…『キリスト教綱要』（1536年）で福音主義と，「魂の救済は神によって最初から決められている」という予定説を提唱。1541年にフランスからスイスへ亡命し，ジュネーヴで改革運動を展開。司教制度を廃止，長老制度を設けた。**倹約と勤労**による富の蓄財を認め，その職業倫理が新興市民層に受け入れられた。

●イギリスの宗教改革

□【 ヘンリ8世 】…1534年，**首長法**（国王至上法）[2]を発布，イギリス国教会を創立。修道院を議会立法で廃止した。

□【 エリザベス1世 】…その後一時期カトリックに復帰するが，1559年，**統一法**を発布，イギリス国教会体制を確立。

---

[2] イギリス国教会の首長はイギリス国王とする法で，教皇からの離脱独立を宣言した

プラス+𝛂

Question 勤労を尊び，富の蓄財を認めたため，商工業者に支持され，西ヨーロッパに広まった宗教改革の主導者はだれか。
Answer カルヴァン

日本史

世界史

地理

思想

文学・芸術

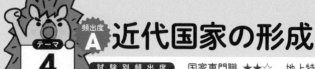

学習の ポイント

◎絶対王政（絶対主義）に関する出題が頻繁に見られる。
◎ヨーロッパ各国の経済政策や対外政策の特色を，国王の名前と結びつけて理解しておこう。

❶ 絶対王政（絶対主義）

16世紀から18世紀にかけて，王権による中央集権化から発展し，王権神授説に基づいた政治形態で，国王を中心とする身分制社会が形成された。官僚と常備軍によって国家統一を行った国王は，大商人と結びついて重商主義政策をとり，海外植民地獲得競争を展開した。

□【　王権神授説　】…王権は神より授けられたもので，絶対であるとして，絶対王政を正当化した。

□【　重商主義政策　】…絶対王政期の典型的な経済政策。国内の商工業を保護し，貿易を振興。

●絶対王政期のヨーロッパ各国

□【　スペイン　】…イベリア半島のカスティリャ王国とアラゴン王国が1479年に統合されてスペイン王国となる。1492年にグラナダを占領して**イスラーム勢力**を一掃しイベリア半島を統一（レコンキスタ❶完了）。ハプスブルク家のカルロス1世によって絶対王政が確立され，新大陸からの銀を財源として16世紀後半のフェリペ2世の時代には最盛期を迎える。1580年には王統の途絶えたポルトガルの領土を継承。

□【　オランダ　】…新教徒の多かったスペイン領ネーデルラントでフェリペ2世が旧教化政策をとったため，1568年に**オランダ独立戦争**（〜1609年）が始まった。1579年，ホラント，ユトレヒトを中心とする北部7州が**ユトレヒト同盟**を結成。オラニエ公ウィレム1世の指導の下，1581年には**ネーデルラント連邦共和国**として独立を宣言。1609年，休戦条約が結ばれて事実上の独立を達成し，1648年には**ウェストファリア条約**で正式に承認された。独立後は，スペインに代わって海上権

❶ キリスト教徒による国土回復運動

を握り，世界の**商業・金融**の中心として栄えた。

□【　**イギリス**　】…ヘンリ7世の下で整えられ，**ヘンリ8世**によって確立された絶対王政は，**エリザベス1世**の下で全盛期に達した。1559年に統一法を出し，イギリス国教会体制を確立。1588年にはスペインの無敵艦隊（アルマダ）を破り，盛んに海外進出を行った。

□【　**フランス**　】…ルイ13世は身分制議会である三部会を1615年に解散して王権を強化し，**ルイ14世**の下で絶対王政は最盛期を迎えた。財務総監**コルベール**によって重商主義政策がとられたが，1685年に**ナントの勅令**が廃止されたため，多くの**ユグノー**（フランスのカルヴァン派）が国外逃亡した。→一時期，商工業衰退

□【　**ロシア**　】…1480年にイヴァン3世の下で成立したロシアは，ロマノフ朝の**ピョートル1世**（大帝）の時代に近代化への飛躍を遂げた。大帝は国政改革や軍備の拡張を実行し，ポーランド，デンマークと結んで，当時の強国であるスウェーデンを**北方戦争**（1700～21年）で破り，バルト海に進出した。18世紀後半には，**エカチェリーナ2世**の下で領土をさらに拡大した。一方，ロシアでは**農奴制**が存続しており，**プガチョフの反乱**（1773～75年）などが起きている。

□【　**プロイセン（プロシア）とオーストリア**　】…ブランデンブルク辺境伯領とプロイセン公国が合併，それをホーエンツォレルン家が支配してプロイセン王国となった。プロイセンの**フリードリヒ2世**はオーストリアの**マリア・テレジア**がハプスブルク家の領土を継承することに異議を唱え，**オーストリア継承戦争**（1740～48年）を起こし，アーヘンの和約でシュレジエン（シレジア）を得た。シュレジエンの**奪回**をめざしたマリア・テレジアは宿敵フランスと同盟（**外交革命**），ロシア・スウェーデンとも盟約を結び再び戦ったが敗れた（**七年戦争**，1756～63年）。

プラス+*α*

Question　スペインからの独立をめざして，ネーデルラントの北部7州が1579年に結成した同盟とは何か。

Answer　ユトレヒト同盟

　宗教改革の結果，ヨーロッパ各地では旧教徒（カトリック）と新教徒（プロテスタント）の間で対立が生じ，宗教的・政治的な紛争が勃発した。

□【　ユグノー戦争（1562～98年）　】…フランスでは歴代国王が**ユグノー**と呼ばれる**カルヴァン派**新教徒を弾圧。新旧両派の対立は貴族の宮廷における政治闘争も加わり，国政が大混乱❷した。カトリック側をスペインが，プロテスタント側をイギリスが援助。1589年，新教徒のアンリ４世が国王に即位して**ブルボン朝**を開き，新教から旧教に改宗して内乱を終結させた。1598年，新教徒に旧教徒と同等の権利を与える**ナントの王令（勅令）**により，新旧両派間の対立は解消された。アンリ４世は経済復興に努め，絶対王政の基礎を築いた。

□【　三十年戦争（1618～48年）　】…ドイツで行われた国際戦争。ベーメン（ボヘミア）の新教徒が，ハプスブルク家の**神聖ローマ皇帝フェルディナント**による旧教の強制に反発して，反乱を起こしたのがきっかけ。新旧両派の諸侯が外国からの援助を受けながら，互いに争った。皇帝とスペインを中心とする旧教徒側に対して，新教徒側には新教国のデンマーク，スウェーデンのほか，旧教国のフランスがハプスブルク家の勢力拡大を阻止するために参戦した。1648年の**ウェストファリア条約**が結ばれ終結。アウグスブルクの和議❸を確認し，カルヴァン派が公認された。ドイツ諸侯に主権が承認され，神聖ローマ帝国は有名無実となった。スイスとオランダの独立もこのときに承認された。

旧教徒側	神聖ローマ皇帝（**ハプスブルク家**）	旧教
	スペイン（ブルボン家と対立）	
	旧教派諸侯	
新教徒側	フランス（**ブルボン家**）	旧教
	イギリス	新教
	オランダ	
	デンマーク	
	スウェーデン	
	新教派諸侯	

❷ 1572年にはサン・バルテルミの大虐殺が起こり，アンリ３世が殺され，ヴァロワ朝は断絶
❸ 1555年に神聖ローマ帝国議会がルター派の信仰を認めたもの

❸ ヨーロッパ諸国の植民地活動

　重商主義政策を進めた絶対主義諸国は，市場や原料の供給地を拡大するために植民地の獲得をめざし，互いに激しく競争を繰り広げた。

ポルトガル	インド航路を開拓したポルトガルは，インドの**ゴア**と中国の**マカオ**に拠点を置いてアジアで香辛料貿易に従事したが，オランダ東インド会社の進出により，その勢力は後退した。南米ではブラジルを植民地としていた
スペイン	中南米や**フィリピン**（拠点はマニラ）に進出。中南米の金銀を独占し，莫大な利益を得た
オランダ	ジャワ島の**バタヴィア**を拠点に，インドネシアを領有。1602年には東インド会社を設立し，ポルトガルに代わって香辛料貿易に従事した。南米や北米にも進出したが失敗し，イギリス＝オランダ（英蘭）戦争（1652～54年，65～67年，72～74年）の結果，海上覇権を失って衰退
イギリス	エリザベス女王時代の1600年に東インド会社を設立。インドの**ボンベイ・マドラス・カルカッタ**に進出した。その後，ポルトガル，オランダ，フランスとの抗争に勝利した結果，全インドの植民地化に成功した。北米では**13植民地**を建設。スペイン継承戦争，オーストリア継承戦争，七年戦争などで対立するフランスを破り，植民地を拡大した
フランス	アンリ4世時代の1604年に東インド会社を設立。東インド会社はその後，一時活動を中断したが，1664年に**コルベール**によって再建された。インドの**ポンディシェリ，シャンデルナゴル**，北米のカナダに植民地を獲得したが，イギリスとの競争に敗北した

●英仏植民地争奪戦争

ヨーロッパでの戦争	ファルツ継承戦争（1689～97年）→スペイン継承戦争（1701～13年）→オーストリア継承戦争（1740～48年）→七年戦争（1756～63年）
北米植民地での戦争	ウィリアム王戦争（1689～97年）→アン王女戦争（1702～13年）→ジョージ王戦争（1744～48年）→フレンチ・インディアン戦争（1755～63年）

プラス+𝛼

Question アジアに進出したイギリス，オランダ，フランスが，アジアとの貿易や植民地経営のために設立した会社とは何か。

Answer 東インド会社

日本史

世界史

地理

思想

文学・芸術

頻出度
A 市民革命・産業革命

試験別頻出度	国家専門職 ★★★	地上特別区 ★☆☆
	国家総合職 ★★☆	地上全国型 ★★★	市 役 所 C ★★☆
	国家一般職 ★★★	地上東京都 ★☆☆

学習の
ポイント

◎市民革命ではピューリタン革命，名誉革命，アメリカ独立革命，フランス革命に関して出題され，複数の革命を比較する問題も見られる。
◎革命の原因や過程，後の産業革命など，テーマ別に要点を整理しよう。

❶ 市民社会の成立

　資本主義経済の発達に伴って市民階級が成長し，17 〜 18世紀のイギリス・アメリカ・フランスで市民革命が勃発した。

●イギリス

ピューリタン革命 （清教徒革命）	イギリス国王チャールズ1世は，1628年に議会が可決した**権利の請願**を無視して専制政治を行った。その結果，1642年に革命が勃発，革命の指導者クロムウェルは1649年，チャールズ1世を処刑，共和政を開始。クロムウェルは1651年，**航海法（航海条例）**を発布してオランダの海運業に打撃を与え，**第1次イギリス＝オランダ（英蘭）戦争**（1652 〜 54年）でオランダを撃破した。しかし，1653年に護国卿となったクロムウェルは軍事的独裁政治を進め，国民の不満が高まった。クロムウェルの死後，1660年に王政が復古した
王政復古	王政復古で即位したチャールズ2世は専制政治を行い，カトリックを擁護したため，議会と対立。議会は公職者をイギリス国教徒に限る**審査法**（1673年），不当逮捕を禁じた**人身保護法**（1679年）を制定
名誉革命	**ジェームズ2世**も専制政治を行い，議会と対立したが，1688年，議会がオラニエ公ウィレム夫妻を招請したため，国王はフランスに亡命した。これを名誉革命という。その後，メアリ2世とウィリアム3世が即位して，権利の宣言を承認。これを議会が権利の章典として発布し，**議会政治**の基礎が確立した

●アメリカの独立

| アメリカ独立革命
（戦争） | 1764年の印紙条例（印紙法），1773年の茶条例（茶法）など，イギリス本国によるアメリカ13植民地に対する重商主義政策が強化されたことにより，本国との関係が悪化，アメリカ独立革命（戦争）（1775 〜 83年）が勃発。1776年に**トマス・ジェファソン**らが起草した独立宣言を発表，ワシントンを総司令官として，フランス，スペインから援助を受けて勝利を収め，1783年の**パリ講和条約**で独立を達成した。1787年にはフィラデルフィアの憲法制定議会で**合衆国憲法❶**を制定した。初代大統領はワシントン |

---

❶ 連邦主義・三権分立主義・民主主義を原則として掲げる

●フランスにおけるアンシャン・レジーム（旧制度）の構造

国　王		
第一身分	聖職者	免税特権を持ち，高級官僚を独占する少数の特権階級
第二身分	貴族	
第三身分	農民・平民	大多数を占めるも，参政権なく重税を負担

●フランス革命

1789年	アンシャン・レジーム（旧制度）下の財政問題解決のために三部会が召集されたのを契機に，第三身分が**国民議会**（のちに**憲法制定議会**と改称）を結成，憲法制定を誓った（球戯場〔テニスコート〕の誓い）。バスティーユ牢獄の襲撃の後，封建的特権廃止宣言，フランス人権宣言❷が採択された
1791年	憲法の発布により議会が解散され，立法議会が成立した。ルイ16世は国外逃亡を企てたが失敗（**ヴァレンヌ逃亡事件**）→オーストリア・プロイセンは**ピルニッツ宣言**で王権回復を求めた
1792年	**フイヤン派**（立憲君主主義）と**ジロンド派**（穏和共和主義）が対立する中，オーストリア・プロイセンと開戦（「ラ＝マルセイエーズ」誕生）。**ヴァルミーの戦い**でプロイセンを破る。国民公会を召集（男子普通選挙）して，王制廃止と共和政を宣言した
1793年	ルイ16世の処刑後，第一回対仏大同盟が結成され（イギリスのピット内閣が中心），議会ではジロンド派とジャコバン派の対立，ジャコバン派の独裁（ロベスピエールとダントン）が始まった。ジャコバン派は封建的貢租の無償廃止や物価統制などを進めた。**山岳派**（ジャコバン派最左派）の指導者マラーが暗殺された
1794年	エベール派とダントン派を弾圧，処刑。しかし恐怖政治に対する反発からジャコバン派のロベスピエールが処刑された（テルミドール9日のクーデタ）
1795年	総裁政府が成立するが，共産主義実現をめざしたバブーフの陰謀（1796年）が発覚するなど，政治は安定しなかった
1799年	ブリュメール18日のクーデタによって**ナポレオン**が総裁政府を倒し，革命は終結した

❷ ラ・ファイエットらによる起草

プラス+ α

Question 1642年のイギリスで起きた［ 1 ］革命では国王の処刑が行われたが，1688年の［ 2 ］革命では行われず，無血革命と呼ばれた。
Answer ［ 1 ］ピューリタン（清教徒）　［ 2 ］名誉

18世紀後半のイギリスで始まった**産業革命**によって，**工場制機械工業**が発達し，資本主義経済が確立した。19世紀にはその他の諸国（フランス，ドイツ，アメリカなど）に普及した。

産業革命の原因	産業革命以前のイギリスでは，毛織物工業を中心とするマニュファクチュア（工場制手工業）の発達によって資本の蓄積が進んでいた。また，食料生産のための第二次囲い込み（エンクロージャー）によって土地を失った農民が都市労働者となり，安価な労働力が生み出されていた。また，広大な海外植民地を持つことで，海外に自国製品の市場を確保していた
産業革命の進展	18世紀後半，技術や動力の革新（ジェニー紡績機・水力紡績機❸・ミュール紡績機❹・力織機❺・蒸気機関の改良❻など）によって綿工業の機械化が進んだ。機械化の普及とともに，製鉄，炭鉱，機械工業，造船，海運，交通なども発達し，イギリス国内にはマンチェスター，グラスゴー，バーミンガムなどの大工業都市が成立した
資本主義体制の確立	産業革命によって工場制機械工業が発展した結果，大量生産と安価な商品の供給が可能となった。それに伴って従来の地主や商業資本に代わって**産業資本家**が大きな勢力となる一方，資本家と労働者という二大階級の成立と対立が生じた。外国穀物に高関税をかける穀物法は，産業資本家や労働者の反対によって1846年に廃止され，重商主義政策から自由貿易主義への転換が行われた

フランス革命の影響は，**ナポレオン戦争**によって全ヨーロッパに広がったが，**ウィーン体制**によって抑圧された。

1799年	**ブリュメール18日のクーデタ**によりナポレオン・ボナパルトが統領政府を樹立，第一統領となる
1804年	ナポレオンがナポレオン法典❼を発布し，ナポレオン1世に即位
1805年	トラファルガーの海戦 →フランス 対 イギリス（勝利） アウステルリッツの三帝会戦 →フランス（勝利）対 オーストリア・ロシア →1806年　神聖ローマ帝国滅亡
1806年	教皇領占領・**大陸封鎖令**（イギリスとの通商禁止）失敗
1812年	**ロシア遠征**→ナポレオン軍退却
1813年	ライプチヒの戦い →フランス 対 ロシア・プロイセン・オーストリア（勝利） →ナポレオンはエルバ島へ流される

---

❸ アークライトが発明　　❹ クロンプトンが発明　　❺ カートライトが発明
❻ ニューコメンが発明し，ワットが改良した　　❼ 民法典。全文2281条

1815年	エルバ島を脱出→ワーテルローの戦い →フランス（大敗）対 イギリス・プロイセン（勝利） →ナポレオンは南大西洋の孤島セントヘレナ島へ

□【　ウィーン体制　】…フランス革命とナポレオン戦争の処理のため，オーストリアの外相**メッテルニヒ**が主宰し，ウィーン会議（1814～15年）が開催された。フランス外相**タレーラン**は革命前の状態を回復する正統主義を主張した。1815年に調印されたウィーン議定書では正統主義が採用され，大国（イギリス・オーストリア・プロイセン・ロシア）に有利な領土変更が行われた。同年に大国間で結ばれた**四国**（1818年にフランスが加盟して五国）**同盟**，**神聖同盟**によって自由主義，民族主義運動を抑圧する反動体制，ウィーン体制が完成したが，ギリシャ，ラテンアメリカ諸国の独立で破綻した。

❹ 七月革命と二月革命

1830年と1848年にフランスで勃発した革命がヨーロッパの自由主義・民族主義運動に影響を与えた結果，**ウィーン体制は完全に崩壊**した。

七月革命	フランス国王シャルル10世は貴族や聖職者を重用し，反動政治を行って議会と対立，1830年に革命が勃発した。ルイ・フィリップが国王に即位し，立憲君主制に基づいた七月王政が始まった。この頃にフランスでは**産業革命**が起きた
二月革命	一部の自由主義的大資本家に制限されていた参政権について不満を募らせていた民衆が，選挙法改正運動をきっかけに1848年に革命を起こした。ルイ・フィリップ亡命後，憲法を制定し第二共和政が成立。初代大統領に当選したルイ・ナポレオンは1851年，クーデターを起こし，1852年に皇帝ナポレオン3世として即位（第二帝政）

プラス+α

Question 18世紀後半に産業革命が起こるまでイギリスでは工場制［ 1 ］が盛んであったが，産業革命後は工場制［ 2 ］が発展した。

Answer ［ 1 ］手工業　［ 2 ］機械工業

列強の帝国主義政策

学習のポイント

◎なぜヨーロッパ諸国がアジアへ進出して植民地を獲得する必要があった
のか整理しておきたい。
◎イギリスなど先進国とドイツなど後発国の違いを問う問題が頻出。

❶ ヨーロッパ諸国のアジア進出

　産業革命に成功したヨーロッパ諸国は，アジアを原料供給地と工業製
品の市場と位置づけ，卓越した軍事力によって植民地化していった。

● イギリスのインド支配

　17世紀以来，イギリスは東インド会社を通じてインド経営に進出し，
特にプラッシーの戦い以後，インド全域に支配力を拡大していった。

□【　プラッシーの戦い　】…1757年，イギリス東インド会社軍（クラ
　イヴ）がフランス・ベンガル太守連合軍を破り，インドの支配権を確
　立した戦い。以降，マイソール戦争，マラータ戦争，シク戦争を経て
　支配を拡大。

□【　東インド会社の商業活動停止　】…台頭した産業資本の圧力を背景
　に，1833年に東インド会社の全商業活動が停止。その結果，イギリ
　ス本国から大量の綿布が流れ込み，インドは綿花供給地・製品市場と
　なり，手工業が壊滅した。

□【　シパーヒー（セポイ）の乱　】…1857年，東インド会社の傭兵（シ
　パーヒー）が起こした反乱をきっかけに，北インド全域に及んだ大反
　乱。翌58年，イギリス側により鎮圧される→ムガル帝国滅亡。同年，
　東インド会社は解散。→**本国政府の直接統治へ**

□【　インド帝国　】…1877年に成立し，英国王がインド皇帝を兼ねる。
　初代皇帝はヴィクトリア女王。

□【　イギリスのインド統治方法　】…英語教育の推進などで近代化をは
　かる一方，旧勢力や異なる宗教グループを対抗させて反乱を抑えた。
　今日のインド・パキスタンの対立はイギリスによる植民地経営が遠因。

❷ イギリスの中国（清朝）支配

　18世紀後半に中国貿易を独占したイギリスだが，輸入超過のために大量の銀が流出。それを防ぐためイギリス・インド・中国の三角貿易を行い，利益を得た。

□【 林則徐 】…アヘン禁止を主張して欽差大臣（特命大臣）に任命された林則徐はアヘンを含めた密貿易を徹底して取り締まり，対イギリスへの強硬政策をとった。→アヘン戦争→清がイギリスに敗北

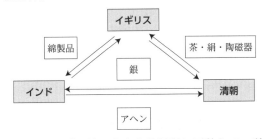

□【 アロー号事件 】…清は南京条約履行に不熱心で，列強は不満
　→1856年のアロー号事件をきっかけに，英仏連合とのアロー戦争へ発展

□【 天津条約 】…1858年，アロー戦争中に清朝が英仏などと結んだ条約。条約内容から清の反発が強く，批准書の交換を拒否したので戦争が再開した。→北京条約の締結

●アヘン戦争とアロー戦争の講和条約

	アヘン戦争（1840 ～ 42年）	アロー戦争（1856 ～ 60年）
条　約	南京条約	天津条約，北京条約
締結年	1842年	1858年，1860年
割譲地	香港	九竜半島の一部
開港地	上海，寧波，福州，厦門，広州	天津など11港
その他	公行（特許商人組合）の廃止	キリスト教の布教自由 外国公使の北京駐在

プラス+α

Question アヘンの密貿易が急速に増え，[1]が国外に流出するようになると，清は[2]を広州に派遣して取締りに当たらせた。

Answer [1] 銀　[2] 林則徐

❸東南アジア諸島部の植民地化

16世紀頃のヨーロッパ諸国の東南アジア進出は，香辛料貿易が中心であったが，18世紀以降はオランダがジャワ島を含むインドネシア全域，スペインがフィリピン，イギリスが海峡植民地❶やマレー半島など，東南アジアのほぼ全域を支配していった。

●東南アジアの西欧植民地

イギリス	海峡植民地，マラヤ連邦，ビルマ
フランス	インドシナ連邦（ヴェトナム，カンボジア，ラオス）
オランダ	オランダ領東インド（現インドネシア）
スペイン	フィリピン

□【　タイ　】…東南アジア唯一の独立国。チャクリ(バンコク)朝のラーマ5世は軍事・行政・司法などの分野で近代化政策を推進し，イギリス・フランスとの間で勢力均衡策をとりつつ独立を維持し続けた。

❹列強の帝国主義政策

19世紀末になると欧米の資本主義経済は第二次産業革命といわれる独占資本主義の段階に達した。そうした中で欧米諸国は競ってアジア・アフリカへ進出し，植民地の獲得に乗り出した。

イギリス	スエズ運河の株式の過半数獲得→エジプト征服 南アフリカ戦争（ボーア戦争・南ア戦争，1899～1902年）→**南アフリカ連邦**成立（1910年） 3C政策→アフリカ縦断政策を遂行
フランス	アルジェリアの征服→サハラ砂漠の占領 チュニジア保護国化 アフリカ横断政策→英との対立（1898年，ファショダ事件で，イギリスに譲歩） 英仏協商（1904年）による妥協
ドイツ	アフリカ東部と西部に進出（タンザニア，カメルーンなど） モロッコ事件→フランスとの対立（第一次世界大戦の遠因）
イタリア	エリトリアの獲得→エチオピア侵略は失敗 イタリア・トルコ戦争（1911～12年）でリビアを獲得
ベルギー	国王所有地を経てコンゴをベルギー領とする

□【　3C政策　】…カイロ・ケープタウン・カルカッタを拠点としたイギリス帝国主義の政策。

---

❶ マレー半島のペナン・マラッカ・シンガポールで形成した，イギリス直轄の植民地

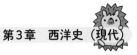

□【　３Ｂ政策　】…ベルリン・ビザンティウム（イスタンブール）・バグダードを拠点としたドイツ帝国主義の政策。

□【　セシル・ローズ　】…イギリスのケープ植民地首相として，ブール人国家トランスヴァール・オレンジ両国を侵略した南アフリカ戦争を推進。

□【　英仏協商　】…1904年，英・仏がドイツの進出政策に対抗するため，英はエジプト，仏はモロッコでのそれぞれの優越権を認めた協商。

□【　モロッコ事件　】…モロッコを巡る独仏の衝突事件で，1905年と1911年の２回起こった。イギリスの支援を受けたフランスが勝利した。

●太平洋諸地域の分割

イギリス	オーストラリア，ニュージーランド，北ボルネオ，ニューギニアの一部
アメリカ	フィリピン，グアム，ハワイ，プエルトリコ。キューバをスペインから独立させる
ドイツ	ビスマルク諸島など南太平洋に散在する諸島を確保
フランス	タヒチ，ニューカレドニア

□【　アメリカ・スペイン（米西）戦争　】…1898年，キューバ反乱と米軍艦の爆沈事件を口実にアメリカがスペインに開戦した戦争。アメリカの一方的勝利に終わり，キューバの独立，フィリピンの割譲❷が決定した。

□【　マッキンリー　】…アメリカ25代大統領マッキンリーは産業保護のため高関税政策をとり，ハワイを併合，米西戦争を始め，カリブ海政策を進めた。さらにセオドア・ローズヴェルト大統領は中米へ積極的な進出政策を進め，1903年，コロンビアよりパナマを独立させ，パナマ運河の建設に着手した。1913年に大統領となったウィルソンは反トラスト法を進めた。

---

❷ スペイン領のグアム，プエルトリコもアメリカへ割譲。ハワイもこのときに併合した

プラス+α

Question ケープ植民地首相の［１］は，オレンジ自由国とトランスヴァール共和国で［２］と金が発見されると，両国へ戦争を仕掛けて征服した。
Answer ［１］セシル・ローズ　［２］ダイヤモンド

試験別頻出度	国家専門職 ★☆☆	地上特別区 ★★☆
国家総合職 ★☆☆	地上全国型 ★★☆	市役所C ★★★
国家一般職 ★☆☆	地上東京都 ★☆☆	

学習のポイント

◎大戦前では，列強間の対立関係や，ロシア革命とソ連邦の成立が重要。
◎大戦後では，ヴェルサイユ体制と国際連盟の設立，ワシントン体制と軍縮の展開，世界恐慌の契機と各国の対応策が重要である。

❶ 大戦前夜の国際関係

　20世紀に入ると，ヨーロッパ列強による植民地の獲得と再分割を求める抗争が激化し，それが第一次世界大戦の勃発へとつながった。

●ドイツの動き

・ドイツのビスマルクはフランスの孤立化を図り，オーストリア・イタリアと三国同盟❶を結び，ロシアとは再保障条約を締結。→1890年，ヴィルヘルム2世は親政により積極策へと外交方針転換。再保障条約の更新を拒否。→ロシアはフランスと露仏同盟（1894年）締結。

・トルコからバグダード鉄道の敷設権を入手し，ベルリン－ビザンティウム（イスタンブル）－バグダードを拠点に世界政策を行う3B政策を推進。→イギリスの3C政策（ケープタウン－カイロ－カルカッタ）に対抗。また，ドイツの海軍力増強はイギリスの脅威に。

●イギリスの動き

・「光栄ある孤立」政策からの転換→ロシアの極東進出に対し日英同盟（1902年）を締結。ドイツ対策として英仏協商（1904年）を結び，イギリスのエジプトでの，フランスのモロッコでの優越権を互いに承認。

●ロシアの動き

・ロシアは日露戦争で敗北し，極東進出を断念。バルカン方面への進出を図るが，ドイツ・オーストリアと対立。→英露協商（1907年）を締結。→イギリス・フランス・ロシアの3国間に三国協商❷が成立し，ドイツを中心とした三国同盟と対立。

---

❶ 1882年に締結した軍事同盟。ただし，イタリアは領土問題でオーストリアと対立関係にあり，第一次世界大戦では三国協商側に立って参戦
❷ 露仏同盟に加え，英仏協商と英露協商が成立して形成

❷ バルカン問題

　バルカン半島ではトルコ支配からの解放をめざすスラヴ系の民族運動が展開。ロシアは**パン・スラヴ主義**を唱えセルビアなどを支援したが，ドイツ・オーストリアは**パン・ゲルマン主義**を唱えて対立。

・1908年，トルコで「**青年トルコ**」による革命勃発。→ブルガリアが独立を宣言。オーストリアがボスニア＝ヘルツェゴヴィナを併合。→スラヴ系住民が多く住む同地域の併合を狙っていたセルビアと対立。

□【　第一次バルカン戦争　】…1912年，**バルカン同盟諸国**（セルビア・ギリシャ・ブルガリア・モンテネグロ）がトルコを破る。

□【　第二次バルカン戦争　】…1913年，第一次バルカン戦争でブルガリアが獲得した領土を巡ってバルカン同盟3国との間で戦争が勃発。→ブルガリアが敗北。

❸ 第一次世界大戦

　1914年6月，オーストリア帝位継承者夫妻がセルビアの青年に暗殺された**サライェヴォ事件**を機にオーストリアがセルビアに宣戦を布告。これを契機に，列強は同盟・協商関係に従い次々と参戦。→**第一次世界大戦**

同盟国側	トルコ・ドイツ・オーストリア，のちにブルガリア
連合国側	イギリス・フランス・ロシア・セルビア・モンテネグロ・日本（日英同盟から）・イタリア（1915年）・アメリカ（1917年）

・東部戦線ではドイツが優勢でロシアは後退。西部戦線ではフランスがドイツを食い止め，膠着状態に。1917年，海上封鎖に対抗してドイツが無制限潜水艦作戦を開始。→**アメリカが参戦**→戦局は連合国有利に。

・**第一次世界大戦**…従来の戦争と異なり，戦時体制として経済を統制し，軍隊のみならず国民生活を巻き込む総力戦となった。

プラス+**α**

Question　第一次世界大戦の発端となった事件は何か。また，その事件は直接的にはどの国とどの国の対立によるものか。
Answer　サライェヴォ事件　オーストリアとセルビア

日本史

世界史

地理

思想

文学・芸術

❹ ロシア革命

ロシアでは，1905年の革命で国会が開設されるなどの改革が行われたが，皇帝による専制は続き近代化も遅れていた。第一次世界大戦で敗戦を重ねたロシアは，物資の不足などで国民の不満が高まっていた。

●三月革命（ロシア暦二月革命）

・1917年，首都ペトログラードで労働者のストライキを機に**ソヴィエト**（評議会）が結成。**ニコライ２世**は退位して，**帝政が崩壊**[3]。その後，社会革命党とメンシェヴィキ主体のソヴィエトの承認を受け，立憲主義的な臨時政府が成立。ただし，第一次世界大戦は継続。

・同年４月，急進的な**ボリシェヴィキ**の指導者レーニンが帰国すると，戦争反対とソヴィエトへの権力集中を訴え，ソヴィエト内で勢力を拡大。

●十一月革命（ロシア暦十月革命）

・同年11月，ボリシェヴィキに率いられた労働者・兵士たちが，レーニンやトロツキーの指導の下に武装蜂起し，ケレンスキーを首班とする臨時政府を倒して**ソヴィエト政権**を樹立。

・1918年１月，革命直後に実施された憲法制定議会の選挙では社会革命党が第一党であったが，レーニンは議会を武力閉鎖し，ボリシェヴィキの一党独裁体制へ。

ブレスト・リトフスク条約	1918年３月，ソヴィエト政権はドイツと単独講和を結び，ポーランドやウクライナなど広大な西部領域を割譲して第一次世界大戦から離脱
対ソ干渉戦争	ロシア国内の反革命勢力支援のため，英・仏・米・日（シベリア出兵）などが出兵。→ロシア共産党（ボリシェヴィキ）は，戦時共産主義（穀物の徴発や工業の国有化など）の採用やコミンテルン（**第３インターナショナル**）[4]を発足させて乗り切る

・1921年，国内戦の終結に伴い，経済統制を緩和した**ネップ**（新経済政策）が開始。

・1922年には革命後誕生したロシア・ウクライナなど４つの社会主義国により**ソヴィエト社会主義共和国連邦**が成立。

---

[3] 三月革命により，約300年間のロマノフ朝支配が終わる
[4] レーニンが設立した共産主義政党による国際組織

❺ ヴェルサイユ体制

　第一次世界大戦後，**ヴェルサイユ条約**の規定に基づき**国際連盟**を中心に，敗戦国の再起防止・反ソ反共・再分割後の植民地維持などを目的とした国際的体制が形成。

平和原則 十四カ条	大戦中の1918年に**ウィルソン米大統領**が，秘密外交の廃止・軍備縮小・民族自決・植民地問題の公正な解決，国際平和機構の設立などを提唱
民族自決	東欧では，ドイツ・オーストリア＝ハンガリー・ロシアの3帝国が崩壊し，ポーランドやチェコスロヴァキアなど8か国が独立・誕生した

□【　パリ講和会議　】…1918年11月，革命によりドイツ帝国が崩壊。新たに成立した共和国政府と連合国との間で休戦となり，翌年にパリ講和会議が開催された。

　　英・仏・米の主導で，対独講和条件を討議。民族自決の原則はヨーロッパに限定され，アジアの植民地には適用されなかった。

□【　ヴェルサイユ条約　】…フランスの対ドイツ強硬姿勢により，ウィルソンの原則は全面的に実現されず，ドイツは海外領土のすべてを失い，軍備は制限され，莫大な賠償金を課せられた。

□【　国際連盟　】…1920年，ウィルソンの**十四カ条**に基づき，国際協調による世界平和維持機構としてスイスのジュネーブで国際連盟が発足。常任理事国はイギリス・フランス・イタリア・日本。しかし，**アメリカ**は上院の反対で加入せず，**ドイツ**と**ソ**連は除外。敗戦国の植民地は委任統治により常任理事国が管理。→東アジアでの日本の発言権増大。

プラス+α

Question　ウィルソンの十四カ条のうち，植民地となっていたアジアに適用されなかった原則は何か。
Answer　民族自決の原則

❻ヨーロッパ各国の戦後復興

大戦で疲弊したヨーロッパ諸国に対し，アメリカの国際的地位が向上。

ドイツ	1919年，民主的な**ヴァイマル（ワイマール）憲法**を制定。巨額の賠償金と急激なインフレで経済が疲弊。1924年，アメリカの**ドーズ案**により賠償支払いが緩和されたことで復興
フランス	1923年，ポアンカレ内閣は経済危機打開のため，賠償金支払遅延を口実にベルギーとともにドイツの工業地帯ルールを占領したが，ドイツ経済を悪化させ失敗
イタリア	1922年，**ファシスト党**を結成した**ムッソリーニ**が政権獲得をめざしてローマ進軍を行い，国王の支持を得て内閣を組織
イギリス	1924年，労働党の**マクドナルド**が自由党と連立政権樹立。カナダ・オーストラリアなど自治領の自主性を認め，イギリス連邦形成

❼ ワシントン体制

1921〜22年，米大統領ハーディングの提唱で**ワシントン会議**が開催。この会議を中心に形成されたアジア・太平洋の戦後秩序をワシントン体制と呼ぶ。

□【 海軍軍備制限条約 】…1922年，米・英・日・仏・伊の海軍主力艦の保有トン数の制限で，それぞれ，5・5・3・1.67・1.67と比率を決定。

□【 九カ国条約 】…1922年，米・英・日・仏・伊・オランダ・ベルギー・ポルトガル・中国の9か国が，**中国**の主権・独立尊重，領土保全を約束。

□【 四カ国条約 】…1921年，米・英・日・仏の4か国が，**太平洋諸島**の現状維持を規定。その際，日英同盟も自動的に解消。

●国際協調と軍縮の進展

ロカルノ条約1925年	英・仏・独・伊・ベルギー・ポーランド・チェコが締結。現状維持や相互不可侵などヨーロッパの安全保障を内容としたロカルノ条約が締結。→ドイツの国際社会復帰＝国際連盟加入
不戦条約1928年	米国務長官ケロッグと仏外相ブリアンの提唱により15か国が調印。**ケロッグ・ブリアン協定**。後に63か国が参加
ジュネーブ軍縮会議1927年	米・英・日で海軍の補助艦制限を討議するが，合意に至らず，1930年の**ロンドン軍縮会議**で，米・英・日の保有比率を10・10・7に制限。→日本の軍部・右翼が反発

❽ 世界恐慌とファシズムの台頭

　1929年，ニューヨーク株式市場で株価大暴落。恐慌に見舞われたアメリカは資本をヨーロッパから回収。アメリカ資本に支えられ復興していたヨーロッパ諸国も恐慌に陥り，世界恐慌へと発展。

●各国の世界恐慌への対応

アメリカ	**フランクリン・ローズヴェルト大統領**によるニューディール政策。公共事業など国家の経済統制実施。テネシー川流域開発公社（TVA）
イギリス	マクドナルドの挙国一致内閣成立。1932年に**オタワ会議**（英連邦経済会議）開催。植民地の再編と排他的な**ブロック経済**を実施
ドイツ	1933年，**ヒトラー**率いる**ナチス党**が政権獲得，**全権委任法**により一党独裁へ。土木工事や軍需産業の拡大により失業者を救済
ソ連	レーニン以後の権力闘争で勝利した**スターリン**が1928年から，計画経済として工業化と農業集団化による**第1次5か年計画**を実施

●ファシズムの台頭

　世界恐慌が波及した日・独・伊など後発資本主義国は，国粋的傾向を強め，対外侵略による領土拡張に打開策を求めた。→ファシズム体制。**スペイン内乱**[5]で優勢に。

・1933年，国際連盟に満州事変を侵略とされ，撤兵勧告を受けた日本が連盟を脱退し，次いで，再軍備を否決されたドイツが連盟を脱退。

・**ナチス政権下のドイツ**：言論統制やユダヤ人の迫害が行われ，再軍備宣言の後，1936年にロカルノ条約を破棄してラインラントへ進駐。

・**イタリア**：1935 ～ 36年，ムッソリーニ率いるファシスト党政権によるエチオピア侵略。1937年，国際連盟脱退。

---

[5] 1936 ～ 39年，英・仏の不干渉に対し，独・伊は反乱を起こした軍部のフランコ側を支援，ファシズム勢力が勝利

プラス+ α

Question 世界恐慌後，アメリカの指導者がとった政策はどのようなものか。

Answer フランクリン・ローズヴェルトのニューディール政策

日本史

世界史

地理

思想

文学・芸術

試験別頻出度	国家専門職 ★☆☆	地上特別区 ★★★
国家総合職 ★★☆	地上全国型 ★★★	市役所C ★★★
国家一般職 ★★☆	地上東京都 ★☆☆	

学習のポイント
◎大戦中は，連合国の首脳会議が戦後の国際秩序との関係で重要である。
◎戦後は，各国の現代史のほか，国連の問題や軍事・経済機構，アジア・アフリカでの独立運動や東西冷戦下の代理戦争など，国際関係が重視される。

❶ 第二次世界大戦

日・独・伊は枢軸国として領土拡張へ。→連合国と第二次世界大戦

1937年	日中戦争勃発（**盧溝橋事件**）。日独伊三国防共協定成立
1938年	ドイツのオーストリア併合。独・伊・英・仏による**ミュンヘン会談**でチェコスロヴァキアのズデーテン地方をドイツに割譲（宥和政策）
1939年	独ソ不可侵条約締結。ドイツのポーランド侵攻と英・仏のドイツへの宣戦。→**第二次世界大戦**
1940年	ドイツ軍のパリ占領。日独伊三国同盟締結。日本の仏領インドシナ進駐
1941年	日ソ中立条約締結。ドイツのソ連侵攻→独ソ戦。日本の真珠湾攻撃→**太平洋戦争**

●連合国首脳会談

アメリカの**フランクリン・ローズヴェルト**，イギリスの**チャーチル**，ソ連の**スターリン**，中国の**蔣介石**らによる会談。

□【　大西洋会談　】…1941年，米・英により対ソ援助と戦後の世界構想を示した大西洋憲章を発表。

・ 1942〜43年，連合国の反撃。→日本はミッドウェーでアメリカに，ドイツはスターリングラードでソ連に敗北。

□【　カイロ会談　】…1943年，米・英・中により対日戦の基本方針（満州・台湾返還，朝鮮独立，無条件降伏）を宣言。

□【　テヘラン会談　】…1943年，米・英・ソ→ノルマンディー上陸。

□【　ヤルタ会談　】…1945年，米・英・ソによりドイツの戦後処理，ドイツ降伏後のソ連の対日参戦を約束。

□【　ポツダム会談　】…1945年，米（トルーマン）・英・ソによる日本の無条件降伏勧告。→日本が**ポツダム宣言**を受諾して，終戦。

❷ 戦後の国際情勢

　大戦中に米・英・ソを中心とする連合国は，戦後の世界政治に対する課題を検討し，戦争の再発防止のため，国際連合を組織した。

□【　国際連合　】…1945年，サンフランシスコ会議で連合国が国連憲章を採択。安全保障理事会の常任理事国に米・英・仏・ソ・中の5大国。原加盟国は51か国，敗戦国の加盟は1950年代以降。

ドイツ	米・英・仏・ソによる国土およびベルリンの分割占領。1946年，ニュルンベルク裁判（戦争犯罪を裁く連合国による国際軍事裁判）
日本	アメリカ主導による GHQ（連合国軍総司令部）の占領。旧植民地は独立へ。1946 ～ 48年，東京裁判（極東国際軍事裁判）

❸ ヨーロッパ諸国の戦後再建

　大戦で国土が戦場となったヨーロッパでは，アメリカやソ連の援助により復興がなされていったが，次第に米・ソ両陣営に分かれていった。

イギリス	1945年の選挙で労働党が圧勝，アトリー政権発足。重要産業の国有化，社会福祉制度の充実。1949年，アイルランド独立
フランス	1944年，ド＝ゴール❶による臨時政府が組織。1946年には新憲法が成立し，**第四共和政**が発足
イタリア	1943年にムッソリーニ政権崩壊，無条件降伏の後，1945年にキリスト教民主党が政権を担当。46年に王制を廃止，**共和政**に
東欧諸国	1947年末まで，ソ連の影響下でポーランド・ハンガリー・ルーマニア・ブルガリア・ユーゴスラヴィア・アルバニアは人民民主主義を唱え，**社会主義路線へ**

---

❶ 大戦中，対独協力のヴィシー政府に対し，対独レジスタンスを指導して自由フランス政府を樹立

プラス+ *α*

Question 国際連合の安保理常任理事国の5大国とはどの国か。

Answer アメリカ・イギリス・フランス・ソ連・中国（国連発足時は中華民国）

日本史

世界史

地理

思想

文学・芸術

❹ アジア諸国の戦後再建

　アジア・アフリカ地域では，第二次大戦後に独立の機運が強まり，各民族が次々と独立を達成したが，その多くは旧宗主国との独立戦争を経て建国された。また，アジアでは独立での路線の相違から国が分裂して成立する場合が多かった。

朝鮮	**北緯38度線**を境に分割占領（北＝ソ連，南＝米）。1948年に南で**大韓民国**が成立し，北では**金日成**（キムイルソン）を首相に**朝鮮民主主義人民共和国**が成立。→南北の分立が始まる
中国	大戦中，国民党と共産党は**抗日統一戦線**を形成したが，戦後，再び内戦へ。1947年，国民党の蒋介石が新憲法発布，毛沢東率いる共産党は地主の土地所有廃止を訴え，農民の支持を得て攻勢へ。→1949年，国民党は台湾へ敗退し，中華民国政府を維持。一方，同年に北京で中華人民共和国が建国され，毛沢東が主席に，周恩来が首相に就任。1950年には，**中ソ友好同盟相互援助条約**を締結
ヴェトナム	日本の占領下に独立運動が起こり，戦後直ちに**ホー・チ・ミン**が**ヴェトナム民主共和国**の独立を宣言。フランスはこれを認めず，南部にヴェトナム国を建国し，インドシナ戦争へ。1954年の**ジュネーブ休戦協定**でフランスは撤退。→**北緯17度線**を境に北で**ヴェトナム民主共和国**，南でアメリカの援助を受けたヴェトナム共和国が成立
インド	1947年，英連邦内の独立国として，ヒンドゥー教徒を主体とする**インド連邦**とイスラム教徒を主体とする**パキスタン自治領**の二国に分離独立❷。インドは1950年に新憲法を発布し，連邦共和国に
東南アジア	フィリピンはアメリカから1946年に独立，ビルマ（ミャンマー）は1948年にイギリスから独立，インドネシアは1945年から**スカルノ**の指導下でオランダと独立戦争を戦い，49年に独立
中東	国連がアラブ人・ユダヤ人によるパレスチナ分割案を提出。これをもとにユダヤ人が1948年にイスラエルを建国。エジプトなどのアラブ諸国が反対して**パレスチナ戦争（第一次中東戦争）**勃発（1949年，アラブ側大敗）→**スエズ戦争**（第二次中東戦争，1956～1957年，エジプトの**スエズ運河国有化宣言**で英・仏・イスラエルがエジプトを侵略）→**第三次中東戦争**（1967年，イスラエル圧勝，シナイ半島・ゴラン高原・ヨルダン川西岸・ガザ地区を占領）→**第四次中東戦争**（1973年，エジプト・シリアがイスラエルを攻撃，**石油戦略**を発動）

---

❷ 独立の指導者はガンディーであるが，パキスタン建国の指導者はジンナー。一方，ガンディー以後のインドの指導者はネルー

❺ 東西冷戦の始まり

　戦後，アメリカを中心とする自由主義陣営の西側と，ソ連を中心とする共産主義陣営の東側とが対立し，直接の戦争はないものの，緊張した外交関係にあったことから，東西「冷戦」と呼ばれる時代が続いた。

●東西冷戦の始まり

□【　鉄のカーテン演説　】…1946年にイギリスの**チャーチル**が，東欧でソ連が閉鎖的な勢力圏を形成しつつあることを指摘。

□【　ベルリン危機　】…1948年，西側3国が西ドイツ政府樹立のため通貨改革実施。ソ連は西ベルリンへの交通を遮断，3国は空輸により対処。→1949年，西側の**ドイツ連邦共和国**と東側の**ドイツ民主共和国**が成立。

●アメリカ

□【　トルーマン・ドクトリン　】…共産主義陣営の拡大阻止として，1947年にギリシア・トルコを軍事的・経済的に支援。→「封じ込め政策」

□【　マーシャル・プラン❸　】…1947年，大戦により国土が荒廃したヨーロッパ諸国に対する経済援助を国務長官マーシャルが発表。東欧諸国はソ連の圧力で不参加。→アメリカと西欧の経済的結束強化。

●ソ連・東欧

□【　コミンフォルム（共産党情報局）　】…各国共産党の提携と情報交換強化のため1947年に結成。48年にはユーゴスラヴィア除名。

□【　経済相互援助会議（COMECON）　】…1949年，ソ連と東欧6か国との間で設立された経済協力機構。マーシャル・プランに対抗。

□【　ワルシャワ条約機構　】…**北大西洋条約機構（NATO）**や西ドイツの再軍備に対抗し，東欧8か国友好相互援助条約として1955年に結成。

❸ ヨーロッパ経済復興援助計画

Question 冷戦時代，東西の軍事機構は何か。
Answer 西側：北大西洋条約機構（NATO）　東側：ワルシャワ条約機構（WTO）

日本史

世界史

地理

思想

文学・芸術

　米・ソを中心とした東西陣営の直接対立は，ヨーロッパでは回避されたものの，アジアでは朝鮮戦争などが起きた。また，キューバ危機では米・ソ核戦争の危険が極限まで高まった。

□【　朝鮮戦争　】…1950年，北朝鮮が38度線を越え南に侵攻，アメリカ主力の国連軍が韓国を支援して反撃，中国国境付近まで侵攻すると，中国が義勇軍を派遣。51年にソ連の仲介で停戦，53年に休戦が成立。

□【　雪解け　】…1953年，スターリン死去。→ソ連の外交政策転換（1956年，コミンフォルム解散）。1956年，フルシチョフ第一書記がスターリンの独裁を批判。→東欧諸国でソ連から自立の動きとして，ポーランドの反ソ暴動やハンガリー動乱が発生したが，ソ連により鎮圧。

□【　緊張緩和（デタント）　】…1953年，アメリカでアイゼンハウアーが大統領に就任。強硬な外交姿勢を緩和。朝鮮戦争の終結やジュネーヴ会議に続き，55年には米・英・仏・ソによるジュネーヴ4巨頭会談を実現。1958年にソ連の首相に就任したフルシチョフは，経済改革とともにアメリカとの直接対話を進め，59年にはアイゼンハウアーと会談。

□【　ベルリンの壁　】…1961年，東ドイツからの流出を防ぐため，障壁を構築して東西ベルリンの交通を遮断。

□【　キューバ危機　】…1962年，ソ連がキューバ❹にミサイル基地を建設。米大統領ケネディが海上封鎖によりフルシチョフにミサイルを撤去させ，戦争は回避。→米・ソ間のホットライン設置，核軍縮の開始。平和共存路線へ。

●国際協調と軍縮の進展

アジア・アフリカ会議（バンドン会議）	1955年，インドネシアのバンドンでA・A諸国29か国の代表による会議。平和十原則（前年のネルー・周恩来による平和五原則を発展）を確認。
	1960年にはアフリカで17の独立国が誕生（アフリカの年）
非同盟諸国首脳会議	1961年，東西両陣営とは異なる非同盟諸国の首脳会議が開催。インドのネルー，エジプトのナセル，ユーゴスラヴィアのティトーがリーダー。→第三勢力として国際社会で台頭

❹ 1959年，カストロを指導者に，革命で社会主義国へ

日本史

世界史

地理

思想

文学・芸術

❼ ヴェトナム戦争

アメリカはヴェトナム戦争で国力が疲弊し，国際的影響力が低下。

□【 北爆 】…1965年，アメリカのジョンソン大統領が南ヴェトナム に地上軍を派遣，北ヴェトナムへの爆撃（北爆）を開始。→ソ連と中 国は北ヴェトナムを支援。内外での反戦運動の高揚で，68年には北 爆を停止。

□【 ヴェトナム社会主義共和国 】…ニクソン大統領は1973年のパリ 和平協定調印でヴェトナムから撤退。以後，北ヴェトナムが南ヴェト ナムの解放勢力を支援し，75年にサイゴン陥落。76年，南北統一に よりヴェトナム社会主義共和国が成立。

❽ 多極化

米ソ両極体制から欧州や中国が独自路線。→多極化へ

欧州の自立	フランスのド＝ゴール政権がNATOの軍事機構脱退。1967年，EC設立。西ドイツのブラント政権が東方外交で協調路線
中ソ対立	1960年代に中国とソ連が社会主義路線で論争，69年には国境紛争へ。ソ連・東欧圏では1968年にチェコ事件（プラハの春→ソ連が鎮圧），中国では60年代後半から文化大革命で混乱
米中接近	1972年，ニクソン米大統領訪中。79年，米中国交正常化。一方，中国はヴェトナムと中越戦争へ

❾ 冷戦の終結

1980年代の軍拡競争でソ連経済が破綻。

冷戦の新局面	1979年にソ連がアフガニスタン侵攻。→アメリカのレーガン大統領による対ソ強硬路線へ。米ソ軍拡競争，SDI（戦略防衛構想）などで新冷戦と呼ばれる
冷戦の終結	1980年代後半，ソ連のゴルバチョフ政権によるペレストロイカ（改革）と新思考外交。→1989年，東欧諸国で共産主義政権崩壊。米ソ首脳のマルタ会談で冷戦の終結を宣言❺

❺ 1989年12月，アメリカ大統領ブッシュとソ連のゴルバチョフが宣言

Question ヴェトナム戦争の介入（北爆）時と撤退時の米大統領はだれか。
Answer 介入時はジョンソン，撤退時はニクソン

イスラーム世界の発展

学習のポイント

◎イスラーム教の成立とイスラーム世界の形成・発展の過程が重視される。
◎イスラーム各王朝の特徴を，時代・地域を整理して把握する必要がある。
◎西洋との関係では，十字軍の時代やオスマン・トルコが重要である。

❶ ムハンマドの時代

西アジアのアラビア半島でムハンマドがイスラーム教を創始。

610年	ムハンマドが預言者（霊感により神の啓示を受け，伝える者）として，**イスラーム教**を創設。→唯一神アッラーへの帰依。
622年	メッカの大商人から迫害を受け，メディナに移住→聖遷（ヒジュラ）。630年にはメッカを征服してアラビア半島支配へ。
632年	ムハンマド死去。

❷ 正統カリフ時代（632 〜 661年）

カリフとはムハンマドの代理人・後継者で，イスラーム教全体の政治的首長をさす。

□【　ジハード（聖戦）　】…異教徒に対するイスラーム教徒の戦いで，イスラーム世界の拡大・防衛での戦争。

・634 〜 644年，イラク・シリア・エジプトを征服。642年，ニハーヴァンドの戦いでササン朝ペルシアを撃破し，ササン朝は651年に滅亡。→征服地の非イスラーム教徒に対し，**地租（ハラージュ）**と**人頭税（ジズヤ）**を課す。聖典の『コーラン』もこの頃に編纂される。

❸ ウマイヤ朝（661 〜 750年）

ウマイヤ朝の時代，領土が拡大してイスラームの帝国が形成される。

・4代カリフのアリーの暗殺を機に，ウマイヤ家の**ムアーウィア**がシリアのダマスクスを都にカリフとして**ウマイヤ朝**を開く。

・732年，トゥール・ポワティエ間の戦いでフランク王国に敗北するが，領土は，西は北アフリカからイベリア半島，東は中央アジアから西北インドに及ぶ。→アラブ人を特権階級として異民族を差別。

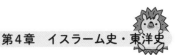
❹ アッバース朝（750 〜 1258年）

アッバース朝の時代，イスラーム帝国は発展し，全盛期となる。

・750年，アラブ人特権に不満を抱く勢力を背景にウマイヤ朝を倒し，バグダードを都にアッバース朝が成立。アラブ人の特権廃止，イスラーム教徒間の平等を推進。→政治的安定と文化的発展。

・ウマイヤ朝の一族はイベリア半島に逃れ，後ウマイヤ朝（756 〜 1031年：首都コルドバ）を開く。

❺ イスラーム帝国の分裂

10世紀以降，アッバース朝内部では地方政権が割拠し，おのおのがカリフを名乗って独立する動きを見せ始めた。

エジプト	カイロを中心にファーティマ朝(909 〜 1171年)が発展。→サラディンのアイユーブ朝(1169 〜 1250年)により滅亡。その後，マムルーク朝（奴隷出身の軍人により建国：1250 〜 1517年）が発展。
イラン	シーア派❶の軍事政権であるブワイフ朝（932 〜 1055年）が興り，バグダード入城。→アッバース朝は名目的存在に。
トルコ	中央アジアに興ったセルジューク朝（1038 〜 1157年）がブワイフ朝を倒し，バグダード入城。→カリフから世俗君主としてスルタンの称号獲得。カリフは宗教的権威のみに。また，イェルサレムを占領し，小アジアに進出。→十字軍の契機となる。

□【　イクター制　】…イスラーム諸国の封建制度で，ブワイフ朝・セルジューク朝で普及した分与地制度。軍人に分与地からの徴税権を付与。

・1258年，モンゴルのフラグの侵攻によりアッバース朝滅亡。

---

❶ スンナ（スンニ）派・シーア派　前者は代々のカリフを正統と認めるイスラーム教の多数派，後者は4代カリフのアリーの子孫のみを最高指導者とする少数派

プラス+ α

Question イスラーム世界とヨーロッパとの交渉の中で，①トゥール・ポワティエ間の戦い，②十字軍の遠征の契機に関係する王朝は何か。

Answer ①ウマイヤ朝　②セルジューク朝

日本史

世界史

地理

思想

文学・芸術

❻ ティムール朝（1370 ～ 1507 年）

中央アジアで**チャガタイ・ハン**❷国衰退後，ティムールが建国（首都サマルカンド）。

・1353 年，イランのイル・ハン国を倒し，1402 年に**アンカラの戦い**でオスマン・トルコを撃破。中国の明への遠征途中でティムールは死去，以後衰退へ。

□【　**サマルカンド**　】…古くから東西交易の中心として繁栄したサマルカンドは，ティムール朝の時代に建築や細密画などの文化が発展した。

❼ サファヴィー朝（1501 ～ 1736 年）

イラン地方でティムール朝衰退後，**イスマーイール 1 世**が建国（首都イスファハーン）。

・シーア派を国教とし，ペルシア伝統の**シャー**（王）の称号を用いる。

・建国当初の首都は，イラン北部のタブリーズ。**アッバース 1 世**の代に，ササン朝ペルシアの旧領域を回復し，イラン中部に新首都**イスファハーン**を建設して最盛期を迎えた。

❽ オスマン・トルコ（1299 ～ 1922 年）

小アジアで**オスマン 1 世**が建国（首都 1453 年以降イスタンブール❸）。

・1453 年，**コンスタンティノープルを攻略**してビザンツ帝国を滅ぼし，バルカン半島北部，黒海方面へと領土を拡大。1517 年にはマムルーク朝を滅ぼし，北アフリカを支配。

□【　**スルタン・カリフ制**　】…マムルーク朝に亡命していたカリフからその地位を奪い，オスマン帝国の君主がスルタンの権限に加えカリフとして宗教的権限も兼ねる。

□【　**メフメト 2 世**　】… 7 代皇帝。1453 年にビザンツ帝国を滅亡させた。

□【　**スレイマン 1 世**　】… 10 代皇帝。16 世紀前半，ウィーン包囲や**プレヴェザの海戦**（ヨーロッパ連合艦隊を撃破）で最盛期。→ 3 大陸にまたがる帝国。

・1571 年，レパントの海戦でスペインに敗れ，地中海での**覇権喪失**。

---

❷ モンゴル帝国が分裂して中央アジアに成立　　❸ コンスタンティノープルを改称して，オスマン帝国の首都に。スレイマン・モスクはオスマン帝国の代表的イスラム建築

❾ ムガル帝国（1526 ～ 1858年）

13世紀以降，北インドでデリーを都にイスラーム王朝のデリー・スルタン朝が興亡した。→インド在来のヒンドゥー教徒とイスラーム教徒が共存。

□【　バーブル　】…ティムールの子孫と称し，デリーを占領。1526年に**ムガル帝国**建国（首都デリー）。

□【　アクバル　】…第3代皇帝で北インドを統一。イスラーム教徒・ヒンドゥー教徒の融和策として人頭税（ジズヤ）を廃止。

□【　アウラングゼーブ　】…第6代皇帝で南インドまで領土拡大。ジズヤを復活しヒンドゥー教徒弾圧。→シク教徒（イスラームの影響を受けたヒンドゥー教）やマラータ族（デカン高原の厳格なヒンドゥー教徒）が反乱を起こし，ムガル帝国は次第に衰退へ。

□【　インド・イスラーム文化　】…イスラームとヒンドゥーの文化が融合。タージ・マハルが代表的イスラーム建築。

❿ イスラーム文化

イスラーム文化は，征服者のアラブ人の文化と被征服民の伝統文化が融合したもので，バグダード，コルドバ，カイロで発展。

意義	ギリシャ・ローマ文化の継承，中国からの技術（**製紙法・火薬・羅針盤**など）をヨーロッパに伝達。アラビア語が西アジア・北アフリカの共通語として浸透
絵画	**イスラーム教の偶像崇拝禁止**から，アラベスクと呼ばれる幾何学紋様が発達。モスクなどの装飾に使用。他にミニアチュール（細密画）
学問	イブン・ハルドゥーンの歴史学，**イブン・ルシュド**（アヴェロエス）の哲学，**イブン・シーナ**（アヴィケンナ）の医学が代表的
書物	旅行記としてイブン・バットゥータの『**三大陸周遊記**』，説話文学として『**千夜一夜物語（アラビアン・ナイト**）』など

のちに，アラブ世界以外でも中央アジアやトルコ，インドなどで独自のイスラーム文化を形成。

プラス+**α**

Question イスラーム教の偶像崇拝禁止から発展した幾何学文様は何か。

Answer アラベスク

朝鮮半島の王朝史

テーマ 10

試験別頻出度	国家専門職 ──	地上特別区 ──
国家総合職 ★☆☆	地上全国型 ──	市 役 所 C ──
国家一般職 ──	地上東京都 ──	

学習のポイント

◎朝鮮史では，通史的に各王朝に関する問題が見られる。各王朝の動きは中国史や日本史との関係で問われる場合が多い。
◎現代史では，南北朝鮮の成立と朝鮮戦争が重要である。

❶ 古代の朝鮮

中国との関係において，主に北部で国が成立したとされる。

箕子朝鮮	前3世紀～前190年頃。中国人が朝鮮に入って建国
衛氏朝鮮	前190年頃～前108年。漢の初期の燕から衛満が朝鮮に亡命し，箕子朝鮮の国を奪って建国
朝鮮四郡	前108年～後4世紀前半。前漢の武帝が朝鮮を征服し，直轄領として朝鮮四郡（楽浪郡・真番郡・臨屯郡・玄菟郡）を設置。中心は楽浪郡で，平壌（ピョンヤン）付近に設置。前漢の東方への拠点。後漢末の204年頃，楽浪郡南部を割いて帯方郡が設置

❷ 三国時代

4世紀頃から朝鮮半島北部で高句麗が優勢となり，半島南部では馬韓の小国を統一した百済と，辰韓の小国を統一した新羅が台頭した。

□【 高句麗 】…前37年頃～668年。朝鮮半島北部の鴨緑江付近で建国。313年に楽浪郡を滅ぼし，朝鮮半島北部を領有。5世紀に平壌遷都。7世紀に隋による3度の遠征を受けるが撃退。

□【 三韓 】…3～4世紀。朝鮮半島の南半に小国で形成する，**馬韓・辰韓・弁韓**が分立。中国による楽浪郡・帯方郡に朝貢。

□【 新羅 】…4世紀～935年。南東部の辰韓から建国。任那（4世紀頃に日本が進出）となった**弁韓**を562年に併合。

□【 百済 】…4世紀～660年。西南部の**馬韓**から興り，6世紀後半には日本と交流。

□【 三国時代 】…4～7世紀。**高句麗・新羅・百済**による分立抗争時代。

❸ 新羅の半島統一

7世紀前半には高句麗が隋の攻撃を受け，勢力が衰退。その間，新羅が有力となり，7世紀半ば，唐が高句麗を抑えるため新羅と同盟を結ぶ。一方，百済は日本と同盟して対抗。

□【　新羅の統一　】…660年，新羅・唐の連合軍が百済を破り，663年には白村江の戦い❶で百済の救援に来た日本を破る。さらに，668年には高句麗を滅ぼし，676年，唐を退けて新羅が朝鮮半島の統一を達成。

□【　新羅（統一新羅）　】…676〜935年。慶州に都を置き，律令や仏教文化など唐の制度や文物を摂取。→出身階級による5段階の身分制で官位・官職を規制した骨品制の実施。仏教を国教とし，慶州に仏国寺など造営して仏教文化が発達。

❹ 高麗時代（918〜1392年）

9世紀に入り，新羅は王室内の争いや貴族間の抗争により国内が混乱し，918年，新羅の武将であった王建が開城を都に高麗を建国した。935年，新羅を滅ぼし，936年に半島西南部を制圧して統一を達成。

高麗文化	仏教を国教とし，『高麗版大蔵経』を刊行。世界最初の金属活字を用いた印刷が行われたとされる。また，高麗青磁など優れた陶磁器を生産
社会制度	中国から科挙制を導入し，文班（文官）・武班（武官）による両班（ヤンバン）制を採用。→両班は特権階級となり，12世紀以降，特に武人の専横を招く
対外関係	1259年，モンゴル軍の侵入を受け服属。→元寇の基地となり文永・弘安の役で元と共に日本へ遠征。14世紀後半以降，倭寇の侵入により国力が衰退

❶ 敗北した日本は朝鮮から撤退。国内で律令体制整備へ

くプラス+α

Question 新羅と同盟した中国の王朝は何か。また，日本を破った戦いは何か。

Answer 中国の王朝は唐　日本を破った戦いは，白村江の戦い

日本史

世界史

地理

思想

文学・芸術

❺ 李氏朝鮮（1392 ～ 1910年）

1392年，倭寇を撃退した武将の李成桂によって**李氏朝鮮**（李朝）が建国。都は漢陽（漢城・ソウル）。

李朝時代の文化	太祖李成桂が儒教を保護し，朱子学を官学に。印刷術として銅活字を作成。また，独自の朝鮮文字である**訓民正音**（ハングル）を制定するなど，優れた文化が発達
社会制度	李朝時代には，**両班**（文班・武班）の官僚が特権身分として政治や社会を支配。15世紀末には党争が激化
対外関係	明との関係が強い。15世紀には日本とも交流。16世紀末には豊臣秀吉の侵入（1592 ～ 93年，壬辰の倭乱〈文禄の役〉・1597 ～ 98年，丁酉の倭乱〈慶長の役〉）→李舜臣の活躍や明の援助により撃退 1636年，清に服属。日本との関係も修復し，江戸幕府に朝鮮通信使を派遣。→清の海禁策や日本の鎖国と同様，朝鮮も鎖国策をとる

❻ 近代の朝鮮

清朝への服属関係が継続する一方，明治維新で近代化に着手した日本が関与を強め，侵略にさらされた。

□【 朝鮮の開国 】…1875年の江華島事件を機に翌年，日朝修好条規（江華条約）を締結。→釜山など3港の開港，日本の領事裁判権など不平等条約で，開国へ。

□【 壬午軍乱 】…1882年，**王妃閔氏**一族の改革政策に，軍が摂政の大院君を擁立して挙兵。清が事態を収拾して影響力を保持。日本勢力後退。

□【 甲申政変 】…1884年，親日派の**独立党**と親清派の**事大党**が対立。独立党が事大党を打倒したが，清の干渉で敗退。→日清の対立。

□【 甲午農民戦争（東学党の乱） 】…1894年，農民反乱の鎮圧に日・清両国が派兵し，**日清戦争勃発**。→1895年の下関条約で清が独立国として朝鮮を承認。→1897年，朝鮮は国号を大韓帝国へ。

□【 韓国併合 】…日本が日露戦争当時から3次にわたる**日韓協約**（朝鮮総督府の設置など）を締結→1910年の韓国併合で韓国を植民地化。

□【 植民地時代 】…1919年に民族自決の影響を受け，独立要求の三・一独立運動（万歳事件）発生。日本は武力鎮圧したが，以後同化政策へ転換。

❼ 第二次世界大戦後の朝鮮

　第二次大戦中の1943年，米・英・中の首脳によるカイロ会談で戦後の朝鮮の独立は承認されていたが，日本の敗戦に伴い，北緯38度線❷を暫定的境界として北をソ連軍，南をアメリカ軍が分割占領した。

●南北の分断

・　1945年に朝鮮で建国準備委員会が組織され，9月に朝鮮人民共和国の成立が宣言されたが，アメリカに否認され，以後，朝鮮の独立をめぐって米・ソ間で対立が続く。

・　1948年8月に南で大韓民国(李承晩大統領)，9月に北で朝鮮民主主義人民共和国(金日成首相)が成立。

□【　朝鮮戦争　】…1950年，北朝鮮軍が38度線を越え南に侵攻し朝鮮戦争勃発。国連は北朝鮮の侵略と見なし，アメリカ軍主力の国連軍を派遣して韓国を支援。その後，中国が北朝鮮に人民義勇軍を派遣し，38度線を挟んで膠着状態へ。1951年にソ連の仲介で停戦となり，53年に休戦が成立。→朝鮮の南北分断の固定化。

大韓民国	1960年，四月革命(学生革命)で李承晩政権崩壊。1961年，朴正熙が軍部のクーデタで独裁政権樹立。1965年に日韓基本条約を締結し，日韓国交正常化。朴政権は日本など西側の援助を受け経済発展へ。朴大統領暗殺後，全斗煥による軍事政権。1987年に盧泰愚が民主化宣言，大統領直接選挙制を復活
朝鮮民主主義人民共和国	金日成首相(1972年以降，主席)の指導下で，ソ連・中国等から一定の距離を置き，独自の社会主義路線(主体思想など)を展開。1997年から金日成の後継者の金正日による政権が樹立。2011年に金正恩が最高指導者の地位を継承した

❷ 現在に至るまで朝鮮戦争の休戦協定に基づく軍事境界線で，板門店が交渉場所

プラス+α

Question 朝鮮戦争で，北朝鮮・韓国をそれぞれ支援して直接対峙した国はどこか。

Answer 北朝鮮には中国の人民義勇軍，韓国にはアメリカ主体の国連軍が参戦

日本史

世界史

地理

思想

文学・芸術

中国王朝史

学習のポイント

◎中国史では，通史問題と，１つの王朝のみの問題とに大別される。
◎各王朝の創始者と統治政策や官吏登用・土地・税制等の制度，王朝の滅亡につながった反乱，異民族との関係などを整理しておく必要がある。

❶ 春秋・戦国時代から中国統一（前770～前206年）

□【 周 】…前11世紀頃に興る。**封建制**によって諸侯を支配。前770年，洛陽に遷都。以後を東周という。

□【 春秋時代 】…東周の前半期（前770～前403年）をいう。諸侯のうち晋が台頭するが，趙，魏，韓に分裂。

□【 戦国時代 】…三国分裂から秦による中国統一（前221年）まで。**戦国の七雄**（燕，趙，魏，秦，韓，斉，楚）が覇を競う。

□【 秦 】…前221年，秦王政が中国を統一し，自ら始皇帝と名乗る。陳勝・呉広の農民反乱で，前206年に滅亡。

政策	内政では**郡県制**による中央集権化，度量衡や貨幣および文字の統一，法家思想による焚書坑儒（儒家の弾圧）。対外的には匈奴防衛のため万里の長城を修築

❷ 漢（前漢：前202～後8年）

前202年，劉邦（**高祖**）が項羽を破り建国（都：長安）。当初，**郡国制**（郡県制と封建制の併用）を採用。前154年，呉楚七国の乱（**諸侯の反乱**）を鎮圧し中央集権化へ。

内政	第７代の武帝は儒学を官学化し，外政による財政難に対し塩・鉄・酒の専売化，均輸法（物価調整策），平準法（物価安定策）を採用。官吏登用で地方官推薦の郷挙里選を実施
外政	北方の**匈奴**が冒頓単于の下で隆盛。武帝が匈奴挟撃のため張騫を大月氏に派遣。→西域の事情が伝わり，後に**仏教伝来**。南は南越を滅ぼし９郡を設置，東は朝鮮に楽浪郡など４郡を設置
文化	**司馬遷**が中国最初の歴史書『史記』を紀伝体で著す
滅亡	紀元後８年，外戚の王莽が前漢を倒し，新を建国。→赤眉の乱（18～27年）で王莽が失脚し，新は15年で滅亡

❸ 後漢（25 ～ 220年）

25年に劉秀（光武帝）が王莽を倒し，漢を復興。→後漢（都：洛陽）。

外政	97年，西域都護の**班超**が部下の**甘英**を大秦国（ローマ帝国）へ派遣，後，大秦国の使者も後漢に来朝し西域経営活発化
文化	班超の兄の班固が紀伝体の歴史書『**漢書**』を著す
衰退	184年の黄巾の乱で後漢は衰退・滅亡へ

❹ 三国時代（魏・呉・蜀：220 ～ 280年）

220年，後漢から魏が帝位を奪い，華北を領有。内陸の四川で蜀が，江南で呉が分立。魏は263年に蜀を滅ぼしたが，外戚の司馬炎が国を奪い，265年に晋（西晋）が成立。晋が280年に呉を滅ぼし統一を達成。

□【 **九品中正（九品官人法）** 】…魏は官吏登用で各地からの9段階評価をもとに任命する九品中正を採用。

□【 **東晋** 】…316年，北方民族の五胡の侵入で晋は崩壊したが，江南で東晋が成立。

❺ 五胡十六国・南北朝時代（304 ～ 439年・439 ～ 589年）

□【 **華北** 】…五胡（匈奴・羯・鮮卑・氐・羌）の侵入で混乱。439年に北魏が華北を統一。北魏では孝文帝が土地制度で**均田制**を実施。

□【 **江南** 】…東晋の後，宋・斉・梁・陳と漢民族の王朝が交代。中国の伝統文化の発達。→六朝文化。

❻ 隋（581 ～ 618年）

581年，楊堅（文帝）が建国。589年に南朝を征服して統一。

政策	北朝の均田制や府兵制を引き継ぎ，官吏登用で学科試験による科挙制を採用。→中央集権化

□【 **煬帝** 】…華北と江南を結ぶ**大運河**を建設し，突厥を討伐。**高句麗遠征**を強行したが失敗。反乱が起こり，618年，滅亡。

プラス+α

Question 北魏で行われた土地制度，隋で行われた官吏登用制度は，それぞれ何か。

Answer 北魏の土地制度：均田制，隋の官吏登用制度：科挙制

❼ 唐（618 〜 907年）

　618年，李淵（**高祖**）が隋を滅ぼして建国（都：長安）。628年，**李世民**（**太宗**）が全土を統一。

内政	均田制や租調庸制（税制）の採用，府兵制の整備，科挙制を実施。太宗は三省六部を整備し律令体制による中央集権化へ。→**貞観の治**
外政	北では**突厥**を討伐し，東は新羅と連合して百済や高句麗を滅ぼし，南はヴェトナムまで進出。→周辺民族統治のため6都護府を設置
文化	長安を中心に国際色豊かな貴族文化が繁栄。詩では**李白・杜甫・白居易**，書道では顔真卿。玄奘の『大唐西域記』や義浄の『南海寄帰内法伝』が著される。日本からは**遣唐使**が派遣

□【 **開元の治** 】…8世紀前半，6代玄宗による改革で，兵制を募兵制に変更。

□【 **安史の乱** 】…755 〜 763年，**節度使❶**の**安禄山**と**史思明**による反乱。→律令体制が崩れ，780年には租庸調を廃して**両税法**を実施。→大土地所有の進展。

□【 **黄巣の乱** 】…875 〜 884年，黄巣の乱で国内は混乱し，衰退へ。→907年，節度使の**朱全忠**により唐は滅亡。

❽ 北宋（960 〜 1127年）

　唐滅亡後，華北で諸王朝が興亡（五代十国）。960年，**趙匡胤**（**太祖**）が宋を建国（都：開封）。**文治政策**を実施。→官吏登用で科挙制度を完成（州試・省試・殿試の確立）。

政策	文治政策から軍事力低下。北方で契丹が遼を建国，西でタングートが西夏を建国。異民族への消極的外交で出費がかさみ財政難に

□【 **王安石の新法** 】…11世紀後半，宰相**王安石**の改革。財政危機を脱するための富国強兵策。→大地主や大商人の反発から不成功。

□【 **靖康の変** 】…1126 〜 27年，宋は女真族の**金**と結び，遼を滅ぼすが，その後，金に攻撃され，8代皇帝徽宗・9代皇帝欽宗らが連行される。→華北は金が支配。

---

❶ 辺境に配備した募兵集団の指揮官。後に独立した地方勢力へ

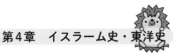

❾ 南宋（1127 ～ 1279年）

1127年，靖康の変を逃れた高宗が再建（都：臨安）。1142年，金と和議（淮水を国境に金へ歳貢）。→対外的安定により経済発展。

宋代の社会	地方の新興地主である官戸・**形勢戸**が貴族層に代わり科挙官僚を輩出し，支配層に。大土地所有で佃戸（小作人）が耕作。長江の水田開発で生産力増大。商業の発達と貨幣流通の進展
宋代の文化	北宋では**司馬光**が編年体の歴史書『資治通鑑』を編纂。南宋では朱熹（朱子）が儒学を**朱子学**として大成。→**大義名分論**

❿ モンゴル帝国（1206 ～ 71年）

1206年，モンゴルの諸部族を統一し，汗位に就いた**チンギス・ハン**がモンゴル帝国を建設。

□【　オゴタイ・ハン　】…第2代皇帝。カラコルムを都とし，1234年，金を滅ぼし，**バトゥに西征**を命じるなど，帝国を整備・拡大。

□【　4ハン国　】…13世紀，**ハイドゥの乱**などが起こり，**キプチャク・ハン**国（ロシア），**イル・ハン**国（西アジア），**チャガタイ・ハン**国（中央アジア），**オゴタイ・ハン**国（モンゴル高原）に分裂した。

⓫ 元（1271 ～ 1368年）

1271年，第5代フビライ・ハンが大都に遷都して建国。1278年，南宋を滅ぼし，中国全土を支配。朝鮮を服属させ，日本へ侵攻（蒙古襲来・元寇）。

政策	**モンゴル人第一主義**により，2番目の色目人（西域出身者）と支配層を形成，漢民族は金の支配下の**漢人**と南宋の住人であった**南人**に分けられ，南人が最下層に
東西交流	モンゴルの**駅伝制**（ジャムチ）により広大な領域の交通網が整備。西洋の宣教師や商人などが来朝。イタリアのマルコ・ポーロによる『世界の記述』（『東方見聞録』）など

プラス+ α

Question 元の中国統治策は何か。また，モンゴル人に次ぐ地位には何人が就いたか。

Answer モンゴル人第一主義で，2番目には色目人が就いた。

日本史

世界史

地理

思想

文学・芸術

⑫ 明（1368 〜 1644 年）

1368年，元末の紅巾の乱（こうきん）で台頭した朱元璋（しゅげんしょう）（洪武帝）が明を建国。

政策	南京を都に衛所制（兵制），里甲制（村落行政制度）を実施。賦役黄冊（ふえきこうさつ）（租税台帳兼戸籍簿），魚鱗図冊（ぎょりんずさつ）（土地台帳）の作成。中書省を廃し六部を皇帝直属に
文化	朱子学の官学化。王陽明が陽明学を創始。実学が発達

□【　永楽帝　】…1399 〜 1402 年，靖難の変（せいなん）（帝位継承争い）で3代皇帝に即位。鄭和（ていわ）に南海遠征を命じ，東南アジアからアラビア・アフリカ東岸まで大艦隊を派遣。1421年，北京に遷都しモンゴルへ遠征。

□【　北虜南倭　】…北でオイラートやタタールら遊牧民，南で倭寇が侵入。→国力が低下。

□【　一条鞭法　】…16世紀後半，両税法に代わり，田賦（土地税）と丁税（人頭税）を一括に銀納させる一条鞭法を採用。

□【　李自成の乱　】…16世紀末，豊臣秀吉の朝鮮侵入に際し，朝鮮を支援したが財政難へ。17世紀前半には清によって国内が混乱。→1644年，李自成の乱により滅亡。

⑬ 清（1636 〜 1912 年）

1616年，満州族（女真族）のヌルハチが後金を建国（都：瀋陽），1636年，第2代ホンタイジが国号を清に改称。3代順治帝（じゅんち）のとき，李自成の乱で明が滅亡した混乱に乗じ中国本土に進出，北京に遷都。

□【　4代康熙帝　】…呉三桂ら明の降将による三藩の乱（1673 〜 81 年）を平定し，台湾で明の遺臣の鄭成功（ていせいこう）を平定して中国を統一。1689年にロシアとのネルチンスク条約で北部国境を画定。税制では一条鞭法に代わり地丁銀制（ちていぎんせい）（土地税に人頭税を組み込んで一本化）を採用。

□【　5代雍正帝（ようせい）　】…典礼問題でキリスト教布教禁止。ロシアとのキャフタ条約でモンゴルまで支配。軍事行政上の最高機関として軍機処を設置。

□【　6代乾隆帝（けんりゅう）　】…領土最大。藩部拡大で理藩院（りはんいん）を整備。外国貿易を広州に限定し，特許商人組合の公行（コホン）に独占。

□【　漢人対策　】…懐柔策と強制策を併用。→各官職を満人・漢人で同数任命する満漢併用制を採用。一方，満州族の辮髪を漢人に強制し，文字の獄や禁書令で反満・反清思想を統制。

⓮ 清末〜中華民国

19世紀には官僚の腐敗，列強の進出によって動揺し始めた。

□【　アヘン戦争　】…1840〜42年，**林則徐**によるアヘン取締りからイギリスが清を攻撃。南京条約により5港を開港，香港を割譲。

□【　太平天国の乱　】…1851〜64年，洪秀全がキリスト教系の上帝会を組織し，「滅満興漢」をスローガンに反乱。→南京を占拠し，**天朝田畝制**（土地の均等配分）を実施。曾国藩や**李鴻章**ら義勇軍により鎮圧❷。

□【　アロー戦争　】…1856〜60年，英・仏が清を攻撃。→1856年の天津条約，1860年の北京条約で，外国公使の北京駐在や開港場を増加。

□【　洋務運動　】…1860年代以降，曾国藩や李鴻章らによる西洋文化導入による近代化運動。→表面的な導入で一時的に安定（**同治中興**）。

□【　変法運動　】…1898年，日清戦争での敗北を受け，**康有為**らが立憲君主制をめざして改革。→**西太后**らによる戊戌の政変で失敗。

□【　義和団事件　】…1900〜01年，義和団が「扶清滅洋」をスローガンに北京の公使館占拠，清朝も支援。→8か国共同出兵で鎮圧。**北京議定書**により植民地化が進展。

□【　辛亥革命　】…孫文❸が三民主義（**民族の独立・民権の伸張・民生の安定**）を唱え，革命運動を指導。1911年，四川で暴動が起こり，武昌挙兵で辛亥革命が勃発。翌12年，孫文に次いで袁世凱が臨時大総統に就任するという密約により，宣統帝溥儀は退位し，清朝は滅亡。中華民国が成立。

---

❷ アメリカ人ウォードによる外国人船員からなる常勝軍も鎮圧に加わった
❸ 1905年に東京で中国同盟会を組織し，革命諸勢力を結集

プラス+α

Question 太平天国の乱と義和団事件でのスローガンはそれぞれ何か。
Answer 太平天国の乱：「滅満興漢」，義和団事件：「扶清滅洋」

日本史

世界史

地理

思想

文学・芸術

世界史の50問スコアアタック

Question

☐**1** ナポレオンのエジプト遠征で発見された ①の神聖文字は，②によって解読された。

☐**2** インダス川流域のモヘンジョ・ダロ，ハラッパーなどに都市文明を築いた民族は何か。

☐**3** 3世紀末にローマ帝国の軍事皇帝時代の混乱を収めたのはだれか。また，彼が行った政治を何というか。

☐**4** バラモン教を批判したヴァルダマーナが興した宗教は何か。

☐**5** フランク王国のカール・マルテルは732年の①でイスラーム教徒を破り，その子②は751年，メロヴィング朝を廃し③を開いた。

☐**6** 十字軍遠征による聖地エルサレムの奪還を提唱した教皇はだれか。また，その開かれた会議は何か。

☐**7** 神聖ローマ皇帝①は聖職叙任権を教皇②と争い，破門された。1077年，雪中のアルプスを越え教皇に謝罪した。これを③という。

☐**8** ビザンツ帝国の威容を示すため首都に聖ソフィア聖堂を建設した皇帝はだれか。

☐**9** ルネサンスの三大発明で，羅針盤，火薬，あと一つは何か。

☐**10** 次の作品の作者を挙げよ。
　①：「聖母子像」
　②：『デカメロン』

Answer

1 ①ロゼッタ・ストーン ②シャンポリオン

2 ドラヴィダ系民族
青銅器，彩文土器が出土

3 ディオクレティアヌス帝
専制君主政（ドミナトゥス）

4 ジャイナ教

5 ①トゥール・ポワティエ間の戦い ②ピピン ③カロリング朝

6 ウルバヌス2世 クレルモン宗教会議

7 ①ハインリヒ4世 ②グレゴリウス7世 ③カノッサの屈辱

8 ユスティニアヌス帝

9 活版印刷術
グーテンベルク

10 ①ラファエロ ②ボッカチオ

11 次の大航海時代の開拓者はだれか。

⬜ ① ：1488年，喜望峰に到達

② ：1513年，太平洋を発見

12 教会を批判したマルティン・ルターは1517年，① を発表し破門されたが，1555年の ② でようやくルター派は認められた。

13 国内の商工業を保護し，貿易を振興した絶対王政の経済政策を何というか。

14 スペイン王国は ① 家の ② によって絶対王政が確立され，③ の時代に全盛期を迎えた。

15 ロシアは1700年から21年にかけてある国と戦い，バルト海進出を果たした。その対戦相手国はどこか。また，何戦争か。

16 三十年戦争を終わらせた国際会議は何か。また，その会議で独立が承認された国はどこか。

17 英仏の植民地争奪戦争で，次の戦争の対となる北米での戦いは何か。

ファルツ継承戦争： ①

スペイン継承戦争： ②

18 ピューリタン革命後，王政復古したのは何年か。また，即位した国王はだれか。

19 1794年，ジャコバン派のロベスピエールが処刑された事件を何というか。

20 ナポレオンはエジプト遠征から帰国した1799年，① で総裁政府を倒して ② を樹立した。

---

11 ①バルトロメウ・ディアス
②バルボア

12 ①『95カ条の論題』 ②アウグスブルクの和議

13 重商主義政策
海外植民地獲得

14 ①ハプスブルク
②カルロス1世
③フェリペ2世

15 スウェーデン
北方戦争
ピョートル1世

16 ウェストファリア会議，スイスとオランダ

17 ①ウィリアム王戦争
②アン王女戦争

18 1660年
チャールズ2世

19 テルミドール9日のクーデタ

20 ①ブリュメール18日のクーデタ
②統領政府

□21 オーストリアの ① が主導したウィーン会議ではフランス代表 ② が主張する ③ が採用された。

□22 クライヴの率いるイギリス東インド会社軍がフランス・ベンガル大守連合軍を破り，インド支配権を確立した戦いは何か。

□23 アヘン戦争後，結ばれた条約は何か。また，その条約で割譲された所はどこか。

□24 イギリスの帝国主義政策である３Ｃ政策の３Ｃとはどこの都市を示しているか。

□25 1898年，アフリカの縦断政策を進めるイギリスと，横断政策をとるフランスが衝突した事件は何か。

□26 三国同盟に対抗して三国協商を結んだ国はどこか。

□27 バルカン半島では1908年，トルコの ① による革命が起こり，それに乗じて ② が独立し，オーストリアが ③ を併合した。

□28 ソヴィエト政権が第一次世界大戦中，ドイツと単独講和した条約は何か。

□29 次の第一次世界大戦後の国際会議・条約の提唱者はだれか。
ワシントン会議： ①
不戦条約： ② と ③

□30 1933年，ヒトラーの率いる ① が政権を樹立， ② を成立させてヴァイマル憲法を停止し独裁体制を築いた。

□31 1938年，ドイツにチェコのズデーテン地方割譲を決めた国際会議を何というか。

21 ①メッテルニヒ
②タレーラン
③正統主義

22 プラッシーの戦い
1757年に勃発

23 南京条約，香港

24 カイロ，ケープタウン，カルカッタ

25 ファショダ事件
1904年に英仏協商締結

26 イギリス，フランス，ロシア

27 ①青年トルコ
②ブルガリア
③ボスニア・ヘルツェゴヴィナ

28 ブレスト・リトフスク条約

29 ①米大統領ハーディング ②米国務長官ケロッグ ③仏外相ブリアン

30 ①ナチス党
②全権委任法

31 ミュンヘン会談

□**32** 第二次世界大戦後，次の国の連合国による国際軍事裁判は何か。

ドイツ：①

日本：②

□**33** それぞれの国の独立の主導者はだれか。

ヴェトナム：①

インドネシア：②

パキスタン：③

□**34** 1947年，アメリカがヨーロッパ経済復興を目的に打ち出した計画は何か。

□**35** 1961年，ユーゴスラヴィアのベオグラードで開催され，第三勢力の台頭となった国際会議は何か。

□**36** フランスがNATOを脱退したときの大統領はだれか。

□**37** 正統カリフ時代，① で支配地を拡大し，642年に ② ではササン朝ペルシャを破った。また，征服地の異教徒には ③ と人頭税（ジズヤ）を課した。

□**38** ブワイフ朝，セルジューク朝のとき普及したイスラーム諸国の封建制度は何か。

□**39** オスマン・トルコの ① は1529年 ② や1538年の ③ で勝利し，3大陸にまたがる帝国を築いた。しかし1571年の ④ でスペインに敗れ，地中海世界の覇権を失った。

□**40** 1526年にロディー朝を倒し，ムガル帝国を開いたのはだれか。

□**41** 次のイスラーム書の作者はだれか。

『歴史序説』 ①

『三大陸周遊記』 ②

---

32 ①ニュルンベルク裁判
②東京裁判（極東国際軍事裁判）

33 ①ホー・チ・ミン
②スカルノ
③ジンナー

34 マーシャル・プラン

35 非同盟諸国首脳会議
28か国が参加

36 ド＝ゴール

37 ①ジハード（聖戦）②ニハーヴァンドの戦い ③地租（ハラージュ）

38 イクター制
分与地制度

39 ①スレイマン1世
②ウィーン包囲
③プレヴェザの海戦 ④レパントの海戦

40 バーブル

41 ①イブン・ハルドゥーン ②イブン・バットゥータ

42 3〜4世紀頃，朝鮮半島南部で分立していた3国をすべて挙げよ。	**42** 馬韓, 辰韓, 弁韓 三韓
43 新羅は唐と同盟を結び，まず ① を滅ぼし，663年には ② で日本軍を破った。そして668年に ③ を滅亡させた。	**43** ①百済 ②白村江の戦い ③高句麗
44 高麗時代に中国から科挙制を導入して作った制度は何か。	**44** 両班(ヤンバン) 文班・武班
45 朝鮮では豊臣秀吉の侵入はそれぞれ何と呼ぶか。 文禄の役： ① 慶長の役： ②	**45** ①壬辰の倭乱 ②丁酉の倭乱 李舜臣の活躍や明の支援で撃退
46 前漢の武帝が財政危機を打開するため実施した政策は何か。	**46** 均輸法, 平準法
47 755年， ① の安禄山らが反乱を起こしたが，この反乱を ② という。	**47** ①節度使 ②安史の乱
48 モンゴル帝国は4ハン国に分裂したが，南ロシアに建国した国はどこか。	**48** キプチャク・ハン国
49 中国税制度史の変遷で，それぞれの時代に実施された税制は何か。 唐： ① → ② 780年施行 明： ③ 清： ④	**49** ①租調庸 ②両税法 ③一条鞭法 ④地丁銀制 清の税制は康熙帝が改革
50 次の中国の歴史書の作者はだれか。 『史記』 ① 『漢書』 ② 『資治通鑑』 ③	**50** ①司馬遷 ②班固 ③司馬光 『史記』『漢書』は紀伝体,『資治通鑑』は編年体で編纂

世界史の50問スコアアタック得点		
第1回 （　／　）	第2回 （　／　）	第3回 （　／　）
／50点	／50点	／50点

人文科学

地理

人文科学 地理

重要テーマ BEST 10

本試験の出題傾向から，重要と思われるテーマをランキングした。学習の優先順位の参考にしよう。

1 気候・土壌

P.132~137

気候は最頻出分野である。気候の要素（気温・降水量・風など）と気候因子（緯度・高度・地形・海流など）を確実に把握し，次にケッペンの気候区分の特徴をハイサーグラフ，土壌，植生，農林業との関係，分布地域，代表的都市などをまとめておきたい。仕上げは過去問に挑戦し，理解度を判断したい。

2 地形

P.128~131

気候と共に最頻出の分野。大地形と小地形に分けられるが，大地形（地体構造）では，大地震と関連が深いプレートテクトニクスに関する出題が増加している。小地形は，沖積平野（扇状地や三角州，自然堤防など）や，特殊地形（カルスト地形，氷河地形など）の成因，土地利用，代表的地域などが要注意。

3 アジア・アフリカ

P.162~167

世界地誌では東南アジア諸国に関する出題が極めて多い。各国の旧宗主国，宗教，農業，鉱工業や貿易について問う傾向が目立つ。ブミプトラ政策，ドイモイなどの政策も重要である。アフリカは主要国の特徴を簡単にまとめておきたい。

4 民族問題 P.138~140

世界各地で民族による紛争や対立が多発している。クルド民族紛争，中東戦争，カシミール問題，シリア内戦，ケベック州独立問題などの出題が目立つ。アフガニスタンにも注目したい。

5 世界の鉱工業 P.150~155

石油，石炭，天然ガスなどのエネルギー資源や鉄鉱石，ボーキサイト，銅鉱など鉱産資源の産出国，輸出国，輸入国などをまとめておくこと。各国のエネルギー構成も重要である。

6 南北アメリカ P.174~177

北アメリカでは，アメリカ合衆国やカナダの農業地域と工業地域。南アメリカでは，人種，農牧業，鉱業，主要国の貿易などが頻出。基本的事項をまとめておきたい。

7 世界の農業 P.144~149

世界の農業地域区分（伝統的農業，商業的農業，企業的農業）に関して，それぞれの特徴，代表的地域などや主要農産物の生産国や輸出国を問う問題が目立つ。地図帳を利用すること。

8 ヨーロッパ P.168~173

EU統合の歩み，EU加盟国の農業，鉱工業，貿易などの出題が目につく。特にフランスの農業，ドイツの工業などがポイント。ヨーロッパ各国の位置関係を白地図で整理しておきたい。

9 日本の地形・気候 P.178~180

地形では，4つのプレートと構造線との関係などを確認する。気候は，日本の気候区分（瀬戸内の気候など）を把握する。

10 地図の図法 P.143

地図投影法（正積図，正角図，正距図，正方位図）の特徴と用途を把握する。また，頻出度が高い「時差」について理解する。

頻出度 **A** 地形環境

試験別頻出度

	国家専門職 ★★☆	地上特別区 ★★☆
国家総合職 ★★★	地上全国型 ★★★	市 役 所 C ★★★
国家一般職 ★★★	地上東京都 ★★☆	

学習のポイント

◎大地形（プレートおよび安定陸塊と造山帯），河川と海岸の小地形，氷河やカルスト地形などの特殊地形に関する問題が頻出している。
◎近年は，災害など人間生活との関連が問われる傾向が多い。

❶ 内的営力と外的営力 —— 地表の地形を形成する要因

地形の形成，地殻を変位・変形したりする力。内的営力と外的営力の2つに分けられる。

□【 **内的営力** 】…地球内部からの力によって地表を凹凸にする。造山運動（**褶曲，断層**），造陸運動（**離水，沈水**）や**火山活動**などが挙げられる。

□【 **外的営力** 】…地球外部からの力（流水・氷河・波浪・風など）で**風化，侵食，堆積作用**などが進み地表を平坦化する。

●プレート運動と大地形の形成

□【 **プレートテクトニクス** 】…大地形の形成や地殻変動や火山活動は，プレートの相対運動によって生じた内的営力が原動力であるという考え。1970年代に確立された。先駆けはウェゲナーの大陸移動説。

□【 **プレートの境界** 】…①広がる境界：海嶺（**大西洋中央海嶺**），地溝（アフリカ大地溝帯），②狭まる境界：海溝（日本海溝），褶曲（ヒマラヤ山脈），島弧，③ずれる境界：サンアンドレアス断層

❷ 内的営力による地形

世界の大地形 形成時代によって3つに分ける。

	安定陸塊	古期造山帯	新期造山帯
形成時代	先カンブリア代	古生代	中生代〜新生代
特徴	長年の侵食作用で広大で平坦な平野・高原	低くなだらかな山地	高く険しい山脈，弧状列島
分布	**卓状地**：ゴンドワナランド，シベリア卓状地，**楯状地**：バルト楯状地，**ケスタ地形**	ウラル山脈，アパラチア山脈，テンシャン山脈，アルタイ山脈，グレートディバイディング山脈	**環太平洋造山帯**（アンデス山脈，日本列島），**アルプス・ヒマラヤ造山帯**（ピレネー山脈）
資源	鉄鉱，ウラン	石炭	石油，金，銀，銅

日本史

世界史

地理

思想

文学・芸術

❸ 外的営力による地形

地球外部からの力で地表を平坦にする。流水，氷河，風，波などによる風化，侵食，堆積作用など。

A　氷河地形

氷河は大陸氷河（氷床）と山岳氷河に分けられ，現在，氷床は南極大陸，グリーンランドに見られる。

●侵食（氷食）作用による地形

カール(圏谷)	山岳氷河で半椀状に侵食されたくぼ地
U字谷	谷氷河が侵食してできた氷食谷
氷河湖	U字谷の谷底がさらに深く削られて形成。アメリカの五大湖，カナダのモレーン湖
ホーン(尖峰)	複数のカールの侵食作用でできた鋭い峰。マッターホルン山

●堆積作用による地形

モレーン	氷河が運搬した土砂が末端部に堤防上に堆積した地形。

B　海岸地形

海岸地形は沈水海岸，離水海岸に大きく区別される。

●沈水海岸（陸地の沈降）

フィヨルド	U字谷に海水が侵入した入江 ノルウェー西岸，アイスランド北西岸，カナダ太平洋岸，チリ南部
リアス海岸	V字谷を持つ壮年期の山地が沈水したのこぎり歯状の海岸 三陸海岸，若狭湾，備後水道，スペイン北西岸，エーゲ海岸
エスチュアリ (三角江)	河口部がラッパ状に形成された入江 テムズ川，セーヌ川，ラプラタ川，エルベ川

●離水海岸（陸地の上昇・堆積）

海岸段丘	海食台が離水に伴い海岸に沿って形成された階段状の地形。室戸岬，大戸瀬崎
砂州	沿岸流によって運ばれてきた砂れきが堆積して形成。天橋立
ラグーン	沿岸州が発達し，陸地に海の一部を閉じ込めてできた湖。サロマ湖

プラス+α

Question サンアンドレアス断層のようにプレートの横ずれ断層のことを何というか。

Answer トランスフォーム断層

C　河川がつくる地形

河川は，侵食・運搬・堆積という働きによって地形を形成する。

□【　V字谷　】…山地を流れる河川が深く侵食して形成した谷。断面がV字型で，峡谷となる場合がある。黒部渓谷が好例。

●沖積平野：河川の堆積作用によって形成。

□【　扇状地　】…河川が山地から平地に移る所に砂礫を扇形に堆積してできた地形。谷口付近を扇頂といい，集落が立地することがある。中央部を扇央という。扇央では平時は伏流するため，河川は水無川となるため乏水地で，森林，果樹園，畑，桑畑として利用されてきた。扇端で地表に湧水するため，集落や田が早くから立地した。

□【　天井川　】…土砂の堆積で河床が両側の平野よりも高くなった河川。

□【　氾濫原（自然堤防帯）　】…洪水時に河川水が河道からあふれて氾濫する平地。自然堤防は河川の氾濫により河川の両側に沿って砂などが堆積し細長く形成された微高地。周囲の氾濫原よりやや高いので集落，畑，道路などに利用される。その背後は自然堤防にさえぎられ，洪水時の水が河道に戻れず水はけの悪い後背湿地となる。

□【　河跡湖（三日月湖）　】…蛇行している河川が流路を変え，後背湿地に残った旧河道の三日月状の湖。石狩川流域，ミシシッピ川河口。

□【　三角州（デルタ）　】…砂泥が河口付近に堆積されてできた低湿な平地。水はけが悪く，地盤は軟弱。洪水や高潮の被害を受けやすい。形状から，円弧状三角州（ナイル川），カスプ状（尖状）三角州（テヴェレ川），鳥趾状三角州（ミシシッピ川）に分類される。

●台地：台地の多くは，かつての沖積平野や浅い海底が土地の隆起や海面の低下なので形成された。河岸段丘や前述の海岸段丘も台地の1つである。

□【　河岸段丘　】…流路に沿って階段状に重なって続く地形をいう。段丘面は集落や畑や果樹園などに利用され，段丘崖は雑木林になっていることが多い。利根川，天竜川の上流地域が代表例。

❹特殊地形

代表的な地形としてカルスト地形，サンゴ礁，乾燥地形が挙げられる。

●カルスト地形

石灰岩が水に溶かされてできた溶食地形(秋吉台，福岡県平尾台，スロベニアのカルスト地方)。溶食後に残った土壌は肥沃な**テラロッサ**。

> ドリーネ（上部が陥没してできたすり鉢状の凹地）
>
> ↓
>
> ウバーレ（ドリーネが結合して拡大した）
>
> ↓
>
> ポリエ（ウバーレがさらに拡大したもの。溶食盆地）

□【 カレンフェルト 】…石灰岩が筍状に無数に出ている地形。

●サンゴ礁地形

サンゴ虫の遺骸や分泌物が造り上げた石灰質の岩礁。水温18℃以上の海域に形成。

□【 裾礁（きょしょう） 】…水深の浅い島の周縁にできたサンゴ礁。

□【 堡礁（ほしょう） 】…島が沈降している段階で，島の沖合で発達したサンゴ礁。

□【 環礁 】…島が完全に沈降し，環状または楕円形となったサンゴ礁。

●乾燥地形

□【 ワジ（涸谷（かれだに）・涸川（かれがわ）） 】…乾燥地域で普段は水のない河川。隊商路に利用。

□【 外来河川 】…湿潤地から乾燥地を貫流。ナイル川，ティグリス・ユーフラテス川。海に流入しないのは**内陸河川**。

□【 砂漠地形 】…砂漠は**岩石砂漠（ハマダ），礫砂漠（レグ），砂砂漠（エルグ）**に分類。代表例：ハマダはサハラ砂漠，エルグはリビア砂漠。

□【 バルハン 】…三日月状の砂丘。

 プラス+α

Question サンゴ礁の発達過程は［ 1 ］から形成を始め，［ 2 ］となり，最後に中央の島が海に沈み環礁となる。

Answer ［ 1 ］裾礁　［ 2 ］堡礁

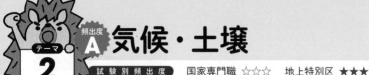

試 験 別 頻 出 度	国家専門職 ☆☆☆	地上特別区 ★★★
国家総合職 ★★★	地上全国型 ★★★	市 役 所 C ★★★
国家一般職 ★★★	地上東京都 ★★☆	

学習の ポイント

◎ケッペンの気候区の特徴や分布，気候と土壌・植生の関係を十分に理解しておこう。

◎ハイサーグラフや雨温図から気候区や都市を判断させる問題は頻出。

❶ ケッペンの気候区分

ケッペンは，世界の気候区分を 5 気候帯 11 ～ 14 気候区に区分した。

●樹林の有無で大別

樹林気候	植物の生育に必要な気温と降水量が十分→A，C，D
無樹林気候	気温と降水量の一方が不足→B（乾燥），E（低温）

●気候帯の記号

・乾燥気候

B：乾燥帯気候	乾燥限界値の計算で求める
BW：砂漠気候	乾燥限界の 2 分の 1 未満の降水量
BS：ステップ気候	乾燥限界の 2 分の 1 以上の降水量

・湿潤気候

	最寒月平均気温	最暖月平均気温
A：熱帯気候	18℃以上	
C：温帯気候	18℃未満～−3℃以上	
D：冷帯（亜寒帯）気候	−3℃未満	10℃以上
E：寒帯気候		10℃未満
ET：ツンドラ気候		10℃未満～0℃以上
EF：氷雪気候		0℃未満

●降水量の記号

f：年中多雨，乾季なし，m：f と w の中間，短い乾季がある

w：冬季乾燥，s：夏季乾燥

●気温の記号（気温は平均気温）

a：最暖月 22℃以上，b：最暖月 22℃未満（4 か月以上は 10℃以上）

❷熱帯気候（A）

赤道を中心に南北回帰線近くまで広がる年中高温の気候。

●熱帯雨林気候（Af）

特徴	年中高温，赤道低圧帯の影響→年中多雨（年降水量は2,000mm以上），スコール
植生	常緑広葉樹の密林，海岸はマングローブ林
土壌	ラトソル（赤色土）
分布	赤道直下，アマゾン川流域（セルバ），コンゴ川流域，東南アジアの島々
都市	シンガポール，サントス，キサンガニ
その他	焼畑農業，プランテーション，天然ゴム，カカオ

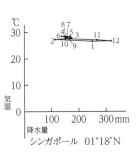

シンガポール 01°18'N

●熱帯モンスーン気候（Am）

特徴	モンスーンの影響で弱い乾季，AfとAwの中間
植生	落葉広葉樹・下草，東南アジアのジャングル
土壌	ラトソル
分布	インドシナ半島，アマゾン川河口付近，フィリピンのルソン島
都市	マイアミ，マカバ，ケアンズ
その他	アジアの稲作（二期作），さとうきび，バナナ，コーヒー

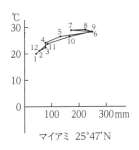

マイアミ 25°47'N

●サバナ気候（Aw）

特徴	年中高温，雨季と乾季が明瞭
植生	サバナ（疎林と丈の長い草原）：リャノ・カンポ
土壌	ラトソル，**レグール**，**テラローシャ**
分布	コンゴ盆地，デカン高原，オーストラリア北部，ブラジル高原
都市	コルカタ，ダーウィン，バンコク
その他	綿花，コーヒー，さとうきび，稲作

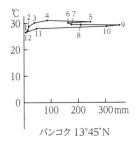

バンコク 13°45'N

プラス+α 乾燥限界値の計算

s（夏季乾燥）型：$r < 20t$

w（冬季乾燥）型：$r < 20(t + 14)$

f（年中湿潤）型：$r < 20(t + 7)$　　$t =$ 年平均気温（℃），$r =$ 乾燥限界（mm）

日本史

世界史

地理

思想

文学・芸術

❸ 乾燥気候（B）

年間の総蒸発量が総蒸発量より多い気候。

●砂漠気候（BW）

特徴	降水量が非常に少ない（年降水量250mm未満），砂砂漠と岩石砂漠
植生	オアシス，なつめやしなど
土壌	砂漠土
分布	南北回帰線付近，大山脈の風下
都市	ラスベガス，カイロ，リヤド
その他	オアシス農業,かんがい農業,地下水路（カナート）

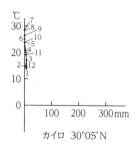

カイロ　30°05'N

●ステップ気候（BS）

特徴	長い乾季と短い雨季（年降水量250～500mm），砂漠の周辺
植生	ステップ（丈の短い草原),グレートプレーンズ，乾燥パンパ
土壌	チェルノーゼム（黒色土）
分布	BW気候の周辺
都市	ウランバートル，ラホール，ダカール
その他	遊牧・牧畜，小麦

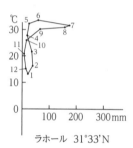

ラホール　31°33'N

❹ 温帯気候（C）

中緯度地方に分布する。温暖でやや降水量の多い気候。

●温暖湿潤気候（Cfa）

特徴	モンスーンの影響→夏は高温多雨，冬は低温少雨，四季の区別明瞭
植生	広葉樹，針葉樹の混合林，温帯草原：プレーリー，湿潤パンパ
土壌	褐色森林土（肥沃），プレーリー土，パンパ土
分布	中緯度地方の大陸東岸，日本，北米および南米南東部
都市	東京，ニューオリンズ，ブエノスアイレス
その他	アジア式稲作

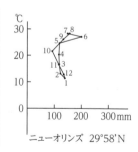

ニューオリンズ　29°58'N

●西岸海岸性気候（Cfb）

特徴	冬は温暖（偏西風と暖流），海洋性気候
植生	落葉広葉樹，ぶな，なら，かし，けやき
土壌	褐色森林土，ポドゾル性土
分布	中・高緯度地方の大陸西岸，西ヨーロッパ，オーストラリア南東部
都市	ロンドン，ウェリントン，メルボルン
その他	混合農業，酪農，園芸農業

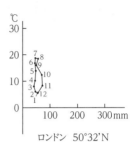

ロンドン　50°32'N

●地中海性気候（Cs）

特徴	夏は高温乾燥，冬は温暖湿潤
植生	硬葉樹林，月桂樹，オリーブ，コルクがし
土壌	テラロッサ
分布	中緯度地方の大陸西岸，地中海沿岸，カリフォルニア
都市	サンフランシスコ，ローマ，ケープタウン
その他	地中海式農業，果樹栽培

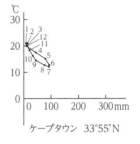

ケープタウン　33°55'N

●温暖冬季少雨気候（Cw）

特徴	モンスーンの影響→夏は高温多雨，冬は温暖少雨
植生	照葉樹林，しい，かし，くす
土壌	赤色土，黄色土
分布	中・高緯度地方の大陸東岸，アジア南東部，アフリカ中南部
都市	ホンコン，プレトリア
その他	稲作（二期作），茶，さとうきび

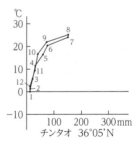

チンタオ　36°05'N

Question 日本列島の大半が属するCfaはモンスーンの影響で夏は［ 1 ］，冬は［ 2 ］である。

Answer ［ 1 ］高温多雨　［ 2 ］低温少雨

❺ 冷帯（亜寒帯）気候（D）

ユーラシア大陸・アメリカ大陸北部に分布する，気温の年較差が大きい気候。

●冷帯（亜寒帯）湿潤気候（Df）

特徴	冬季は厳寒，夏の日照時間は長い，年間を通して降水（冬は多量の降雪）
植生	南部は混合林，北部はタイガ（針葉樹林）
土壌	南部は褐色森林土，北部はポドゾル
分布	北半球，シベリア・北米北部，ヨーロッパ北部
都市	札幌，モントリオール，モスクワ
その他	南部で春小麦，混合農業，酪農，北部で林業

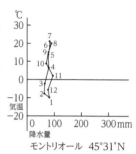

モントリオール　45°31′N

●冷帯（亜寒帯）冬季少雨気候（Dw）

特徴	北半球の寒帯，夏は降水多い，冬は寒冷乾燥
植生	タイガ
土壌	ポドゾル
分布	シベリア東部，中国東北部
都市	イルクーツク，ハバロフスク
その他	春小麦，ライ麦，大豆，林業

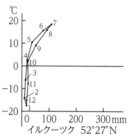

イルクーツク　52°27′N

❻ 寒帯気候（E）・高山気候（H）

極地方（E）標高が高い地域（H）の気候。

●ツンドラ気候（ET）

特徴	夏は低温（0〜10℃），冬は厳寒（0℃以下），夏にわずかな降水
植生	夏の間だけ地衣類，コケ類
土壌	ツンドラ土
分布	北極海沿岸
都市	バロー，ディクソン
その他	遊牧民（ラップ人，イヌイット❶）

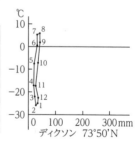

ディクソン　73°50′N

---

❶ アラスカからカナダ，グリーンランドの北極海沿岸に住む極北の民族

●氷雪気候（EF）

特徴	一年中氷や雪の中（0℃未満）
植生	なし
土壌	氷と雪
分布	南極大陸，グリーンランド内陸
都市	―
その他	無居住地域

●高山気候[2]（H）

特徴	年中常春（10〜15℃）
植生	疎林〜草原（高度帯ごとに変化）
土壌	山岳土
分布	温帯で2,000 m以上，熱帯で3,000 m以上
都市	ラパス，ラサ
その他	高山都市文明

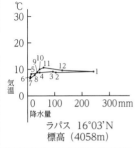

ラパス　16°03'N
標高（4058m）

❼ 主な土壌の特徴

ラトソル	熱帯・亜熱帯に分布する赤色の土壌。乾季の水分蒸発で，土壌中の酸化鉄や**アルミナ**（アルミニウムの酸化物）が表面に集まる成帯土壌[3]
チェルノーゼム	ウクライナからロシアの西シベリアに広がる黒色土の成帯土壌。厚い腐植層のため肥沃で，世界的な小麦地帯を支えている
テラローシャ	玄武岩が風化した暗紫色の間帯土壌[4]。肥沃でブラジル高原に広がりコーヒー栽培に適する
テラロッサ	**石灰岩**が風化した赤色土の間帯土壌。地中海沿岸に分布し，果樹栽培に適する
ポドゾル	冷帯のタイガ地域に分布する灰白色の成帯土壌。低温のため有機物の分解が進まず酸性の土壌
レグール	玄武岩の風化土（間帯土壌）。インドのデカン高原に分布する。黒色土で有機質に富み，綿花栽培に適する

❷ ケッペンの区分以後に新設　・　❸ 気候や植生の影響を強く受けて生成した土壌
❹ 気候や植生より，もとの岩石の影響が強い土壌

プラス+ *α* エクメーネとアネクメーネ

砂漠，極地などの寒冷地域，高山地域，熱帯雨林などの人が常住していない地域を「非居住地域＝アネクメーネ」といい，全陸地の約12％を占める。居住地域はエクメーネという。

日本史

世界史

地理

思想

文学・芸術

試験別頻出度

国家専門職 ★★★	地上特別区 ★★☆
国家総合職 ★★★	地上全国型 ★★★	市役所C ★★★
国家一般職 ★★★	地上東京都 ★☆☆

学習の
ポイント

◎世界の主な民族紛争の対立民族，主因などを理解し，その紛争地域を地図上で確認しておきたい。時事的なニュースにも関心を持とう。
◎人口では，産業別人口構成のグラフなどを使った問題も出されている。

❶世界の主な民族問題 (注：丸付数字はp.140の地図上の位置)

□【 旧ユーゴスラビア 】…❶ 「7つの国境，6つの共和国，5つの民族，4つの言語，3つの宗教，2つの文字，1つの国家」が，旧ユーゴスラビアの特徴。解体に伴う各民族間の対立があったが，2008年までに7つの独立国が誕生した。

□【 北アイルランド紛争 】…❷ イギリスの北アイルランドで，多数を占めるプロテスタントとアイルランドへ帰属を求めるケルト系カトリックとの対立抗争。1998年和平合意し，自治政府が発足した。

□【 パレスチナ問題 】…❸ ユダヤ人のシオニズム運動により，パレスチナの地にイスラエルを建国（1948年）。パレスチナは国外に追放され難民となる。以降，中東戦争に発展。アラブ人は，1964年にパレスチナ解放機構（PLO）を組織し，自治を求めて抵抗運動を繰り広げた。1993年にパレスチナ暫定自治協定などが調印され，パレスチナ問題は和平に向かうと思われたが，聖地エルサレムの帰属先等の問題で，再び武力衝突が起こり，現在も激しい対立が続いている。

□【 クルド人の国家建設を求める運動 】…❹ クルド人（人口約3000万人）は，独自の言語と文化をもつが，国家をもたない。原因は民族の居住地域が分断されたこと。トルコ，イラン，イラクの同化政策に反発している。

□【 シリア内戦 】…❺ アラブの春を契機とし，独裁政権から脱し民主化を訴える運動が始まり。シリアではアサド大統領による独裁政権が40年続き，国民の不満が民主化運動へとなっている。難民が多数発生。

❷ そのほかの主な民族問題

紛争地域	対立民族	問題点と経過
スリランカの民族問題❻	仏教徒シンハラ人（82％）とヒンドゥー教徒タミル人（9.4％）	1960年代の仏教徒優遇政策に端を発し，1983年以降北部・東部に住むタミル人の分離独立国家をめざすLTTE（タミル・イーラム解放の虎）と政府との間で武力抗争が続いた。2009年5月に政府はLTTEの完全制圧と内戦終結を宣言
カシミール紛争❼	インド（ヒンドゥー教徒）とパキスタン（イスラム教徒）	1947年，イギリスから分離独立した際のカシミール地方の帰属問題。インドに帰属したが，イスラム教徒が反発。印パ戦争に発展し，1998年には両国で核実験を強行
東ティモール独立運動❽	キリスト教徒(独立派)とイスラム教徒（併合派）	1974年のポルトガル領東ティモールの非植民地化に際し，1976年にインドネシア政府が介入し併合。独立派と併合派，政府軍とが対立したが，1999年，国連の仲介で住民投票が行われ，独立派が勝利。国連主導で体制の整備が進み，2002年5月に独立を達成した
フィリピンのイスラム教徒独立運動❾	キリスト教徒とイスラム教徒	ミンダナオ島南西部のモロ族（イスラム教）の反政府運動
ベルギー言語紛争❿	オランダ語（フラマン語）を話すフラマン人とフランス語（ワロン語）を話すワロン人	北部はフラマン語，南部はワロン語が公用語，首都ブリュッセルは併用地区。1960年代にはフラマン系とワロン系の対立が顕著となり暴動が起こった
ケベック州独立運動⓫	カナダ・ケベック州（フランス系住民）と英語系諸州（イギリス系住民）	ケベック州のフランス系住民(80％)が分離独立をめざしている。たびたび国民投票などで賛否を問われたが，否決されている
ウクライナ問題⓬	ウクライナ人とロシア人	2014年，クリミア半島の帰属を巡ってロシアとウクライナの間に生じた政治危機。東ウクライナでは，親ロシア派とウクライナ政府軍が対立している
ルワンダ内戦⓭	フツ族とツチ族	フツによるクーデターを発端に，ツチがルワンダ愛国戦線を組織し，内戦に発展。フツによるツチの100万人にもおよぶ大量虐殺が行われた。

日本史

世界史

地理

思想

文学・芸術

●世界の主な民族紛争　　　　　　　（注：丸付数字は説明文の番号）

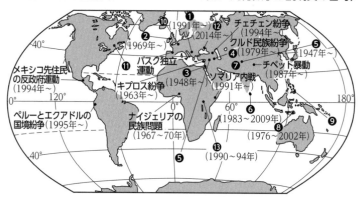

❶(1991年〜)　❸(2014年〜)　チェチェン紛争
　　　　　　　　　　　　　　　　（1994年〜）
❷　　　　　　　　　　クルド民族紛争　❺
（1969年〜）　　　　　（1979年〜）　（1947年〜）
　　　　　バスク独立　❹
❶　　　　　運動　　　❼　チベット暴動
メキシコ先住民　　　　　　　　　（1987年〜）
の反政府運動　❸　ソマリア内戦
（1994年〜）　キプロス紛争(1948年〜）（1991年〜）
　　　　　（1963年〜）
ペルーとエクアドルの　　　　　　　❻
国境紛争（1995年〜）　　　　　（1983〜2009年）
　　　　ナイジェリアの　　　　　　　❾
　　　　民族問題　　　　　　　❽
　　　　（1967〜70年）　　（1976〜2002年）
❺　　❸
　　（1990〜94年）

❸ 産業別人口構成

経済の発達や仕組みの違いによって変化していく。

・**発展途上国**…第一次産業（農・林・水産業）に従事する人口の比率が
高い。

・**先進国**…第二次産業（製造・建
設業など）や第三次産業（サー
ビス・商業・運輸通信業など）
に従事する人口の比率が高い。

□【　コーリン・クラーク説　】…
国民所得が増大するに従って，
第一次産業→第二次産業→第三
次産業へと，産業別人口構成の
割合が移行していく。

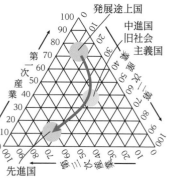

❹ 年齢別人口構成

年齢，性別，職業，居住地などによって地域的な特徴を知り，人口問題に対処する手段とする。

□【　人口ピラミッド　】…性別・年齢別の人口構成を表したグラフ。人口動態の把握に便利。

●年齢別人口構成の5つのタイプ

富士山型・釣鐘型・つぼ型は自然的増減の型，星型・ひょうたん型は社会的増減の型。

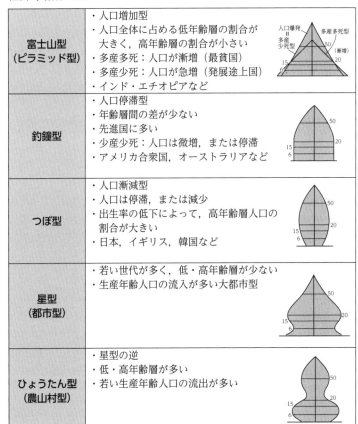

富士山型 （ピラミッド型）	・人口増加型 ・人口全体に占める低年齢層の割合が大きく，高年齢層の割合が小さい ・多産多死：人口が漸増（最貧国） ・多産少死：人口が急増（発展途上国） ・インド・エチオピアなど
釣鐘型	・人口停滞型 ・年齢層間の差が少ない ・先進国に多い ・少産少死：人口は微増，または停滞 ・アメリカ合衆国，オーストラリアなど
つぼ型	・人口漸減型 ・人口は停滞，または減少 ・出生率の低下によって，高年齢層人口の割合が大きい ・日本，イギリス，韓国など
星型 （都市型）	・若い世代が多く，低・高年齢層が少ない ・生産年齢人口の流入が多い大都市型
ひょうたん型 （農山村型）	・星型の逆 ・低・高年齢層が多い ・若い生産年齢人口の流出が多い

❺ 都市

□【 首位都市（プライメートシティ） 】…政治や経済などの機能が極端に集中し，人口規模でも第二の都市を大きく上回っている都市。ジャカルタ，サンティアゴなど発展途上国の首都などに多く見られる。

●**都市の機能**：観光保養都市（ニース，モナコなど）。宗教都市（エルサレム）。政治都市（ブラジリア，キャンベラ）。現在は，1つの機能が卓越している都市は少ない。

●**都市構造**：大都市では都心地域に中心業務地区（CBD）が形成される。機能の一部を分散するため副都心や新都心が発達することもある。

□【 スプロール現象 】…大都市の周辺部では，農地の中に住宅・工場などが無秩序に広がること。

●**再開発**：ウォーターフロント開発：水辺の倉庫街や工場跡などに住宅やショピングセンターなどを建設する開発。テムズ川沿岸，台場（東京），横浜みなとみらい21などが典型。

❻ 交通

●**陸上交通**

□【 鉄道 】…大量の旅客・貨物を長距離にわたって，安価に，迅速に，安全に，時間どおりに運ぶことができる。

□【 自動車 】…近距離小口輸送では主役だったが，大型化，高速化された高速道路の建設などで，長距離，大量輸送の面でも伸びている。

世界の高速鉄道	新幹線(日本)，TGV(フランス)，ICE(ドイツ)，CRH(中国)
世界の高速道路	アウトバーン（ドイツ），フリーウェー（アメリカ），オートルート（フランス），モーターウェー（イギリス），アウトストラーダ（イタリア）

●**水上交通**

□【 船舶 】…大量・重量のある貨物を安価に長距離輸送できる。コンテナ化，タンカー，LPGなど専用船化で能率的になっている。低公害。

●**航空交通**：電子部品，精密機械，生鮮食料品など，軽量で高価なものの輸送。

・利点：高速性，地形の影響を受けず，最短経路がとれる。

・欠点：気象条件の影響を受けやすい，運賃が高い，端末輸送が必要。

日本史

世界史

地理

思想

文学・芸術

❼ 地図の図法

　地図投影では，球面である地表を平面に投影するため，その形状をそのまま正しく表現することはできない。用途により，角度，距離，方位，面積の要素を使い分けることが必要である。

●用途別の分類

正角図法	角度が正しく表される図法。メルカトル図法（正角円筒図法）が該当する。メルカトル図法は等角航路が直線で表されるので，海図に利用されている。 国土地理院発行の地形図は，ユニバーサル横メルカトル図法を利用している。
正積図法	地図上の面積が正しく表される図法。形のひずみを生じる地図もある。分布図に利用される。サンソン図法（低緯度地方の形は正確），モルワィデ図法（高緯度地方で形のひずみが少ない），ホモロサイン図法（低緯度にサンソン図法，高緯度にモルワィデ図法を用い，両図を40度44分で接合した図）やエケルト図法が該当する。
正距図法 方位図法	正距図法は，ある2点間の直線が最短距離を示す図法。（任意の2点間ではない）正距円筒図法が該当。方位図法は，図の中心（接点）から見た方位が正しく表される。心射図法，平射図法，正射図法など。 正距方位図法は，図の中心から任意の1点までの方位と距離が正しく表される図法。この間の直線は大圏航路（最短経路）を表すので，航空図に利用されている。

●時差：各地の標準時の差を時差という。地球は24時間で1自転するので，経度15度につき1時間の時差を生じる（経度で東へ15度移るごとに1時間早くなる）。

プラス+α 時差

Question ホノルル（西経150度）が，12月31日午後3時の時，東京（東経135度）は，何月何日何時か。

Answer 1月1日午前10時

頻出度
A 世界の農業

試験別頻出度	国家専門職 ★★★	地上特別区 ★★☆
国家総合職 ★☆☆	地上全国型 ★☆☆	市役所C ★★★
国家一般職 ★★★	地上東京都 ★★☆	

学習の ポイント

◎ホイットルセイの農業地域の特徴や，主要農産物の分布・生産・輸出入に関する問題が頻出。基本的事項をマスターしておきたい。
◎統計表やグラフを読む問題もあるので，最新の統計をチェックしておこう。

❶ ホイットルセイの農業地域区分

アメリカの地理学者ホイットルセイが，農牧業の形態，土地の利用度，作物と家畜の組合せ，農産物の商品化の程度などをもとに世界の農業を分類した。

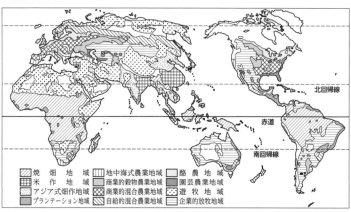

❷ 自給的農牧業

発展途上国の農業はこの分類に属している。

□【 **遊牧** 】…草や水を求めて家畜とともに移動する粗放的な牧畜。乳製品・肉類・衣類などを自給。定住しないで，モンゴルでは**ゲル**，中国では**パオ**と呼ばれるテント式の住居で生活する。

農畜産物	羊・山羊（各地），馬（モンゴル），ラクダ（西アジア～北アフリカ），牛（東アフリカ），ヤク（チベット），リャマ・アルパカ（アンデス），トナカイ（北極海沿岸）
分布地域	中央アジア，北アフリカ，北極海沿岸

□【　オアシス農業　】…乾燥地域のオアシスで，泉・外来河川・地下水などを利用（かんがい）して行う集約的農業。かんがい用地下水路は**カナート**（イラン，イラク），**カレーズ**（中央アジア），**フォガラ**（北アフリカ）と呼ばれる。

農畜産物	なつめやし，小麦，綿花，米
分布地域	ナイル川流域，メソポタミア地方，イラン高原，サハラ砂漠

□【　焼畑農業（移動式農業）　】…森林や草地を焼いて耕地を造り，その灰を肥料に自給的な畑作物を栽培。地力が衰えると耕地・住居を放棄し，移動する。

農畜産物	キャッサバ，ヤムイモ，タロイモ，陸稲，バナナ
分布地域	コンゴ盆地，アマゾン盆地，ニューギニア島

□【　粗放的定住農業　】…焼畑農業の1つで，住居はそのままで耕地だけ移動する。

農畜産物	自給作物の栽培が中心。一部ではカカオ，ココやし
分布地域	ギニア海岸，エチオピア高原，アンデス地方

□【　集約的稲作農業　】…モンスーンアジアの多雨地域の沖積平野に分布する稲作を中心とした伝統的な農業。大量の労働力を投入して土地生産性を高める労働集約型農業だが，土地生産性は高くならず，労働生産性は低い。

農畜産物	米
分布地域	日本，中国（チンリン山脈・ホワイ川を結んだ線以南），東南アジア，インド

□【　集約的畑作農業　】…アジアの比較的少雨地域に分布し，稲以外の畑作物を栽培する。小規模経営による伝統的な自給的農業。

農畜産物	小麦，こうりゃん，あわ，大豆，綿花，落花生
分布地域	中国東北部～華北，デカン高原

プラス+ α

Question 遊牧は家畜とともに，モンゴルでは［ 1 ］，中国では［ 2 ］と呼ばれるテント式の住居で移動する。
Answer ［ 1 ］ゲル　［ 2 ］パオ

　アメリカ大陸から安い穀物が大量に輸入され，ヨーロッパの農業は衰退。それを機に商業的農業に変容し，酪農，園芸農業が発達した。

□【　混合農業　】…穀物や飼料作物の栽培と家畜の飼育とが結びついた農業。中世の三圃式農業❶から発達し，作物の販売を目的とする商業的農業である。土地生産性，労働生産性ともに高い。

農畜産物	家畜 —— 牛，豚，ニワトリ，アヒル 食用作物 —— 小麦，ライ麦，じゃがいも 飼料作物 —— 大麦，えん麦，てんさい，とうもろこし
分布地域	北西ヨーロッパ，北・中アメリカ，アルゼンチン，南アフリカ

□【　地中海式農業　】…地中海性気候（Cs）に合った農業。乾季の夏にはオリーブ，オレンジ，ぶどうなどの樹木を，雨の多い冬には小麦，野菜を栽培。

農畜産物	夏 —— オリーブ，ぶどう，オレンジ，コルクがし 冬 —— 小麦，野菜，羊や山羊
分布地域	ヨーロッパからトルコ，北アフリカの地中海沿岸，カリフォルニア，チリ中部，南アフリカ南岸，オーストラリア南部など

□【　酪農　】…牧草や飼料作物を栽培して乳牛を飼育し，牛乳・バター・チーズなどの酪製品の生産を目的とする農業。混合農業から発達。スイスの山岳地帯では移牧が行われる。デンマークは世界的な酪農国。

農畜産物	乳牛（牛乳，バター，チーズ）
分布地域	北西ヨーロッパ（バルト海沿岸〜北海沿岸），アルプス地方，北アメリカ五大湖沿岸，オーストラリア，ニュージーランド

□【　園芸農業　】…都市への出荷を目的に，付加価値の高い作物を集約的に栽培。都市市場との距離によって，近郊農業と遠郊農業❷（輸送園芸，トラックファーミング）とに分けられる。土地生産性は高く，高収入が得られる。オランダは園芸農業が盛ん（ポルダー❸）。

農畜産物	野菜，草花，果樹
分布地域	アメリカ合衆国大西洋岸，フロリダ半島，メキシコ湾岸，オランダ

---

❶ 耕地を冬作地，夏作地，休耕地の3つに分け，毎年これらを順に交代させる農法
❷ 栽培方法としては，促成栽培，抑制栽培が行われている
❸ 干拓地で，国土の4分の1を占める

❹ 企業的農業

アメリカ合衆国（グレートプレーンズ❺，**プレーリー**），カナダ，アルゼンチン（**パンパ**），オーストラリアなどで発達した機械化された大農法。

□【　企業的穀物農業　】…資本主義とともに商業的農業が最も発達した形態。大資本，広大な土地，大型農業機械を利用し，労働生産性は高く，国際競争に強い。

農畜産物	小麦・とうもろこしなどの大規模な単一栽培（モノカルチャー）
分布地域	**グレートプレーンズ**，プレーリー（アメリカ合衆国），カナダ平原3州（アルバータ，サスカチュワン，マニトバ），ウクライナ～西シベリア，オーストラリア南東部，**パンパ**（アルゼンチン）

□【　企業的牧畜業　】…世界市場を背景に，肉牛や羊を大規模に飼育し，肉，毛皮などの畜産物の販売を主目的にする。アルゼンチンの牧畜業は1876年の**冷凍船の発明**により，急速に発達した。アルゼンチン・ウルグアイの大牧場は**エスタンシア**。

農畜産物	肉牛，羊
分布地域	グレートプレーンズ，パンパ，ブラジル高原，オリノコ川流域，オーストラリア，ニュージーランド

□【　プランテーション農業　】…熱帯・亜熱帯で，欧米の資本・技術と現地の安くて豊富な労働力を組み合わせて，企業的な大農園で工業原料や嗜好品をモノカルチャー（単一耕作）で大規模に栽培した。大土地所有者の大農園は，ブラジルでは**ファゼンダ**，メキシコ・チリ・ペルーなどでは**アシェンダ**と呼ばれる。

農畜産物	熱帯雨林気候（Af）→天然ゴム，茶，カカオ。 サバナ気候（Aw）→綿花，さとうきび，コーヒー
分布地域	東南アジア，アフリカ，南アメリカ

❺ ロッキー山脈東側に広がる年降水量500mm以下の短草の温帯平原

プラス+α

Question 国土の約3分の2が農地で，集約的な酪農が発達している北欧の国はどこか。
Answer デンマーク

●米

世界の生産量に占める割合は中国27.7％，インド23.5％とアジア地域に集中。輸出量はインド23.0％，タイ16.2％が多い。世界総輸出高は4,236万t。

	生産国	輸出国	輸入国
1	中国	インド	フィリピン
2	インド	タイ	中国
3	インドネシア	ベトナム	ベナン
4	バングラデシュ	パキスタン	イラン
5	ベトナム	アメリカ合衆国	サウジアラビア

●小麦

上位5国で世界生産量の52.7％，輸出量は上位5国で全体の64.1％を占める。世界総輸出高は1億7,252万tである。生産量1位の中国は輸入もしている。輸出は少ない。

	生産国	輸出国	輸入国
1	中国	ロシア	インドネシア
2	インド	アメリカ合衆国	エジプト
3	ロシア	カナダ	トルコ
4	アメリカ合衆国	フランス	イタリア
5	フランス	ウクライナ	フィリピン

●大豆

アメリカは世界生産量の34.2％を占める。日本は大豆消費量のほとんどを外国に頼っていて，その大半はアメリカからの輸入。

	生産国	輸出国	輸入国
1	ブラジル	ブラジル	中国
2	アメリカ合衆国	アメリカ合衆国	メキシコ
3	アルゼンチン	アルゼンチン	アルゼンチン
4	中国	パラグアイ	エジプト
5	インド	カナダ	オランダ

●とうもろこし

アメリカ中西部の**コーンベルト**は混合農業がさかんで，とうもろこしの一大産地。大豆と並んでアメリカの重要な輸出品である。

	生産国	輸出国	輸入国
1	アメリカ合衆国	ブラジル	日本
2	中国	アメリカ合衆国	メキシコ
3	ブラジル	アルゼンチン	ベトナム
4	アルゼンチン	ウクライナ	韓国
5	ウクライナ	ルーマニア	スペイン

●肉類

畜産別では，豚肉，羊肉，山羊肉の生産量は中国が1位，牛肉，鶏肉の生産量はアメリカ合衆国が世界一。

※印は2017年

	生産国	輸出国※	輸入国※
1	中国	アメリカ合衆国	日本
2	アメリカ合衆国	ブラジル	中国
3	ブラジル	ドイツ	ドイツ
4	ロシア	オランダ	イギリス
5	インド	ポーランド	アメリカ合衆国

●茶

茶はインドの**アッサム地方**や**中国**が原産で，主にアジアモンスーン地帯で栽培。上位5国で世界生産量の約80%を占める。

	生産国	輸出国	輸入国
1	中国	ケニア	パキスタン
2	インド	中国	ロシア
3	ケニア	インド	イギリス
4	スリランカ	スリランカ	アメリカ合衆国
5	ベトナム	ベトナム	エジプト

●綿花

綿花はウズベキスタンの主要輸出品。アメリカの生産地は，近年南部の**コットンベルト**からテキサス州，カリフォルニア州など西方へ移動している。

●印は2018年

	生産国●	輸出国	輸入国
1	中国	アメリカ合衆国	中国
2	インド	ブラジル	ベトナム
3	アメリカ合衆国	インド	バングラデシュ
4	ブラジル	オーストラリア	トルコ
5	パキスタン	ギリシャ	インド

●コーヒー豆

	生産国	輸出国	輸入国
1	ブラジル	ブラジル	アメリカ合衆国
2	ベトナム	ベトナム	ドイツ
3	コロンビア	コロンビア	イタリア
4	インドネシア	ホンジュラス	日本
5	エチオピア	ドイツ	ベルギー

●カカオ豆

生産国	輸出国	輸入国
コートジボワール	コートジボワール	オランダ
ガーナ	ガーナ	ドイツ
インドネシア	カメルーン	アメリカ合衆国
ナイジェリア	ナイジェリア	マレーシア
エクアドル	エクアドル	ベルギー

●羊毛

生産国	輸出国	輸入国
中国	オーストラリア	中国
オーストラリア	ニュージーランド	インド
ニュージーランド	南ア共和国	イギリス
イギリス	イギリス	イタリア
トルコ	モンゴル	チェコ

●さとうきび

生産国	輸出国	輸入国
インド	ブラジル	中国
ブラジル	タイ	インドネシア
タイ	オーストラリア	アメリカ合衆国
中国	インド	アルジェリア
アメリカ合衆国	グアテマラ	マレーシア

頻出度
A

テーマ **5**

世界の鉱工業

試験別頻出度　　国家専門職 ★★☆　　地上特別区 ──
国家総合職 ★☆☆　　地上全国型 ★★☆　　市役所C ★★★
国家一般職 ★☆☆　　地上東京都 ★☆☆

学習の
ポイント

◎産油国の特徴や主要鉱産資源の産出国と用途を問う問題が頻出している。
◎エネルギー資源では主要国の（レアメタルを含む）エネルギー構成などを，統計表・グラフを見て整理しておきたい。

❶ 世界のエネルギーの供給量の推移

エネルギーは一次エネルギー❶と二次エネルギー❷に分けられる。産業革命以降**石炭**が一次エネルギーの中心を占めていたが，1960年代後半に**石油**が主役となった（エネルギー革命）。

□【　石油　】… 一次エネルギーで最も消費量が多い。燃料のほか，各種工業製品の原料として用いられている。1970年代に石油危機で価格が高騰したため，代替エネルギーの開発が進んだ。

□【　天然ガス　】…石油代替エネルギーとして需要を伸ばしてきた。CO_2の排出量が少ない**クリーンエネルギー**として注目され，シェールガスなどとともに今後も供給量は増加すると見られている。

□【　原子力　】…福島第一原発の事故や処理問題などで先進国は開発凍結の傾向にあるが，経済発展に伴いインド・韓国などアジアでは計画・建設中の原発が増加している。中国は特に顕著。脱原発の国も。

●世界のエネルギーの供給量の推移 （石油換算）

				電力 2.4
1970年 4,429百万t	固体燃料 33.5	液体燃料 44.1	ガス体燃料 20.0	

| **1990年**
8,758百万t | 29.8 | 36.9 | 23.6 | 9.7 |

バイオ燃料と廃棄物

| **2018年**
14,282百万t | 石炭 26.9 | 石油 31.5 | 天然ガス 22.8 | | 9.3 |

原子力 4.9
水力 2.5
地熱など 2.0

固体燃料：石炭，亜炭，泥炭　　**液体燃料**：原油
ガス体燃料：天然ガス　　**電力**：水力，原子力，地熱，風力，潮汐，波力，ソーラー
バイオ燃料と廃棄物：固形バイオ燃料，液体バイオ燃料，バイオガス，産業廃棄物，都市廃棄物

❶ 石炭，石油，天然ガス，水力，風力，ウランなど自然界に存在するエネルギー源
❷ １次エネルギーを加工したもの。電気，都市ガス，ガソリンなど
❸ 第１次石油危機は1973年の第４次中東戦争，第２次石油危機は1979年のイラン革命をきっかけに起こる

❷ エネルギー供給の割合

●主要国の一次エネルギー供給構成（2018年）

アメリカ合衆国（2,231百万t）

石炭 14.4%	石油 35.9	天然ガス 31.8	原子力 8.1	その他 9.8

日本（426百万t）

26.8%	39.0	22.8	4.0	7.4

中国（3,196百万t）

61.9%	19.1	7.2	2.4	9.4

ドイツ（302百万t）

22.8%	32.5	24.3	6.6	13.8

フランス（247百万t）

3.7%	28.8	14.9	43.7	8.9

ロシア（759百万t）

15.7%	19.5	54.5	3.2	7.1

❸ 石炭

石炭輸入国は中国, インド, 日本, 韓国,（台湾）の順（2018年）。

●石炭の主要産出国と炭田（2018年）

(百万t)

1	中国（3,698）	フーシュン, カイロワン, フーシン, タートン, ピンシャン
2	インド（729）	ダモダル
3	インドネシア（548）	スマトラ島中央部
4	オーストラリア（411）	モウラ, ボウエン
5	ロシア（359）	クズネック, ウラル, チェレンホヴォ, レナ
6	アメリカ合衆国（326）	アパラチア, 東部中央, 西部中央, ロッキー
7	南アフリカ共和国（256）	トランスヴァール

 プラス+α

Question 一次エネルギー供給構成で最も高いウエートを占めているのは, アメリカ合衆国は［１］, 中国は［２］, フランスは［３］である。
Answer ［１］石油 ［２］石炭 ［３］原子力

❹ 原油

原油埋蔵量の多い国はベネズエラ，サウジアラビア，カナダ（オイルサンドを含む），イラン，イラク（2019年），輸入国は中国，アメリカ合衆国，インド，韓国，日本の順（2018年）。

●原油の主要産出国と油田（2020年）

（百万kL）

1	アメリカ合衆国（658）	内陸，メキシコ湾岸，プルドーベイ
2	ロシア（597）	チュメニ，ヴォルガ・ウラル
3	サウジアラビア（538）	ガワール（世界最大），カフジ
4	カナダ（241）	ロッキー山地油田
5	イラク（236）	ルマイラ，キルクーク
6	中国（227）	ターチン，ションリー，ターカン，カラマイ
7	ブラジル（171）	プレソルト（深海油田）
8	アラブ首長国連邦（169）	ザクム，アサブ，バブ

❺ 電力

世界の総発電量をエネルギー源別に見ると，水力16.2％，火力66.3％，原子力10.1％，新エネルギー7.3％（2018年）。

●主要国の発電量のエネルギー源別割合（2018年）

中国（71,818億kWh）　地熱・新エネルギー7.6％　**世界割合(%)**
水力　　原子力4.1％

| 17.2% | 火力 71.2% | | | | **26.9** |

アメリカ合衆国（44,554億kWh）　8.6

| 7.1 | 65.4 | 18.9 | | **16.7** |

インド（15,832億kWh）　2.4

| 9.5 | 81.5 | 6.6 | **5.9** |

ロシア（11,151億kWh）　0.1

| 17.3 | 64.2 | 18.3 | **4.2** |

日本（10,004億kWh）　2.7

| 8.7 | 82.3 | 6.2 | **3.7** |

カナダ（6,544億kWh）　5.7

| 59.0 | 19.9 | 15.4 | **2.4** |

ドイツ（6,432億kWh）

| 3.8 | 59.9 | 11.8 | 24.5 | **2.4** |

フランス（5,819億kWh）

| 12.1 | 10.0 | 71.0 | 6.9 | **2.2** |

❻鉱産資源

　先進国の多国籍企業が銅・ニッケルなど鉱産資源の世界市場を占有し，価格・生産量を支配する傾向にある。

□【　資源ナショナリズム　】…自国が保有する天然資源に対する主権を主張すること。1960年以降生産国で資源カルテルを形成。

石油輸出国機構 （OPEC）	1960年	サウジアラビア，イラク，クウェート，イラン，リビア，アラブ首長国連邦など13か国※

※2008年にインドネシア，2020年にエクアドル脱退

□【　都市鉱山　】…　ゴミとして大量に廃棄するスマートフォンなどの電子機器には，再利用可能な金やレアメタルなどの資源が潜在している。これらを都市に眠る都市鉱山とよばれ，活用が注目されている。

●鉱産資源の主要産出国（2018年）

鉄鉱石	①オーストラリア(マウントホエールバック，ロブリヴァー)，②ブラジル(カラジャス，イタビラ)，③中国(アンシャン，ターイエ，ロンイエン)，④インド(シングブーム，ラーウルケーラ)，⑤ロシア(マグニトゴルスク)
ボーキサイト （アルミニウムの原鉱）	①オーストラリア(ウェイパ)，②中国，③ギニア(フリア)，④ブラジル，⑤インド
銅鉱 (2019年) （電線・伸銅に利用）	①チリ(チュキカマタ)，②ペルー，③中国，④コンゴ民主共和国，⑤アメリカ合衆国(ビュート，ビンガム)
亜鉛鉱 (2017年) （トタンに利用）	①中国，②ペルー(セロデパスコ)，③オーストラリア(マウントアイザ)，④インド，⑤アメリカ合衆国
すず鉱 (2017年) （ブリキ缶に利用）	①中国(ターチャン)，②インドネシア(バンカ島)，③ペルー，④ボリビア，⑤ブラジル
ニッケル鉱 (2016年) （ステンレスに利用）	①フィリピン，②ロシア，③カナダ，④オーストラリア
金鉱 (2017年)	①中国，②オーストラリア，③ロシア，④アメリカ合衆国，⑤カナダ
銀鉱 (2017年)	①メキシコ(チワワ)，②ペルー(セロデパスコ)，③中国，④ロシア，⑤ポーランド

プラス+α

Question 航空機産業や建設業の発展とともに需要が増大し，精錬は電気分解による鉱石は何か。

Answer ボーキサイト

日本史

世界史

地理

思想

文学・芸術

かつては石炭などの資源立地型だったが，主要原料の輸入依存傾向が強くなり，近年は臨海立地型に移行している。

●**イギリス**

産業革命の発祥地で，石炭・鉄鉱石産地に工業地域を形成。近年，南ウェールズなど臨海地域が発展している。

☐【　スコットランド　】…グラスゴー（鉄鋼・造船・エレクトロニクス），エディンバラ（製油・石油化学←**北海油田**）

☐【　ヨークシャー　】…リーズ，ブラッドフォード（毛織物），シェフィールド（機械・刃物）

☐【　ランカシャー　】…マンチェスター（綿織物），リバプール（重化学工業・造船）

☐【　ミッドランド　】…バーミンガム（重化学工業），ロンドン（エレクトロニクス），コベントリー（自動車），ストーク（陶磁器）

☐【　南ウェールズ　】…カージフ（鉄鋼←輸入鉱石）

●**ドイツ**

第二次世界大戦で大きな打撃を受けたが，世界有数の工業国に発展。

☐【　ルール　】…ルール炭田とライン川の水力資源を利用し，19世紀後半から発展。エッセン，ドルトムントなど**ヨーロッパ最大の工業地帯**（鉄鋼・機械・化学）。

☐【　ザール　】…ザール炭田，ザールブリュッケン（鉄鋼・機械）。

☐【　ザクセン　】…州都ドレスデン，ライプチヒなどで機械，エレクトロニクス，光学器械，織物が盛ん。

●**フランス**

フランス最大の工業地域はパリを中心とする地域。

☐【　パリ　】…消費財，自動車，航空機，機械，エレクトロニクス。

☐【　ロレーヌ　】…鉄鉱石産地を基盤に鉄鋼・機械工業が発達。

●**イタリア**

北部ではアルプスの水力発電などに恵まれ，重化学工業が発達。

☐【　ミラノ，トリノ，ジェノヴァ　】…繊維・自動車・鉄鋼・造船。

❽ アメリカ合衆国の工業地域

□【　ニューイングランド　】…ボストン（エレクトロニクス・綿織物）

□【　五大湖沿岸　】…ピッツバーグ, クリーブランド（鉄鋼）, シカゴ（鉄鋼・機械・食品）, デトロイト（自動車）, アクロン（合成ゴム）

□【　中部大西洋沿岸　】…ニューヨーク（衣料・食品・印刷）, フィラデルフィア, ボルチモア（重化学工業）

□【　サンベルト（南部）　】…1970年代から発展。バーミンガム（鉄鋼）, ヒューストン（航空宇宙, 石油化学）, フォートワース, ダラス（航空機・エレクトロニクス→**シリコンプレーン**）

□【　太平洋沿岸　】…ロサンゼルス（航空機・自動車・宇宙産業）, サンノゼ（エレクトロニクス→**シリコンヴァレー**）

❾ ロシアの工業地域

　旧ソ連時代のコンビナートからコンプレックス（地域生産複合体）へ発展してきた。1991年のソ連解体後は市場経済が導入された。

□【　ウラル　】…ヴォルガ・ウラル油田, 鉄鋼・機械・化学・製油

□【　クズネック　】…金属・機械・エレクトロニクス・木材

□【　アンガラ・バイカル　】…木材・パルプ・機械・金属

□【　モスクワ　】…機械・自動車・航空機・造船

□【　サンクトペテルブルク　】…造船・機械・化学・木材

❿ 中国の工業地域

　沿岸部の**経済特区**や**経済技術開発区**が中心に急速に発展。

●**東部沿海**：シャンハイ（自動車, 機械）, シェンチェン（電子, 電気機械）, テンチン（自動車）, ペキン（電子機器）など

●**中部**：鉱物資源に恵まれた地域。ウーハン（製鉄）

●**西部**：西部大開発で遅れを解消。ウルムチ（織物, 化学）

プラス+α

Question 第二次世界大戦後,「奇跡の復興」と呼ばれる回復をしたヨーロッパ最大の工業地帯はどこか。

Answer ルール工業地帯（ドイツ）

水産業・林業と貿易

> **学習の ポイント**
> ◎太平洋，大西洋の主要漁場に関して，まとめておきたい。とくに漁場の 特徴，漁業国などは徹底的に覚えておきたい。
> ◎世界の貿易では日本，アメリカ，ヨーロッパを中心に，ASEAN も頻出。

❶ 漁業の成立条件

　自然的条件に恵まれたうえ，社会的条件が整っていることが漁業が発展する条件である。

・自然的条件：大陸棚，潮目（潮境），**湧昇流**の３つが重要。

・社会的条件：市場，資本，技術（漁法・冷凍技術）を有すること。

□【　経済水域❶　】…日本は1977年に200カイリ経済水域を設定したが，国際的には1982年の国連海洋法条約によって制度化された。

❷ 世界の主な漁場

　漁獲量は太平洋北西部，太平洋中西部，太平洋南東部の順。

●大西洋北東部漁場（2018年漁獲量955万t／9.8%）

特徴	消費地も近く，イギリスで開発されたトロール漁法が盛ん
海域	ノルウェー海，北海，ビスケー湾
海流	北大西洋海流［暖流］，東グリーンランド海流［寒流］
バンク	グレートフィッシャーバンク，ドッガーバンク
漁港／漁業国	グレートヤーマス，グリムスビー，キングストン，アバディーン，ベルゲン，オスロ，レイキャビク／**イギリス，アイスランド，ノルウェー，デンマーク**

●大西洋北西部漁場（2018年漁獲量166万t／1.7%）

特徴	フランス人により開発。タラ，ニシン，サバが獲れ，チェサピーク湾の**カキ養殖**は有名
海域	ニューファンドランド島沖，ニューイングランド沖
海流	メキシコ湾流［暖流］，ラブラドル海流［寒流］
バンク	グランドバンク，ジョージバンク
漁港／漁業国	セントジョンズ，ハリファックス，ポートランド，ボストン，サンピエール島（仏）／**アメリカ，カナダ，フランス**

❶ 正式名称は排他的経済水域。漁業専管水域ともいう

●太平洋北西部漁場（2018年漁獲量 2,036万 t ／ 20.9%）

特徴	魚種も多く，漁獲量は世界一。中国の漁獲量1,417万 t は世界一（2019年），日本は323万 t で世界8位（同年）である
海域	ベーリング海，日本近海，東シナ海
海流	黒潮（日本海流）[暖流]，親潮（千島海流）[寒流]
バンク	大和堆，武蔵堆
漁港／漁業国	ウラジオストク，プサン，シャンハイ，焼津，銚子，八戸／**日本**，**韓国，中国，ロシア**

●太平洋南東部漁場（2018年漁獲量 1,052万 t ／ 10.8%）

特徴	ペルーの漁獲量は1963〜71年の間世界一を誇っていた。一時期エルニーニョ現象でダメージを受けたが，現在は世界5位の485万 t（2019年），チリは238万 t で世界10位（同年）である。**アンチョビー**の漁獲が多い（フィッシュミールに加工）。気候変動の影響で漁獲量の増減が大きい
海域	南アメリカのペルー・チリ沖
海流	ペルー（フンボルト）海流［寒流］
漁港／漁業国	カヤオ，チンボテ，アントファガスタ（バルパライソ）／**ペルー，チリ**

●太平洋北東部漁場（2018年漁獲量 312万 t ／ 3.2%）

　アラスカ南部からカリフォルニア州沖に広がる。沿岸のフレーザー川やコロンビア川でさけ・ますの河川漁業が盛ん。市場に遠いので缶詰工業や冷凍工場が発達した。

●太平洋中西部漁場（2018年漁獲量 1,354万 t ／ 13.9%）

　沿岸国（東南アジア）の経済成長に伴い，また，日本向けのカツオやマグロ漁場として，近年急速に漁獲量が増加している。

●その他の漁場（2018年）

インド洋西部漁場	555万 t（5.7%）
インド洋東部漁場	682万 t（7.0%）
大西洋中東部漁場	555万 t（5.7%）

＜プラス+α

Question ペルーは長年世界一の漁獲量を得ていたが，海流異変で一時期不振に陥った。その海流異変とは何か。

Answer エルニーニョ現象

日本史

世界史

地理

思想

文学・芸術

世界の森林面積は約40億haで，陸地面積の約30％を占める。森林は，気候の影響から，大きく熱帯林・温帯林・冷帯林に分けられる。近年，熱帯林の破壊，酸性雨による森林被害が世界的な環境問題となっている。

□【 熱帯林の破壊 】…アフリカでは，人口増加による過放牧や焼畑の拡大などで熱帯林の砂漠化が広がった。東南アジアでは外貨獲得のため木材輸出で乱伐採，ブラジルではアマゾン横断道路，ダム建設など経済開発などの理由による。→影響：①生物種絶滅のおそれなど地球全体の生態系が狂う。②地球温暖化。

□【 酸性雨 】…大気汚染により降る酸性の雨で，工場などから排出される硫黄酸化物や窒素酸化物が汚染物質の原因となる公害。近年は経済発展の著しい中国での被害が深刻である。また，1980年代，ドイツのシュヴァルツヴァルト（黒い森）の樹木の約半数が酸性雨被害を受けたと報告されている。北欧諸国，アメリカ合衆国北東部，カナダ東部などの地域も汚染の影響が出ている。

●熱帯林

特徴	①樹種が多く，純林が少ない。②硬木が多い（広葉樹中心）。③樹林の奥地に多く，伐採・運搬には不便。④採取的林業。
樹種	ラワン（フィリピン，インドネシア）→合板材，チーク（タイ，インド）→船舶材，キナ→キニーネ原料，黒檀・紫檀（タイ，インド）→高級家具，マホガニー（カリブ海）→高級家具，ケブラチョ（アルゼンチン，パラグアイ）→タンニン原料（薬品）
分布	東南アジア（タイ，ミャンマー，フィリピンなど），セルバ（アマゾン川流域），アフリカ（コンゴ川流域，赤道周辺）

●温帯林

特徴	①樹種は多い。②常緑広葉樹，落葉広葉樹と針葉樹の混合林。③古くから開発が進み天然林が減少し，人工林[2]が増加。④育成的林業
樹種	常緑広葉樹：しい，かし→家具，落葉広葉樹：ぶな，なら→家具，針葉樹：すぎ，ひのき→建築材
分布	ヨーロッパ，アメリカ，東アジア，日本

---

[2] ヨーロッパは人工林が多く，特にシュヴァルツヴァルト，チューリンゲンヴァルトなどドイツの人工林は有名

●冷帯林（亜寒帯林）

特徴	①針葉樹の**純林（タイガ）**が多く，ほとんどが**軟木**である。 ②林業が発達。③乱伐から育成へ
樹種	もみ，とうひ，えぞまつ，からまつ→パルプ材，建築材
分布	北ヨーロッパ，ロシア（シベリア），カナダ

❹ 世界各国の森林

　一般に，建築・家具などに使う用材の比率が高いほど先進国，薪炭材として燃料にする比率が高いほど発展途上国と考えてよい。また針葉樹の割合が高いのは高緯度の国。針葉樹林はアフリカにはほとんどない。

●主な国の森林率・木材伐採高と内訳（用材・薪炭材）など（2019年）

	森林率 （%）	木材伐採高 （千m³）	内　訳		針葉樹 （千m³）
			用材 （千m³）	薪炭材 （千m³）	
日本	66.0	29,424	23,417	6,932	21,027
中国	22.6	340,119	180,237	159,882	93,117
インドネシア	48.7	123,757	83,346	40,411	7
インド	21.8	351,761	49,517	302,244	15,237
エチオピア	15.2	116,082	2,935	113,147	7,928
スウェーデン	62.5	75,500	68,500	7,000	66,550
ロシア	47.7	218,400	203,194	15,206	172,871
アメリカ合衆国	31.5	459,129	387,702	71,427	326,439
カナダ	35.1	145,168	143,994	1,174	117,032
ブラジル	58.6	266,288	142,989	123,299	45,099

●木材（丸太）の貿易（2019年）

輸出（世界計143,058千m³）	①ニュージーランド（15.5%）　②ロシア（11.0%） ③チェコ（5.9%）　④ドイツ（6.0%）
輸入（世界計145,893千m³）	①中国（42.5%）　②オーストリア（7.3%）　③スウェーデン（5.9%）　④ドイツ（5.1%）

プラス+α

Question　主にアルゼンチンなどに生育し，タンニンの原料となる樹木は何か。
Answer　ケブラチョ

日本史

世界史

地理

思想

文学・芸術

　各国の貿易品，経常収支から，その国の主産業，経済事情が読み取れる。5年以上連続した経常収支黒字国はドイツ，中国，サウジアラビア，ロシア，オランダ，ノルウェー，スイス，イタリアなど。

●**主要国の貿易**（2019年）（単位：百万ドル）

日本		中国		韓国		アメリカ合衆国	
輸出	輸入	輸出	輸入	輸出	輸入	輸出	輸入
機械類	機械類	機械類	機械類	機械類	機械類	機械類	機械類
244,667	170,773	1,086,800	688,732	221,343	141,026	387,016	733,573
自動車	原油	衣類	原油	自動車	原油	自動車	自動車
147,120	73,078	151,784	238,707	62,246	70,252	129,202	305,633
精密機械	液化天然ガス	繊維品	鉄鉱石	石油製品	液化天然ガス	石油製品	医薬品
35,907	39,944	119,684	99,843	41,726	20,567	93,209	134,946
鉄鋼	衣類	金属製品	精密機械	プラスチック	石油製品	精密機械	原油
28,195	29,751	101,417	92,291	28,602	18,718	72,877	132,371
プラスチック	医薬品	自動車	自動車	鉄鋼	精密機械	原油	衣類
22,249	28,201	79,089	75,000	26,119	17,709	65,323	95,492
総計	総計	総計	総計	総計	総計	総計	総計
705,640	720,895	2,498,570	2,068,950	542,172	503,263	1,644,276	2,567,492

マレーシア		インドネシア		インド		南アフリカ共和国	
輸出	輸入	輸出	輸入	輸出	輸入	輸出	輸入
機械類	機械類	石炭	機械類	石油製品	原油	自動車	機械類
0	0	21,687	46,700	43,514	101,949	11,417	19,893
石油製品	石油製品	パーム油	石油製品	機械類	機械類	白金族	原油
0	0	14,633	13,941	37,233	95,205	8,273	8,919
液化天然ガス	原油	機械類	鉄鋼	ダイヤモンド	金(非貨幣用)	機械類	自動車
0	0	13,815	10,982	21,840	31,178	7,263	6,710
パーム油	鉄鋼	衣類	プラスチック	医薬品	石炭	鉄鉱石	石油製品
0	0	8,591	7,424	17,917	23,649	5,791	4,643
原油	自動車	自動車	繊維品	繊維品	ダイヤモンド	鉄鋼	医薬品
0	0	8,066	6,728	17,189	21,974	5,531	2,528
総計	総計	総計	総計	総計	総計	総計	総計
0	0	167,003	170,727	323,251	478,884	89,396	88,037

ドイツ		フランス		イギリス		イタリア	
輸出	輸入	輸出	輸入	輸出	輸入	輸出	輸入
機械類	機械類	機械類	機械類	機械類	機械類	機械類	機械類
424,813	302,938	111,294	140,871	103,173	145,375	133,385	81,894
自動車	自動車	航空機	自動車	自動車	自動車	自動車	自動車
237,825	131,640	53,289	71,071	48,814	73,571	39,564	46,568
医薬品	医薬品	自動車	医薬品	医薬品	金(非貨幣用)	医薬品	医薬品
92,675	62,892	51,092	29,058	28,705	71,954	35,321	31,228
精密機械	衣類	医薬品	衣類	原油	医薬品	衣類	原油
66,335	41,522	36,218	26,208	23,680	28,784	26,307	29,132
金属製品	原油	精密機械	石油製品	航空機	衣類	鉄鋼	鉄鋼
46,605	40,745	16,158	25,135	17,814	26,367	20,101	19,714
総計	総計	総計	総計	総計	総計	総計	総計
1,492,835	1,240,504	569,757	651,164	468,322	692,494	532,684	473,562

ロシア		メキシコ		ブラジル		オーストラリア	
輸出	輸入	輸出	輸入	輸出	輸入	輸出	輸入
原油	機械類	機械類	機械類	大豆	機械類	鉄鉱石	機械類
122,229	73,895	160,883	169,407	26,077	44,045	66,496	56,930
石油製品	自動車	自動車	自動車	原油	石油製品	石炭	自動車
71,885	23,394	116,413	40,493	24,200	13,327	44,237	26,822
鉄鋼	医薬品	原油	石油製品	鉄鉱石	自動車	金(非貨幣用)	石油製品
19,351	14,688	22,552	30,170	22,682	12,049	16,245	18,780
石炭	金属製品	精密機械	プラスチック	肉類	有機化合物	肉類	医薬品
17,163	8,523	17,217	16,120	16,325	10,963	11,456	9,259
機械類	野菜・果実	野菜・果実	精密機械	機械類	化学肥料	機械類	原油
14,472	8,230	16,773	14,914	16,299	9,121	8,236	8,750
総計	総計	総計	総計	総計	総計	総計	総計
426,720	247,161	472,273	467,293	225,383	177,348	266,377	221,481

プラス+α　アメリカ合衆国の貿易赤字

アメリカ合衆国は1982年以降慢性的に貿易赤字を計上している。特に2002年以降は景気拡大と原油価格の上昇により輸入額が増大し，連続して赤字額を更新。2008年のリーマン・ショック後のドル安基調は輸出増をもたらすが，国内消費の伸びによる輸入増が赤字額を増やしている。

日本史

世界史

地理

思想

文学・芸術

頻出度 **A アジア・アフリカ**

試験別頻出度	国家専門職 ★★★	地上特別区 ★★☆
国家総合職 ★★★	地上全国型 ★★★	市役所C ★★★
国家一般職 ★★★	地上東京都 ★★★	

学習の
ポイント

◎世界の地誌では，アジアに関する出題が半数以上を占めている。ASEAN諸国やアジアNIES，中国，インドなどが頻出している。
◎アフリカではエジプト，ナイジェリア，南ア共和国などをマークしたい。

❶ 東アジア （注：国名の後に首都を記載。以下P.173まで同様）

巨大な人口を持つ中国，先進工業国の日本，工業化の著しい韓国。

●中華人民共和国（北京）

(人口＝2020年，（推定 以下同じ）産業別人口割合＝2019年)

面積	人口	主な民族	主な宗教	主な言語	産業別人口割合			その他
					第一次	第二次	第三次	
千km²9,600	万人143,932	漢民族	儒教・仏教	中国語	%25.3	%27.4	%47.3	中国共産党の一党独裁

①農業は生産責任制で，1980年代には大きな所得をあげる万元戸が出現。②工業も市場経済が導入され，開放政策により沿海部に経済特区・**経済技術開発区**を設ける。③「世界の工場」「世界の市場」と評される経済発展。④「一帯一路」を推進

●大韓民国（ソウル）

(人口＝2020年，産業別人口割合＝2019年)

千km²100	万人5,127	朝鮮系	仏教・キリスト教	朝鮮語	%5.1	%24.6	%70.3	1948年に建国

①農牧業：米，大豆，とうもろこし，じゃがいもなど。1970年代から**セマウル運動**：農村再建運動。②鉱業：石炭，タングステンなど。③工業：繊維などの軽工業から脱皮し，製鉄，造船，石油化学，電子工業などの重工業が発展している。→**アジアNIES**の一員。④南北関係改善をめざす

❷ 東南アジア

モノカルチャー経済であったが，先進国からの資本・技術の導入によって農業の多角化，急速な工業化が進み，経済構造に変化が見られる。

●タイ（バンコク）

(人口＝2020年，産業別人口割合＝2019年)

千km²513	万人6,980	タイ系	仏教	タイ語	%31.4	%22.9	%45.7	立憲君主制

①米作が中心，とうもろこし，果物，天然ゴム，ジュートなど。②輸出指向型産業の食品加工，繊維，電子・電気機械が成長

●ベトナム（ハノイ）

（人口＝2020年，産業別人口割合＝2019年）

面積	人口	主な民族	主な宗教	主な言語	産業別人口割合			その他
					第一次	第二次	第三次	
千km² 331	万人 9,734	ベトナム系	仏教	ベトナム語	% 37.2	% 27.4	% 35.4	1976年南北統一
①米作を中心とした農業国（米の輸出は世界第3位）。②ドイモイ（刷新）政策による社会主義型市場経済で国づくり。近年経済成長が著しい									

●シンガポール（シンガポール）

（人口＝2020年，産業別人口割合＝2018年）

千km² 0.7	万人 585	中国・マレー	仏教・道教	マレー語・英語・中国語	% 0.7	% 15.8	% 83.5	1965年マレーシアから分離独立
①経済ではASEANの先頭を走る（アジアNIESの中心的存在）。②ジュロン工業地域：加工貿易・中継貿易。③電子・電気機械，石油精製，造船・輸送用機器が三大産業。④日本にとっては初めての自由貿易協定（FTA）締結国									

●マレーシア（クアラルンプール）

（人口＝2020年，産業別人口割合＝2019年）

千km² 331	万人 3,237	マレー・中国	イスラム教	マレー語	% 10.3	% 27.0	% 62.7	1957年イギリスから独立
①プランテーションで天然ゴム，油やしなどを栽培，ラワン材。②すず，原油，天然ガスを産出。③ルックイースト政策：日本・韓国を手本に→工業国への脱皮。④ブミプトラ政策：マレー人優先政策									

●フィリピン（マニラ）

（人口＝2020年，産業別人口割合＝2019年）

千km² 300	万人 10,958	セブアノ系	キリスト教	フィリピノ語	% 22.9	% 19.1	% 58.0	1946年アメリカから独立
①アジア唯一のキリスト教国（カトリック）。②米さとうきび，ココやし，バナナ，マニラ麻など。③金鉱，銅鉱など。④集積回路の輸出									

●インドネシア（ジャカルタ）

（人口＝2020年，産業別人口割合＝2019年）

千km² 1,911	万人 27,352	ジャワ	イスラム教	インドネシア語	% 28.5	% 22.4	% 49.1	1945年オランダから独立
①1万7,000あまりの島からなる。②米作が中心，天然ゴム，コーヒー，油やしなど。③石炭，原油，天然ガスが最大の資源。④2002年に旧オランダ領の東ティモールが独立									

アジア式稲作・畑作農業による自給的作物と，プランテーションによる商品作物の栽培が主な産業。近年は工業化が進展。

●**インド**（デリー）

（人口＝2020年，産業別人口割合＝2019年）

面積	人口	主な民族	主な宗教	主な言語	産業別人口割合			その他
					第一次	第二次	第三次	
千km² 3,287	万人 138,000	インド・アーリア系	ヒンドゥー教	ヒンディー語	% 42.6	% 25.1	% 32.3	1947年イギリスから独立

①人口の爆発的な増加，宗教，カースト制度など諸問題が山積。②緑の革命の普及により生産性が向上。米，小麦，綿花，茶，ジュートが商品作物。③豊富な鉱産資源：石炭，鉄鉱石，ボーキサイト，銅鉱，クロム鉱。④紡績・ジュート工業，鉄鋼・機械・重化学工業，ICT産業。⑤**カシミール問題**

●**パキスタン**（イスラマバード）

（人口＝2020年，産業別人口割合＝2019年）

千km² 796	万人 22,089	パンジャブ	イスラム教	ウルドゥ語	% 36.9	% 25.0	% 38.1	1947年イギリスから独立

①労働人口の半数が農業に従事。②小麦（パンジャブ地方），米，綿花，さとうきびなどを栽培。③インダス文明発祥地

●**バングラデシュ**（ダッカ）

（人口＝2020年，産業別人口割合＝2019年）

千km² 148	万人 16,469	ベンガル系	イスラム教	ベンガル語	% 38.3	% 21.3	% 40.4	1971年パキスタンから独立

①米作が中心，**ジュート**が主産物。②高い人口増加率・人口密度と洪水で食糧自給は逼迫→国土の大半は低湿地（ガンジスデルタ）

●**スリランカ**（スリジャヤワルダナプラコッテ）

（人口＝2020年，産業別人口割合＝2018年）

千km² 66	万人 2,141	シンハラ系	仏教	シンハラ語	% 25.2	% 29.1	% 45.7	1948年イギリスから独立

①米，茶，ココやし，天然ゴム，宝石などが主要産物。②仏教徒の**シンハラ人**とヒンドゥー教徒の**タミル人**の民族対立→2009年終結。工業化が発展

埋蔵量で世界の49.1％，産出量で世界の31.1％を占める石油を背景に，産油国は経済力を強めている（2020年）。

●サウジアラビア（リヤド）

（人口＝2020年，産業別人口割合＝2019年）

面積	人口	主な民族	主な宗教	主な言語	産業別人口割合			その他
					第一次	第二次	第三次	
千km² 2,207	万人 3,481	アラブ系	イスラム教	アラビア語	% 2.4	% 24.8	% 72.8	君主国
①国土の大半は高原状の砂漠地帯：ネフド砂漠，ルブアルハリ砂漠。②原油埋蔵量，輸出量は世界有数（ガワール油田，サファニア油田，カフジ油田）。③なつめやし，小麦などの**オアシス農業**とベドウィン族中心の遊牧								

●イラン（テヘラン）

（人口＝2020年，産業別人口割合＝2019年）

千km² 1,629	万人 8,399	インド・ヨーロッパ	イスラム教	ペルシヤ語	% 17.4	% 31.4	% 51.2	1979年，革命で共和国
①カナート（地下水路）によるかんがい農業：小麦，綿花，米など。②アガジャリー油田，ガチサラーン油田，アフワーズ油田など								

●イスラエル（エルサレム）

（人口＝2020年，産業別人口割合＝2018年）

千km² 22	万人 866	ユダヤ系	ユダヤ教	ヘブライ語	% 1.0	% 17.2	% 81.9	1948年建国 →中東戦争
①**シオニズム運動**により建国。②パレスチナ問題。③キブツ：機械化・かんがいにより小麦，大麦，かんきつ類などを栽培。④輸出の主力であるダイヤモンドの研磨・加工が中心								

❺ アフリカ

　砂漠やステップが広がる北アフリカ諸国はイスラーム圏で，西アジアとのつながりが深い。熱帯雨林やサバナが続く中南アフリカ諸国は経済のモノカルチャー的性格に植民地時代の構造が残されている。

●エジプト（カイロ）

（人口＝2020年，産業別人口割合＝2019年）

千km² 1,002	万人 10,233	アラブ人	イスラーム教	アラビア語	% 20.6	% 26.9	% 52.5	旧宗主国はイギリス。共和国
①**アスワンハイダム**によるかんがい→綿花。ほかに小麦，米，なつめやしなどを栽培。②海外出稼ぎ，観光収入，スエズ運河通行料などで外貨獲得。③石油製品，野菜・果実，原油が主要輸出品								

日本史

世界史

地理

思想

文学・芸術

●エチオピア（アディスアベバ）

（人口＝2020年，産業別人口割合＝2019年）

面積	人口	主な民族	主な宗教	主な言語	産業別人口割合			その他
					第一次	第二次	第三次	
千km² 1,104	万人 11,496	アムハラ・オロモ	エチオピア正教	アムハラ語	% 66.6	% 9.3	% 24.1	連邦共和国
①アフリカ最古の独立国。②農業国。**コーヒー**（原産地：カッファ），小麦，とうもろこし，綿花が主産物。③アフリカ大地溝帯が縦断								

●リベリア（モンロビア）

（人口＝2020年，産業別人口割合＝2018年）

千km² 111	万人 506	パクウェ族	キリスト教・伝統宗教	英語	% 43.4	% 10.4	% 46.2	1847年建国
①アメリカ合衆国の解放奴隷が建国。②リベリア国民愛国戦線（NPFL）とリベリア民主統一解放戦線（ULIMO）との内戦。③ゴム，木材，ダイヤモンドが主要輸出品だが，内戦のため経済疲弊。④**便宜置籍船❶**国								

●ガーナ（アクラ）

（人口＝2020年，産業別人口割合＝2019年）

千km² 239	万人 3,107	アカン族	キリスト教	英語・アカン語	% 29.7	% 21.0	% 49.3	1957年イギリスから独立
①**カカオ**のモノカルチャー経済。②ボーキサイト→アルミニウム精錬工業が急成長（ボルタ川流域）。③金，カカオ，アルミニウム，木材が主要輸出品								

●南アフリカ共和国（プレトリア）

（人口＝2020年，産業別人口割合＝2019年）

千km² 1,221	万人 5,931	バンツー族	キリスト教	英語・アフリカーンス	% 5.3	% 22.3	% 72.4	共和国
①アパルトヘイト→1991年全廃。②金，プラチナ，鉄鉱石，石炭，ダイヤモンドを輸出→ケープタウンはアフリカ最大の貿易港。③重化学工業が発達し，アフリカ第一の工業国。④ハイベルトでの羊，アンゴラなど牧畜も盛ん								

●ケニア（ナイロビ）

（人口＝2020年，産業別人口割合＝2019年）

千km² 592	万人 5,377	アフリカ系	キリスト教	英語・スワヒリ語	% 54.3	% 6.2	% 39.5	1963年イギリスから独立
①**ホワイトハイランド**（Cw気候）。②農業国→労働人口の約55％が農業に従事。茶，コーヒーを輸出。③キクユ族の反乱→マウマウの反乱（1952年）→独立。ケニヤッタ初代大統領								

---

❶ 税金が安いため，他国の船主が便宜的に籍を置いている船

●ナイジェリア（アブジャ）

（人口＝2020年，産業別人口割合＝2019年）

面積	人口	主な民族	主な宗教	主な言語	産業別人口割合			その他
					第一次	第二次	第三次	
千km² 924	万人 20,614	アフリカ系	イスラム教・キリスト教	英語・ハウサ語	% 35.0	% 12.0	% 53.0	1960年イギリスから独立

①アフリカ最大の人口。②北部ハウサ＝フラニ族，南西部ヨルバ族，南東部イボ族の民族対立問題→**ビアフラ内戦**。③ニジェール川デルタ油田→石油経済国

❻ アジア・アフリカの国際関係

　各国の経済・社会の発展，貿易の拡大などをめざして，地域協議の組織が設立されている。

アラブ連盟 （AL）	1945年設立 （カイロ）	アラブ諸国の政治・経済・文化面などでの協力，紛争の調停と仲介を目的。反イスラエルで，民族主義的色彩が強い。
アフリカ連合 （AU）	2002年設立 （アディスアベバ）	OAU（アフリカ統一機構）を発展的に継承。アフリカの統一と連帯の達成，主権と独立の確保，政治的・社会経済的統合の促進，平和と安全保障の促進，民主主義の促進を目的に54か国・1地域が加盟。
東南アジア諸国連合 （ASEAN）	1967年設立 （ジャカルタ）	当初は軍事協力機構だったが，経済協力に変化してきた。 ASEAN 10：タイ，フィリピン，マレーシア，シンガポール，ブルネイ，インドネシア，ベトナム，ミャンマー，ラオス，カンボジア
イスラーム協力機構 （OIC）	1971年設立 （ジッダ） 2011年名称変更	イスラーム世界の連帯を強化することを目的とする。イスラーム諸国57か国とパレスチナ解放機構が加盟。
南アジア地域協力連合 （SAARC）	1985年設立 （カトマンズ）	各国の福祉の増進，生活水準の向上，文化の発展などをめざす。 インド，パキスタン，バングラデシュ，スリランカ，ネパール，ブータン，モルジブ
アジア太平洋経済協力会議 （APEC）	1989年設立 （シンガポール）	域内の貿易自由化などを促進するのが目的。太平洋を取り巻く19か国2地域が参加する地域協議機構
新興工業経済地域 （NIEs）	OECDが命名	1970年代から80年代前半に工業化が進み高度経済成長を遂げた地域。 アジアでは大韓民国，シンガポール，香港，台湾をいう。
ブリックス （BRICS）	米投資銀行ゴールドマン・サックスが命名	経済発展が著しいブラジル，ロシア，インド，中国，南アフリカ共和国の頭文字を合わせた5か国の総称。

日本史　世界史　地理　思想　文学・芸術

ヨーロッパ

試験別頻出度	国家専門職 ★☆☆	地上特別区 ──
国家総合職 ★☆☆	地上全国型 ★★☆	市役所C ★☆☆
国家一般職 ★☆☆	地上東京都 ★☆☆	

学習のポイント

◎西ヨーロッパ諸国を中心に，各国の民族，宗教，農業，工業などの特色を確実に押さえておきたい。

◎時事的な問題も出題されるので，EUなどの最近の動向には注意しよう。

❶ EU（ヨーロッパ連合）

1993年，マーストリヒト条約の発効により，ECからEUへ発展。市場統合で，人・モノ・金・サービスの移動が自由化され，経済が活性化された。さらに1999年，ヨーロッパ経済通貨同盟（EMU）が発足しユーロ（単一通貨）が導入された。2021年現在，27か国がEUに加盟。

EU 加盟国	**原加盟国**：フランス，ドイツ，イタリア，ベルギー，オランダ，ルクセンブルク，**1973年加盟国**：イギリス，デンマーク，アイルランド，**1981年加盟国**：ギリシャ，**1986年加盟国**：スペイン，ポルトガル，**1995年加盟国**：オーストリア，フィンランド，スウェーデン，**2004年加盟国**：ポーランド，ハンガリー，チェコ，スロバキア，スロベニア，エストニア，ラトビア，リトアニア，キプロス，マルタ，**2007年加盟国**：ブルガリア，ルーマニア，**2013年加盟国**：クロアチア。（本部：ブリュッセル），**2020年**：イギリス離脱

❷ イギリス（ロンドン）

18世紀末の産業革命と工場制度の発展で，世界の工業をリード。スコットランド独立は2014年の住民投票で否決。北アイルランド問題，2020年1月EU離脱。

（人口＝2020年，産業別人口割合＝2019年）

面積	人口	主な民族	主な宗教	主な言語	産業別人口割合			その他
					第一次	第二次	第三次	
千km² 242	万人 6,789	アングロサクソン系	英国国教会	英語	% 1.0	% 18.1	% 80.9	立憲君主国
農業	①農業人口は全就業者の1％以下。②酪農・牧畜を中心とし，大規模な企業的経営で，生産性は高い→穀類自給率は102%							
鉱業	①北海油田→**石油輸出国**。アイリッシュ海などの天然ガスも豊富。②石炭：古期造山帯に属するペニン山脈で豊富だったが，激減							
工業	①現在，工業は炭田立地から**臨海立地**へ移行。②北東地域では石油関連工業が盛ん。③機械，自動車，航空機，鉄鋼，繊維，造船などが中心。④主な工業地域：ロンドン，ミッドランド，ランカシャー，スコットランド，サウスウェールズ							

日本史

世界史

地理

思想

文学・芸術

❸ ドイツ（ベルリン）

ヨーロッパ最大の工業国。特に自動車生産量は世界4位（2020年）。

（人口＝2020年，産業別人口割合＝2019年）

面積	人口	主な民族	主な宗教	主な言語	産業別人口割合 第一次	第二次	第三次	その他
千km² 358	万人 8,378	ドイツ系	プロテスタント	ドイツ語	% 1.2	% 27.2	% 71.6	1990年東西ドイツ統一
農業	①商業的混合農業が発達しているが，一般に小農→食糧の約3分の1は輸入。②農業地帯：北ドイツ平原の南端→小麦，大麦，ライ麦，ぶどう，じゃがいも，てんさい							
鉱業	石炭：生産量減少							
工業	①ルール工業地帯（ドルトムント，デュッセルドルフ，エッセン）：鉄鋼，機械，電子，化学，刃物。②ザール工業地帯（ザールブリュッケン）：鉄鋼。③ザクセン工業地帯（ドレスデン，ライプチヒ）：金属，繊維，化学							
社会	トルコ，旧ユーゴ，スペインなどからの出稼ぎ労働者が社会問題化							

❹ フランス（パリ）

西ヨーロッパ最大の農業国だが，第二次世界大戦後，工業化を推進。原子力発電の比率が高いが，原発依存脱却の動きも見られる。

（人口＝2020年，産業別人口割合＝2019年）

千km² 552	万人 6,527	フランス系	カトリック	フランス語	% 2.5	% 20.4	% 77.1	共和国
農業	①国土の52.4％が農地。北部：小麦中心の混合農業，南部：地中海式農業。②ワイン生産量は世界一							
鉱業	石炭，鉄鉱石（ロレーヌのミネット鉱），ボーキサイトなどを産出							
工業	①パリ工業地域：食品，印刷出版，衣服，自動車，航空機，化学。②ロレーヌ（ナンシー，メス）：鉄鋼，機械。③ローヌ川流域（リヨン，グルノーブル）：アルミニウム，鉄鋼，繊維（絹）。④北東部（ダンケルク，リール）：羊毛，綿，鉄鋼。⑤シャンパーニュ・メドック地方：ワイン製造業が発達							

プラス＋α

Question 2021年現在のEU加盟国は［ 1 ］か国で，2013年に新たに加盟した国は［ 2 ］である。

Answer ［ 1 ］27　［ 2 ］クロアチア

❺ イタリア（ローマ）

工業化の進んだ北部と封建的な大土地所有制の残る南部との経済格差が歴史的課題。近年は債務危機問題の解決に苦慮している。

（人口＝2020年，産業別人口割合＝2019年）

面積	人口	主な民族	主な宗教	主な言語	産業別人口割合			その他
					第一次	第二次	第三次	
千km² 302	万人 6,042	イタリア系	カトリック	イタリア語	% 3.9	% 25.9	% 70.2	共和国
農業	①地中海式農業：オリーブ，ぶどう，かんきつ類，小麦。②酪農も主要な産業。→ゴルゴンゾーラ，パルメザンをはじめ約50種類のチーズが有名							
鉱業	亜鉛，鉛，重晶石，亜炭，黄鉄鉱，ホタル石，硫黄							
工業	①北部三角地帯にアルプスの水力資源を利用した重化学工業が発達。②ミラノ：化学，絹織物，機械，食品。③トリノ：鉄鋼，機械，自動車（フィアット），ゴム，繊維，食品。④ジェノヴァ：造船，鉄鋼，化学							
社会	①国家資本の企業が経済発展の重要な役割を果たす。国有企業：IRI（産業復興公社，1933年設立），ENI（炭化水素公社，1953年設立）。②南部の工業化の遅れが問題。北部へ移住しているが，失業率は就労可能人口の11.9％→**バノーニ計画**（南部の工業開発）							

❻ スウェーデン（ストックホルム）

北緯55度〜69度の間に位置し，夏の白夜が有名。1880年代以降工業国として発展を遂げた。

（人口＝2020年，産業別人口割合＝2018年）

千km² 439	万人 1,010	スウェーデン系	スウェーデン教会	スウェーデン語	% 1.7	% 18.2	% 80.1	立憲君主国
農林業	①耕地は国土の約7％だが，食糧は自給に近い。②肥沃なスコーネ平野で集約農業。③ミンクの毛皮の生産地として有名。④**国土の60％が森林**で西ヨーロッパ最大。→木材，製紙，パルプ工業が盛ん							
鉱業	①豊富な鉱物資源。鉄鉱石：キルナ，エリバレ，マルムベリェト，ダンネモラ。②夏の積み出し港はルレオ，冬はノルウェーの不凍港ナルビク。③ほかに金，銀，銅，鉛，亜鉛，黄鉄鉱							
工業	①ストックホルム：金属（ボールベアリング），機械，造船，繊維，食品。②マルメ，イエーテボリ：造船，自動車，機械，光学機器，セメント							
社会	①世界有数の福祉国家で，**長寿国**（平均寿命は男性80.7歳，女性84.0歳）。②豊かな水力資源							

❼ デンマーク（コペンハーゲン）

酪農王国だが，第二次世界大戦後は製造業やサービス業が発展。

（人口＝2020年，産業別人口割合＝2018年）

面積	人口	主な民族	主な宗教	主な言語	産業別人口割合			その他
					第一次	第二次	第三次	
千km² 43	万人 572	デンマーク系	福音ルーテル系	デンマーク語	% 2.2	% 18.6	% 79.1	立憲君主国
農業	①国土の約60%が農耕地だが，氷堆石（モレーン）の荒地（ヒースランド）を改良し，酪農王国（特に養豚が盛ん）に発展。②**協同組合活動に特徴**。デンマーク協同組合連合に加入している各地の農業協同組合は，酪農製品とベーコンの生産を統括							
鉱業	①鉱物資源は国有。②陶土（ボルンホルム島），天然ガスと油田（北海沖）							
工業	①食品加工，金属，機械（ディーゼルエンジンを含む），衣料や繊維の工業が盛ん。②デンマーク製家具は世界的に有名							
社会	**福祉国家**。国民皆保険が採用され，医療費，入院費は無料。年金は67歳から							

❽ スペイン（マドリード）

主な輸出品は自動車，機械類，野菜・果実。

（人口＝2020年，産業別人口割合＝2019年）

千km² 506	万人 4,676	スペイン系	カトリック	スペイン語	% 4.0	% 20.4	% 75.6	立憲君主国
農業	①地中海沿岸地方：オリーブ，ぶどう，かんきつ類。②メセタ：羊（**メリノ種**）の放牧が盛ん。③**コルクがし**→世界有数のコルク産出国							
鉱業	①石炭（褐炭）：オビエド。②鉄鉱石：サンタンデル，ビルバオ。③水銀：アルマデン。④ほかに亜鉛，鉛，銅，マグネシウム							
工業	①高度経済成長で工業化が進展。バルセロナ：最大の工業都市。②製鉄や製鋼はビルバオ，サンタンデル，オビエド，アビレスに集中							
社会	①ETA（バスク祖国と自由）のテロが社会問題。→1998年無期限全面休戦。②カタルーニャ自治州の独立問題							

 プラス+ α ユーロ危機で見えた問題点

2009年以降，ギリシャに始まり，アイルランド，ポルトガル，スペイン，キプロスに広がった国家の債務危機，銀行の経営危機は，ユーロ体制を大いに揺るがした。体制維持には，この危機の主因である加盟国ごとに財政政策が異なること，各国の経済格差が大きいことを是正する必要がある。

日本史

世界史

地理

思想

文学・芸術

❾ スイス（ベルン）

19世紀以来の永世中立国。2002年国連に加盟。国際金融業と観光産業が大きな外貨収入源となっている。

(人口＝2020年，産業別人口割合＝2018年)

面積	人口	主な民族	主な宗教	主な言語	産業別人口割合			その他
					第一次	第二次	第三次	
千km² 41	万人 866	ドイツ系他	カトリック・プロテスタント	ドイツ・フランス・イタリア語	% 3.0	% 20.5	% 76.5	連邦共和国
農業	①農業：小規模な家族経営。食糧は輸入に依存。②アルプスの牧草地の移牧による乳牛，羊の酪農。チーズ，バターの輸出							
鉱業	鉱物資源は少ない。花崗岩，石灰岩，岩塩							
工業	①チューリヒ：精密機械工業。②バーゼル：化学，織物，衣料。③ジュネーブ：時計，宝石加工							
社会	①永世中立国，国民皆兵制度。②自治権を持つ26地域（**カントン**）からなる連邦国。③公用語はドイツ語が約64％，フランス語19％，イタリア語7％。ロマンシュ語1％。④チューリヒは国際金融業の中心地：UBS（1998年，スイス・ユニオン銀行とスイス銀行が合併），クレディ・スイス。⑤ジュネーヴはILOやWTOの本部がある国際都市							

❿ ハンガリー（ブダペスト）

戦前は農業国。1990年の共産党政権の崩壊後，計画経済から市場経済へ移行し，急速に民営化が進められた。1999年にNATO加盟，2004年にはEUに加盟。

(人口＝2020年，産業別人口割合＝2018年)

千km² 93	万人 966	マジャール系	カトリック	ハンガリー語	% 4.8	% 32.4	% 62.7	共和国
農水産業	①アルフェルド（大ハンガリー平原）：じゃがいも，とうもろこし，ぶどう。②**プスタ**（ステップ状の草原）：穀倉地帯。③トカイ：ワイン。④バラトン湖，ドナウ川，ティサ川：パーチ（スズキ），コイ，カワカマス							
鉱業	ボーキサイト（輸出品），ウラン，石炭，原油，天然ガス，マンガン，鉄鉱石							
工業	①ブダペスト：造船，金属加工業。②ミシュコルツ：鉄鋼業，金属加工業。③セゲド：化学・繊維工業							
社会	①アジア系のマジャール人。②民族問題：1993年，ロム（ジプシー）は正式に少数民族として認められた							

⓫ ロシア（モスクワ）

　1992年から積極的な市場改革を進めるが，市場機能は十分とはいえず，地域間の大きな経済格差も抱えるなど課題が山積している。

（人口＝2020年，産業別人口割合＝2019年）

面積	人口	主な民族	主な宗教	主な言語	産業別人口割合			その他
					第一次	第二次	第三次	
千km² 17,098	万人 14,953	ロシア人他	ロシア正教	ロシア語	% 5.8	% 26.8	% 67.4	1991年 ソ連解体
農業	①ロシア南部：肥沃なチェルノーゼム。→小麦，大麦，ライ麦などの大生産国。②コルホーズ，ソフホーズ→協同組合，株式会社に再編成。小規模農家が急増。③極北地帯：トナカイ遊牧							
鉱業	①油田：バクー，ヴォルガ・ウラル（ドルジバ・パイプラインの起点），北カフカス，サハリン島北部。②天然ガス：ヤクート。③石炭：無煙炭→クズネック炭田，ペチョラ炭田，褐炭→カンスクアチンスク炭田，モスクワ炭田。④鉄鉱石：クルスク。⑤ニッケル：ウラル山脈，ムルマンスク							
工業	コンビナート：モスクワ，サンクトペテルブルク，ウラル，クズネツク，アンガラ，バイカルなど							
社会	①国内の最大時差：11時間。②多民族国家。③ウクライナ問題							

⓬ ウクライナ（キエフ）

　ソ連解体に伴い1991年8月に結成されたCIS[1]の創設メンバー。工業国として知られる。クリミアのロシア編入，東部で親ロシア派との対立。

（人口＝2020年，産業別人口割合＝2018年）

千km² 604	万人 4,373	ウクライナ人	キリスト教	ウクライナ・ロシア語	% 14.9	% 24.4	% 60.7	共和国
農業	チェルノーゼム（国土の約3分の2）　→穀倉地帯：小麦，ビート							
鉱業	①石炭：**ドネツ**炭田。②鉄鉱石：**クリヴォイログ**鉄山							
工業	ドニエプル工業地域（ハリコフ，ドニエプロペトロフスク，ドニエツクなどの工業都市）：重化学工業							

❶ 独立国家共同体（主権国家による新たな任意の合法的・政治的連合体）。ロシア連邦，ベラルーシ共和国など12か国で形成された。現在の正式加盟国は9か国

プラス+α

Question ウクライナで国土の約3分の2が覆われている土壌は何か。
Answer チェルノーゼム

173

頻出度 **A** 南北アメリカ・オセアニア

試験別頻出度	
国家専門職 ★☆☆	地上特別区 ───
国家総合職 ★★★　地上全国型 ★☆☆	市役所C ★★★
国家一般職 ★☆☆　地上東京都 ★★☆	

学習のポイント

◎ラテンアメリカの公用語，人種，農牧業，鉱工業，貿易などを整理しておく。
◎オーストラリア（農牧業，鉱産資源など）に関する問題も頻出。
◎アメリカ合衆国の主要都市の位置は地図で確認しておくこと。

❶ 北アメリカ

●アメリカ合衆国 （ワシントンD.C.）（人口＝2020年，産業別人口割合＝2019年）

面積	人口	主な民族	主な宗教	主な言語	産業別人口割合			その他
					第一次	第二次	第三次	
千km² 9,834	万人 33,100	ヨーロッパ系・アフリカ系	プロテスタント・カトリック	英語	% 1.4	% 19.9	% 78.8	連邦 共和制
地形	新期造山帯(ロッキー山脈，シエラネバダ山脈)，古期造山帯(アパラチア山脈，五大湖)，安定陸塊(プレーリー)							
農業	①世界最大の農産物輸出国，大規模な企業的農業。土壌侵食(表土流出)→等高線耕作。②畜産物が農業生産額の約50%，肉牛：テキサス州(最大生産地)							
工業	①工業生産額世界一，多国籍企業→海外へ進出。②フロストベルト→サンベルトが1970年代から工業化。③資源と工業製品の輸入増加→貿易収支は赤字							
主な都市	①ニューヨーク：メガロポリス，ウォール街。②ボストン：高級織物，電子工業。③シカゴ：全米第3の大都市，農業機械，食品工業。④デトロイト：鉄鉱，自動車工業。⑤ニューオーリンズ：フランス系移民，南部最大の貿易港。⑥アトランタ：綿工業。⑦ヒューストン：**宇宙産業**，石油化学。⑧ダラス：電子工業，石油化学。⑨バーミンガム：鉄鋼業。⑩ロサンゼルス：全米第2の大都市，航空機工業。⑪サンフランシスコ：西岸最大の貿易港。⑫サンノゼ：電子工業（シリコンヴァレー）。⑬アンカレジ：プルドーベイ油田							

●カナダ （オタワ）

（人口＝2020年，産業別人口割合＝2019年）

千km² 9,985	万人 3,774	ヨーロッパ系	カトリック	英語・フランス語	% 1.5	% 19.2	% 79.3	立憲 君主国
農業	①世界屈指の食糧輸出国。**プレーリー小麦3州**（春小麦）：西部高地草原：肉牛，五大湖周辺：酪農と混合農業。②林業が盛ん（国土の4分の1が森林)，新聞用紙の生産は世界一→アメリカへ輸出							
鉱業	原油・天然ガス：アルバータ，ニッケル：サドバリー，亜鉛，ウラン							
工業	①トロント：農業機械，自動車工業。②モントリオール：製紙，航空機工業。③ハミルトン：製鉄，農業機械。④バンクーバー：貿易港，缶詰，製紙工業							

❷中央アメリカ

●メキシコ（メキシコシティ）
(人口＝2020年，産業別人口割合＝2019年)

面積	人口	主な民族	主な宗教	主な言語	産業別人口割合			その他
					第一次	第二次	第三次	
千km² 1,964	万人 12,893	メスティーソ❶・ インディオ	カトリック	スペイン語	% 12.5	% 25.6	% 61.9	旧宗国 スペイン

①マヤ文明，アステカ帝国。②マキラドーラ(輸出加工区)。油田：カンペチェ湾。③米国・メキシコ・カナダ協定(USMCA)❷メンバー。日本とFTA締結。④銀(世界一)。⑤かんがいによる綿花栽培，**エヒード**(協同農場)

●キューバ（ハバナ）
(人口＝2020年，産業別人口割合＝2018年)

千km² 110	万人 1,133	ヨーロッパ系	カトリック	スペイン語	% 17.7	% 16.9	% 65.3	旧宗国 スペイン

①社会主義国家。②砂糖(世界有数の生産国)，タバコ(**ハバナ葉巻**)。③ニッケル，コバルト，石油開発。④アメリカとの国交回復

●コスタリカ（サンホセ）
(人口＝2020年，産業別人口割合＝2018年)

千km² 51	万人 509	ヨーロッパ系	カトリック	スペイン語	% 12.4	% 19.7	% 67.9	旧宗国 スペイン

①ヨーロッパ系が全人口の96％。②非武装中立国。③バナナのプランテーション，コーヒー

●ドミニカ共和国（サントドミンゴ）
(人口＝2020年，産業別人口割合＝2018年)

千km² 49	万人 1,085	ムラート❸	カトリック	スペイン語	% 9.3	% 19.7	% 71.0	旧宗国 スペイン

①農業国，砂糖，カカオ，コーヒーの生産。②鉱業も重要産業で，金，ニッケルが輸出品。首都は「サント・ドミンゴ植民市」として世界文化遺産に。

●ハイチ（ポルトープランス）
(人口＝2020年，産業別人口割合＝2018年)

千km² 28	万人 1,140	アフリカ系	カトリック	フランス語・ クレオール語	% 28.9	% 6.8	% 64.3	旧宗国 フランス

①世界初の黒人国家(1804年)，住民の約95％が黒人。②コーヒー，マンゴー。世界最貧国の一つ。③2010年および21年の地震で大被害

●ジャマイカ（キングストン）
(人口＝2020年，産業別人口割合＝2018年)

千km² 11	万人 296	アフリカ系	バプティスト他	英語	% 16.2	% 16.1	% 67.7	立憲 君主国

①アルミナとボーキサイト(世界有数の産出国)が主要輸出品。②砂糖，コーヒー(**ブルーマウンテン**)。③観光が最大の外貨獲得源

❶ 白人とインディオの混血　❷ 2020年7月発効。3国間の関税や輸入制限を廃止し，自由化をめざす　❸ 白人と黒人の混血

日本史

世界史

地理

思想

文学・芸術

●ブラジル（ブラジリア）

（人口＝2020年，産業別人口割合＝2019年）

面積	人口	主な民族	主な宗教	主な言語	産業別人口割合			その他
					第一次	第二次	第三次	
千km² 8,516	万人 21,256	ヨーロッパ系 ・アフリカ系	カトリック	ポルトガル語	% 9.1	% 20.0	% 70.9	旧宗国 ポルトガル

①セルバ（天然ゴム，カカオの原産地），コーヒー（世界一）：ファゼンダのモノカルチャーから多角化へ。さとうきび。②豊富な鉱物資源。石炭：リオグランデドスル，サンタカタリナ，鉄鉱石：イタビラ鉱山（埋蔵量世界一），カラジャス鉱山。③慢性的なインフレーションと多額の対外債務→**メルコスール**（南米南部共同市場）で打開

●アルゼンチン（ブエノスアイレス）

（人口＝2020年，産業別人口割合＝2019年）

千km² 2,796	万人 4,520	ヨーロッパ系	カトリック	スペイン語	% 0.1	% 21.8	% 78.1	旧宗国 スペイン

①移民国，全人口の約85％はヨーロッパ系。都市部に人口の約87％が集中。②**湿潤パンパ**：小麦，大麦，アルファルファ，牧畜（肉牛）→混合農業。**乾燥パンパ**：牧羊，③経済危機深刻化→デフォルト（債務不履行），通貨切下げ

●ベネズエラ（カラカス）

（人口＝2020年，産業別人口割合＝2018年）

千km² 930	万人 2,844	メスチーソ	カトリック	スペイン語	% 7.9	% 17.7	% 74.4	旧宗国 スペイン

①油田（マラカイボ湖，オリノコ川流域）→オランダ領アンティルへ精製のため輸出。OPEC創立メンバー。鉄鉱石：オリノコ川周辺。②シウダーグアヤナ（工業の中心地）

●コロンビア（サンタフェデボゴタ）

（人口＝2020年，産業別人口割合＝2019年）

千km² 1,142	万人 5,088	メスチーソ ・ムラート	カトリック	スペイン語	% 15.8	% 20.1	% 64.1	旧宗国 スペイン

①コーヒー，バナナ。②エメラルド（世界一）：ムソ，チバル，油田：マグダレナ川中流域，石炭：グアヒラ半島にある世界最大級の露天掘り炭田

●ペルー（リマ）

（人口＝2020年，産業別人口割合＝2019年）

千km² 1,285	万人 3,297	インディオ	カトリック	スペイン語	% 27.4	% 15.2	% 57.4	旧宗国 スペイン

①クスコ（インカ帝国の首都）。②アンチョビー（魚粉にして輸出）。③銅，銀，鉛，亜鉛の産出量は世界有数　④マチュピチュ

●ボリビア（ラパス）

（人口＝2020年，産業別人口割合＝2018年）

千km² 1,099	万人 1,167	インディオ	カトリック	スペイン語	% 36.1	% 19.5	% 49.5	旧宗国 スペイン

①アルティプラノ（高原），チチカカ湖（世界最高所）。②リャマ・アルパカの飼育。③鉱産資源は多種で豊富。天然ガス，すずは主要な輸出品。ほかに亜鉛，銀，金，鉛，アンチモン　④ラパスは世界一標高が高い首都（4,058m）

●チリ（サンティアゴ）

（人口＝2020年，産業別人口割合＝2018年）

面積	人口	主な民族	主な宗教	主な言語	産業別人口割合			その他
					第一次	第二次	第三次	
千km² 756	万人 1,912	メスチーソ	カトリック	スペイン語	% 9.2	% 22.3	% 68.5	旧宗国 スペイン

①典型的非等高線国家。②南部海岸：フィヨルド。③ラテンアメリカ有数の鉱業国，銅（世界有数），銀など。硝石は減少。④輸出品は銅，果実，魚介類

❹ オセアニア

●オーストラリア（キャンベラ）

（人口＝2020年，産業別人口割合＝2019年）

千km² 7,692	万人 2,550	イギリス系	キリスト教	英語	% 2.6	% 19.1	% 78.3	立憲 君主国

①乾燥大陸（中部，北部の砂漠地帯では年降水量は250mm未満）。②アボリジニー（先住民），白豪政策から多文化主義へ（**サラダ・ボウル**）。③グレートアーテジアン（大鑽井）盆地の被圧地下水を掘り抜き井戸で利用し，牧羊（メリノ種）が盛ん。→羊毛輸出量世界一。④豊富な鉱産資源，金，鉄鉱石，ダイヤモンド，石炭，ボーキサイト。⑤農産物や鉱産資源の多くを日本へ輸出

●ニュージーランド（ウェリントン）

（人口＝2020年，産業別人口割合＝2018年）

千km² 268	万人 482	ヨーロッパ 系	英国国教会 ・カトリック	英語	% 5.8	% 19.8	% 74.4	立憲 君主国

①新山系のサザンアルプス山脈。②先進農業国，北島は酪農，南島は牧羊。③イギリスが特恵市場国だったが，イギリスのEC加盟により経済困難に陥った。1980年代後半以降，市場原理を活用した経済政策を推進

❺ 主な国の日本への輸出品

（2020年，単位：百万円）

アメリカ合衆国	カナダ	メキシコ	ブラジル	オーストラリア
機械類 1,922,900	肉類 154,332	機械類 217,541	鉄鉱石 305,221	液化天然ガス 1,290,253
医薬品 554,547	医薬品 114,189	肉類 67,128	とうもろこし 120,493	石炭 1,025,441
肉類 409,594	石炭 113,775	果実 39,670	肉類 87,417	鉄鉱石 538,261
総計 7,436,892	総計 1,153,292	総計 580,815	総計 800,039	総計 3,821,105

日本史

世界史

地理

思想

文学・芸術

日本の自然・貿易

試 験 別 頻 出 度		
国家総合職 ★☆☆	国家専門職 ★☆☆	地上特別区 ★★☆
国家一般職 ★☆☆	地上全国型 ★☆☆	市 役 所 C ──
	地上東京都 ★☆☆	

学習の
ポイント

◎例年,ほぼ同じ傾向で地形と気候が出題される。地形名とその代表的地名,日本の各気候区の特徴を整理しておくことが大切。
◎貿易は主要品目の輸入相手国を押さえておきたい。

❶日本の地形

　日本列島は**環太平洋造山帯**(**新期造山帯**)の一部であり,太平洋プレート・フィリピン海プレートが,ユーラシアプレート・北アメリカプレートにもぐり込む変動帯に位置する。太平洋側に海溝がある。火山が多く,地震が多発(東北地方太平洋沖地震など)。

□【　フォッサマグナ（大地溝帯）　】…西縁は糸魚川－静岡構造線，東縁は甲府盆地から千曲川に伸びる線だが，富士山などの火山活動で不明瞭。フォッサマグナにより本州を東北日本と西南日本に二分する。

□【　中央構造線（メジアンライン）　】…西南日本を諏訪湖－天竜川－豊川－櫛田川－紀ノ川－吉野川－松山－長崎三角地（臼杵－八代または大分－伊万里）と縦断する大断層線。フォッサマグナによって分けられた西南日本を**内帯**（日本海側）と**外帯**（太平洋側）に分ける。

●火山の分類

楯状火山	粘性の小さい溶岩でできた火山。傾斜は比較的緩い	ハワイのキラウエア山，マウナロア山
成層火山	主に1か所の火口から噴火を繰り返し，溶岩や火砕物を堆積して形成した円錐状の火山	富士山，岩手山，浅間山，桜島
溶岩円頂丘	粘性の大きい溶岩が，火口から塊状になって押し出されて形成した火山	有珠山
火山岩尖	溶岩の柱（塊）が押し上げられて形成した火山	昭和新山
カルデラ	噴火による爆発や陥没によって形成された凹地	阿蘇山

●湖

カルデラ湖	円形凹地が湖水	洞爺湖，摩周湖，田沢湖
火口原湖	火口原の一部が湖水	芦ノ湖，榛名湖
火口湖	単式火山の噴火口が湖水	蔵王の御釜，吾妻山の五色沼
せき止め湖	溶岩などが川をせき止めてできる	桧原湖，富士五湖，中禅寺湖

●山地と平地

山地が国土の4分の3を占める。

山地	山地（61.0%）・丘陵地（11.8%）	●
平地	台地（11.0%）・低地（13.8%）	

❶ 山地，平地あわせて97.6%。残りの2.4%は北方領土や内水域。

プラス+α

Question 本州は［ 1 ］により東北日本と西南日本に二分される。［ 1 ］の西縁断層が［ 2 ］－静岡構造線である。

Answer ［ 1 ］フォッサマグナ（大地溝帯）　［ 2 ］糸魚川

❷日本の気候区分

ケッペンの気候区分では，北海道が冷帯湿潤気候（Df)，その他の地域が温暖湿潤気候（Cfa)。

日本海側 （冬の降水量 が多い）	西北海道	年降水量少ない。夏でも冷涼。内陸盆地は夏高温
	東北	年降水量やや多い。冷涼。夏はフェーン
	北陸	年降水量多い。湿潤。世界的降雪地帯。夏はフェーンと高温
	山陰	年降水量は多いが北陸より少ない。曇天が多い。夏はフェーン
太平洋側 （冬の降水量 が少ない）	東北海道	寒冷，寡雨地域。夏多霧発生
	三陸	冷涼，少雨。降霜期が長く，夏にやませ（北東風)が吹くと冷害
	関東	温暖，年降水量やや少ない。冬は乾燥とからっ風
	南海	年降水量多い（2,500mmぐらい)。高温・湿潤。台風の通路。冬温和で園芸農業
中央高地型	長野	内陸性気候。年降水量少ない。夏高温，冬寒冷
瀬戸内型	瀬戸内	夏高温で冬乾燥。寡雨地域でかんがい，ため池
九州型	九州西部	山陰と南海の中間型。山陰より冬少雨
南島型	南西諸島	最多雨地域。特に奄美区の年降水量は3,000mmを超える。台風の通路

●気団

大陸性	シベリア気団	冬の北西季節風。寒冷・乾燥。日本海側は降雪，太平洋側は乾燥し好天
	揚子江気団	春・秋の移動性高気圧。温暖・乾燥で好天
海洋性	オホーツク海気団	梅雨期，秋に吹くやませと小笠原気団との間に梅雨（秋雨）前線をつくる。夏にやませ勢力が強いと，三陸地方に冷害をもたらす
	小笠原気団	夏の南東季節風。高温・湿潤

●気候災害

冷害	やませ（夏に吹くと低温と日照不足になる）
日照り	雨が少ない瀬戸内地方や，大きな河川がない沖縄などで水不足となる
土砂災害	台風や梅雨前線に伴う大雨による。特に河川勾配が急なところに起こる

❸日本の主要輸入品・輸入先

日本の輸入上位相手国は①中国，②アメリカ合衆国，③オーストラリア，④台湾，⑤韓国，⑥タイの順（2020年)。

●日本の主要輸入品目・輸入先，および総額に対する割合

(2020年，円ベース，パルプは重量ベース)

肉類	アメリカ 28.6	タイ 14.6	オーストラリア 13.6	カナダ 10.8	中国 6.4
魚介類	中国 18.0	チリ 10.1	アメリカ 8.3	ベトナム 7.8	ロシア 7.5
小麦	アメリカ 46.9	カナダ 36.5	オーストラリア 16.2		
とうもろこし	アメリカ 63.9	ブラジル 34.3	南ア共和国 0.9	ロシア 0.5	
果実	アメリカ 19.6	フィリピン 18.7	中国 14.1	ニュージーランド 9.3	
野菜	中国 48.4	アメリカ 15.6	韓国 6.0	タイ 4.3	イタリア 3.0
大豆	アメリカ 72.8	カナダ 13.9	ブラジル 11.6	中国 1.5	
木材	アメリカ 20.9	カナダ 19.7	ロシア 14.1	フィンランド 8.5	
鉄鉱石	オーストラリア 52.2	ブラジル 29.6	カナダ 7.2	南ア共和国 3.6	インド 2.0
銅鉱	チリ 38.0	オーストラリア 19.5	ペルー 11.8	カナダ 9.1	インドネシア 5.9
石炭	オーストラリア 60.2	インドネシア 13.3	ロシア 11.4	カナダ 6.7	アメリカ 6.4
原油	サウジアラビア 39.5	アラブ首長国 31.5	クウェート 8.9	カタール 8.6	ロシア 4.1
液化石油ガス	アメリカ 67.0	オーストラリア 10.2	カナダ 7.8	アラブ首長国 4.5	
医薬品	アメリカ 17.6	ドイツ 15.2	アイルランド 10.2	スイス 10.1	
ダイヤモンド	インド 53.5	ベルギー 15.0	イスラエル 10.9	香港 6.4	タイ 6.1
鉄鋼	韓国 37.3	中国 18.2	台湾 10.2	カザフスタン 5.5	ブラジル 3.4
精密機械	アメリカ 20.1	中国 19.2	スイス 12.2	アイルランド 7.8	ドイツ 5.8
集積回路	台湾 57.5	アメリカ 10.6	中国 9.4	韓国 5.3	シンガポール 3.5
自動車	ドイツ 31.7	アメリカ 9.6	タイ 8.9	イギリス 8.7	イタリア 7.2
衣類	中国 54.1	ベトナム 16.0	バングラデシュ 4.1	カンボジア 4.1	ミャンマー 3.8

 プラス+α 日本の貿易相手国

日本が輸入超過の相手国は中国，インドネシア，アラブ首長国連邦，サウジアラビア，オーストラリアなどのように，主に資源輸出国が多い。

頻出度 **B** 日本の都市・産業

学習の
ポイント

◎工業では工業立地，工業地帯（地域），工業都市の特色などが重要。
◎農業では農作物・果実の生産県，米作とその動向などが問われる。
◎主な都市の地勢・産業も押さえておこう。

❶ 工業の立地

　工業の種類によって立地のタイプは異なってくるが，生産の効率性と利潤の大きさが立地を決める要因となる。

□【　ウェーバーの工業立地論　】…工業は生産費の低い場所に立地する。生産費の中でも輸送費を重視し，輸送費の最も安い場所に立地し，次に労働費が安ければそのほうに偏るとした。

● 立地のタイプ

原料指向型	セメント，陶磁器
市場指向型	ビール，清涼飲料水，印刷出版
労働指向型	縫製品，加工組立工業
臨海指向型	鉄鋼，石油精製，造船
臨空港指向型	IC産業（小型・軽量で輸送コストは低い）

❷ 立地

　戦前から京浜・中京・阪神・北九州の四大工業地帯が発展してきたが，北九州の出荷額のシェアが低下し，太平洋ベルト地帯の京浜・中京・阪神の三大工業地帯が中心となる。

● 三大工業地帯

京浜工業地帯	東京・横浜が中心。近年，京葉，関東内陸，鹿島臨海工業地域へ拡大	東京(機械・印刷)，横浜(鉄鋼・機械)，川崎(鉄鋼・機械・造船)，横須賀(造船)，八王子(繊維)
中京工業地帯	自動車工業を中心に機械工業が盛ん。ほかに毛織物，陶磁器	名古屋(金属・機械・繊維)，一宮・尾西(毛織物)，豊田(自動車)，瀬戸(陶磁器)，四日市(石油化学コンビナート)
阪神工業地帯	金属・化学工業が盛ん。機械工業の割合が少ない。中小工場が多い	大阪(繊維・機械・金属)，尼崎(鉄鋼・化学)，堺(金属)，守口・門真(電気機械)，神戸(造船)

●工業地域

関東内陸	1950年代以降，繊維工業から機械工業へ発展	さいたま(車両)，太田・狭山(自動車)，桐生・足利・伊勢崎・前橋(機械)
京葉	戦後の発展	千葉・君津(鉄鋼・化学)，市原(化学)
東海	豊かな工業用水と電力	富士・富士宮(紙・パルプ)，浜松(楽器・自動車)，沼津・三島(機械・化学)
瀬戸内	水運，阪神・北九州の中間	倉敷水島地区・周南(石油化学コンビナート)，倉敷・岡山・今治(繊維)，倉敷水島地区・福山(鉄鋼)，宇部・山陽小野田(セメント)
北九州	鉄鋼中心だが，低下	北九州(鉄鋼・セメント・ガラス)

●そのほかの工業都市

苫小牧・江別(紙・パルプ)，室蘭(鉄鋼)，砂川(化学肥料)，八戸(肥料・セメント)，大船渡(セメント)，岡谷・諏訪(精密機械)，大牟田(石炭化学工業)

❸ 工業製品出荷額に見る工業地帯の変化（全工業）

●三大工業地帯

（単位：出荷額＝十億円，全国比＝％）

	中京	阪神	京浜	計	北九州	全国
1980年出荷額	25,102	30,263	37,613	92,978	5,834	214,700
全国比	11.7	14.1	17.5	43.3	2.7	100
2018年出荷額	60,243	34.544	26,420	121,207	10,302	331,809
全国比	18.2	10.4	8.0	36.5	3.1	100

●主な工業地域

　電気機械・自動車・ICなど高度組立型産業が関東内陸部で発展→鉄鋼など大量の原材料を必要としない。高速道路など交通が整備され，輸送が容易。

（単位：出荷額＝十億円，全国比＝％）

	関東内陸	瀬戸内	東海	京葉	計	全国
1980年出荷額	18,053	20,803	9,525	9,899	58,280	214,700
全国比	8.4	9.7	4.4	4.6	27.1	100
2018年出荷額	32,802	32,304	17,664	13,212	95,712	331,809
全国比	9.8	9.7	5.3	4.0	28.8	100

プラス+α 日本の工業動向

1980年代の貿易摩擦，1985年のプラザ合意を機に，工業生産が増えたが，近年は円高・法人実効税率の緩和によって，国内回帰の傾向も見られたが，新型コロナウイルス感染拡大で，工業生産が落ち込んだ。

日本史

世界史

地理

思想

文学・芸術

❹ 主な工業地帯の工業製品出荷額

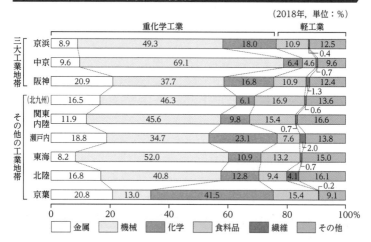

(2018年, 単位：%)

		重化学工業			軽工業	
三大工業地帯	京浜	8.9 / 49.3 / 18.0			10.9	12.5 / 0.4
	中京	9.6 / 69.1			6.4 / 4.6	9.6 / 0.7
	阪神	20.9 / 37.7 / 16.8			10.9	12.4 / 1.3
その他の工業地帯	(北九州)	16.5 / 46.3 / 6.1			16.9	13.6 / 0.6
	関東内陸	11.9 / 45.6 / 9.8			15.4	16.6 / 0.7
	瀬戸内	18.8 / 34.7 / 23.1			7.6	13.8 / 2.0
	東海	8.2 / 52.0 / 10.9			13.2	15.0 / 0.7
	北陸	16.8 / 40.8 / 12.8			9.4 / 4.1	16.1 / 0.2
	京葉	20.8 / 13.0 / 41.5			15.4	9.1

0　　　20　　　40　　　60　　　80　　　100%

□ 金属　■ 機械　■ 化学　■ 食料品　■ 繊維　■ その他

❺ ハイテク産業

1980年代から高度先端技術（ハイテク）の知識集約型産業が発展。

□【　シリコンアイランド　】…**九州の大分**，**熊本**，**宮崎**，**長崎**などでは工業用地・用水，きれいな空気や労働力に恵まれ，臨空港指向型のIC工場が増えた。東北地方もIC工場が増え，東北自動車道はシリコンロードと呼ばれている。近年は韓国・台湾との競争が激しくなっている。

□【　先端技術産業　】…最先端の技術を駆使して工業製品などを生産する産業のこと。主な分野としては，生物の持つ機能を利用するバイオテクノロジー，極めて微小な世界を扱うナノテクノロジー，ファインセラミックスなどを製造する新素材産業，エレクトロニクス技術を機械に応用したメカトロニクス，ほかに航空・宇宙産業も挙げられる。

●【　バイオテクノロジー　】…生物，あるいは生物の持つ機能を利用，応用する技術で，農業，医療，環境などの分野で応用が期待され，各国が技術開発にしのぎを削っている。

●【　ナノテクノロジー　】…10億分の1メートル単位の微小な量を計測，加工する技術で，ITやバイオ，材料分野への応用が期待される。

❻日本の農業

　日本の農業は零細な兼業農家が多く，年々就業人口は減っている。米作は1960年以降，作付面積，収穫量は減少している。小麦や大豆も輸入量の増加とともに減少し，それぞれの自給率は小麦15％，大豆7％である（2015年概算）。各国・地域との貿易協定の締結次第で，乳製品・酒類を含め今後の農産物需給動向への影響が懸念される。

●農作物の生産地（百t，（　）は％）

米（2020年）	小麦（2020年）	ばれいしょ（2019年）
新潟………666,800(8.6) 北海道……594,400(7.7) 秋田………527,400(6.8) 山形………402,400(5.2) 宮城………377,000(4.9) 福島………367,000(4.7) 茨城………360,000(4.6) 全国計…7,763,0(100.0)	北海道…629,900(66.4) 福岡………56,900(6.0) 佐賀………39,100(4.1) 愛知………29,800(3.1) 三重………23,100(2.4) 群馬………22,200(2.3) 滋賀………20,900(2.2) 全国計…949,300(100.0)	北海道…18,900(78.8) 全国計…23,990(100.0)
かんしょ（2020年）	大豆（2020年）	だいこん（2019年）
鹿児島……2,147(31.2) 茨城………1,820(26.5) 千葉………902(13.1) 全国計……6,876(100.0)	北海道……930(42.5) 宮城………188(8.6) 福岡………103(4.7) 佐賀………101(4.6) 秋田………87(4.0) 全国計……2,189(100.0)	北海道…161,900(12.5) 千葉……142,300(10.9) 青森……121,600(9.4) 鹿児島…93,900(7.2) 神奈川……76,000(5.8) 全国計…1,300,000(100.0)
キャベツ（2019年）	たまねぎ（2019年）	トマト（2019年）
群馬……275,300(18.7) 愛知……268,600(18.2) 千葉……110,800(7.5) 茨城……105,600(7.2) 鹿児島…77,200(5.2) 全国計…1,472,000(100.0)	北海道…842,400(63.1) 佐賀……138,100(10.4) 兵庫……100,100(7.5) 全国計…1,334,000(100.0)	熊本……133,400(18.5) 北海道…61,000(8.5) 愛知……43,900(6.1) 茨城……43,400(6.0) 栃木……34,800(4,8) 全国計…720,600(100.0)

プラス+α　減少する米の国内消費量

食生活の変化に伴い，米の消費量は減少し続けている。2019年度の国民1人あたりの消費量は53kgで，これは，戦後のピーク時（1967年度）の半分以下である。過剰米が増えたために減反政策がとられてきたが，この政策は2018年度に廃止された。今後は，安い外国産米との競争に勝ちぬく方策が求められる。新貿易協定を結ぼうとすれば，米に高い関税をかけ続けることは困難だと予測されるからである。

●果実の生産地 （2019年） (t, （ ）は%)

みかん[1]	日本なし	ぶどう
和歌山… 156,600(21.0)	茨城…… 20,000(9.5)	山梨…… 36,900(21.4)
愛媛…… 125,400(16.8)	千葉…… 19,300(9.2)	長野…… 31,700(18.4)
静岡…… 85,900(11.5)	栃木…… 18,100(8.6)	山形…… 16,400(9.5)
熊本…… 80,700(10.8)	福島…… 16,000(7.6)	岡山…… 15,800(9.1)
長崎…… 54,000(7.2)	鳥取…… 14,700(7.0)	福岡…… 7,640(4.4)
佐賀…… 47,800(6.4)	長野…… 12,800(6.1)	北海道… 6,900(4.0)
広島…… 28,000(3.7)	福岡…… 8,420(4.0)	全国計… 172,700(100.0)
愛知…… 24,600(3.3)	熊本…… 8,350(4.0)	**かき**
福岡…… 20,600(2.8)	全国計… 209,700(100.0)	和歌山… 43,400(20.8)
三重…… 18,400(2.5)	**西洋なし**	奈良…… 31,300(15.0)
全国計… 746,700(100.0)	山形…… 18,900(65.4)	福岡…… 16,600(8.0)
りんご[2]	新潟…… 2,140(7.4)	岐阜…… 14,300(6.9)
青森……409,800(58.4)	青森…… 1,940(6.7)	愛知…… 10,500(5.0)
長野……127,600(18.2)	長野…… 1,490(5.2)	新潟…… 10,200(4.9)
岩手…… 45,900(6.5)	福島…… 634(2.2)	全国計… 208,200(100.0)
山形…… 40,500(5.8)	全国計… 28,900(100.0)	**うめ**
福島…… 23,200(3.3)	**もも**	和歌山… 57,500(65.3)
秋田…… 23,100(3.3)	山梨…… 30,700(28.5)	群馬…… 4,240(4.8)
北海道… 8,050(1.1)	福島…… 27,000(25.0)	全国計… 88,100(100.0)
群馬…… 8,040(1.1)	長野…… 12,000(11.1)	**くり**
全国計… 701,600(100.0)	山形…… 9,350(8.7)	茨城…… 3,090(19.7)
すもも	和歌山… 7,080(6.6)	熊本…… 2,810(17.9)
山梨…… 5,420(29.9)	岡山…… 6,390(5.9)	愛媛…… 1,350(8.6)
長野…… 2,720(15.0)	全国計… 107,900(100.0)	全国計… 15,700(100.0)
和歌山… 2,020(11.2)	**キウイフルーツ**	**びわ**
山形…… 1,890(10.4)	愛媛…… 6,000(23.7)	長崎……… 1,120(32.7)
全国計… 18,100(100.0)	福岡…… 5,230(20.7)	千葉…… 547(15.9)
おうとう（さくらんぼ）	和歌山… 3,040(12.0)	鹿児島…… 255(7.4)
山形……11,900(73.9)	神奈川… 1,480(5.8)	
北海道… 1,490(9.3)	静岡…… 949(3.8)	全国計…… 3,430(100.0)
全国計… 16,100(100.0)	全国計… 25,300(100.0)	

❼ 日本の水産業

　1970年代以降，各国の200カイリ水域設定と石油ショックの燃料費高騰で遠洋漁業の漁獲量が激減。さらに90年代には公海上の流し網漁の操業規制と北洋漁場でのさけ・ます漁業の撤退などにより遠洋漁業は大きく後退した。沖合漁業もマイワシの不漁で減少。日本の200カイリ水域内の水産資源保護のため養殖や栽培漁業が重視されている。

●日本の漁業種類別漁獲量の推移

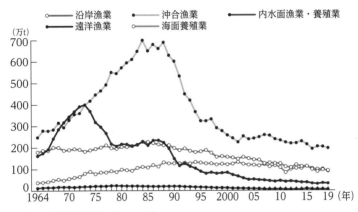

●主な漁港別水揚量 （2019年）

(単位：千t)

銚子（280）	釧路（173）	焼津（171）	石巻（99）	境（92）

●魚介類の需給量

(単位：千t)

年	国内生産量	輸入量	輸出量	国内消費仕向量	粗食料	飼料用	自給率（%）
1980	10,425	1,689	1,023	10,734	7,666	3,068	97.1
1990	10,278	3,823	1,140	13,028	8,798	4,230	78.9
2000	5,736	5,883	264	10,812	8,529	2,283	53.1
2018	3,952	4,049	808	7,154	5,646	1,478	55.2

 プラス+α　輸入割合が増える水産物

日本は，1971年以降水産物輸入国となり，現在では輸入額が世界2位で，世界の9.7％を占めている（2018年）。主な輸入相手国は中国，チリ，アメリカ合衆国，ベトナム，ロシア，ノルウェー，タイなど（2020年）。国内自給率は50％台で推移している。

地理の 50 問スコアアタック

Question

□1 世界の大地形は3つに分類でき，形成時代が先カンブリア代は ①，古生代は ②，中生代以降は ③ という。

□2 次の川と湖を代表例とする地形は何か。
 ① ：テムズ川
 ② ：サロマ湖

□3 扇状地の河川水は ① で地下に浸透するが，② で再び ③ する。① の河川は伏流し，④ になる。

□4 カルストの溶食後に残った土壌を何というか。

□5 サバナはオリノコ川流域では ①，ブラジル高原では ② と呼ばれている。

□6 ウランバートル，アンマンの都市が属している気候は何か。

□7 次の特徴のある気候は何か。
 ① ：偏西風と暖流の影響，冬温暖
 ② ：夏は高温乾燥，冬は温暖湿潤

□8 次のハイサーグラフが示している気候は何か。

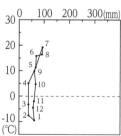

□9 次の特徴のある土壌は何か。
 ① ：玄武岩が風化，ブラジル高原
 ② ：アルミナを多量に含有

Answer

1 ①安定陸塊
 ②古期造山帯
 ③新期造山帯

2 ①エスチュアリ（三角江）
 ②ラグーン

3 ①扇央　②扇端
 ③湧水　④水無川

4 テラロッサ
 果樹栽培に利用

5 ①リャノ
 ②カンポ

6 ステップ気候（BS）

7 ①西岸海岸性気候（Cfb）　② 地中海性気候（Cs）

8 冷帯（亜寒帯）湿潤気候（Df）
 モスクワのハイサーグラフ

9 ①テラローシャ
 ②ラトソル

□**10** コソボ紛争で対立していた民族を挙げよ。

10 セルビア人とアルバニア人

□**11** 北アイルランド紛争で1998年，イギリス，アイルランド両首相が提案した和平案に合意した。このことを何というか。

11 ストーモント合意

□**12** スリランカでは仏教徒の ① と北東部に住むヒンドゥー教徒の ② の民族対立があったが，2009年に内戦は終結した。

12 ①シンハラ人 ②タミル人

□**13** 日本の人口構成は戦後一時期，典型的な ① 型だったが，現在は出生率が低下し ② 型から， ③ 型へ移行しつつある。

13 ①富士山 ②釣鐘 ③つぼ
少子化，高年齢人口の増加による。さらにひょうたん型になりつつある

□**14** 赤道上と経線方向以外の大圏航路がすべて曲線となる図法は何か。

14 メルカトル図法

□**15** かんがい用地下水路のことを，イランでは ① ，北アフリカでは ② ，アフガニスタンでは ③ と呼んでいる。

15 ①カナート ②フォガラ ③カレーズ

□**16** 北西ヨーロッパで冬作物，夏作物，休耕と輪作する農業を何というか。

16 三圃式農業
輪栽式混合農業

□**17** 飼育原料として需要が高く，アメリカが生産量世界一で，日本の輸入量が最も多い農作物は何か。（2019年）

17 とうもろこし

□**18** 中国の華中・華南で世界一の生産量を誇る農作物は何か。（2019年）

18 米
アジア原産

□**19** 1973年，79年の2度の石油危機はそれぞれ何を契機にして起きたか。

19 第4次中東戦争 イラン革命

□**20** ダモダル炭田，モウラ炭田はそれぞれどこの国か。

20 インド オーストラリア

□**21** 中国のシェンチェン（深圳）などの沿海地域は，外国資本導入のため経済的優遇措置がとられる ___ に指定されている。

21 経済特区
アモイ，スワトウ，シェンチェン，チューハイ，ハイナン島

□**22**　1次エネルギー供給で以下の国の最も割
合の大きいものは何か。(2018年)

　中　　国：①

　イギリス：②

　フランス：③

□**23**　表はある鉱産資源の産出国上位3位であ
る。①と②の鉱産資源は何か。(2017年)

	①	②
1位	オーストラリア	中国
2位	中国	インドネシア
3位	ギニア	ミャンマー

□**24**　世界で初めてトロール漁法が開発された
のはどの漁場か。

□**25**　大西洋北西部漁場を流れている寒流と暖
流を挙げよ。

□**26**　酸性雨の原因となる工場などから排出さ
れる汚染物質は何か。

□**27**　熱帯林，温帯林，冷帯林で森林面積が大
きい順に並べよ。

□**28**　表はある国の輸出入額の上位3品目を示
している。該当する国はどこか。(2019年)

輸出（百万ドル）		輸入（百万ドル）	
機械類	387,016	機械類	733,573
自動車	129,202	自動車	305,633
石油製品	93,209	医薬品	179,515

□**29**　東南アジアで唯一のOPEC加盟国であっ
たのはどこか。

□**30**　アジア・太平洋諸国で，域内の貿易自由
化を目的に，1989年に設立された国際会議
は何か。

22　①石炭

　②天然ガス

　③原子力

フランスは発電量の45%
近くを原子力に依存

23　①ボーキサイト

　②すず鉱

24　大西洋北東部漁場

イギリスが開発

25　寒流：ラブラド
ル海流，暖流：メ
キシコ湾流

26　硫黄酸化物，窒
素酸化物

27　熱帯林，冷帯林，
温帯林の順

28　アメリカ合衆国

貿易赤字国

29　インドネシア

2008年に脱退

30　APEC（アジア
太平洋経済協力会
議）

□**31** 近年経済発展が著しいブラジル，ロシア，インド，中国，南アフリカ共和国の5か国を総称して何というか。

31 BRICS（ブリックス）

□**32** 被植民地の影響を残す中南アフリカ諸国の経済を何というか。

32 モノカルチャー経済

□**33** 内戦後の南北和平合意に基づき和平プロセスが進められ，住民投票の結果2011年に独立し国連加盟したアフリカの国はどこか。

33 南スーダン共和国
アフリカ54番目の国家

□**34** 南ア共和国の人種隔離政策である①は，国際社会の批判を浴びて②年に廃止。

34 ①アパルトヘイト ②1991

□**35** イタリアは①・②・③を結ぶ北部三角地帯を中心に，④の水力資源を利用して⑤工業が発達している。

35 ①トリノ ②ミラノ ③ジェノヴァ ④アルプス ⑤重化学

□**36** スペインのメセタが原産地である羊の品種は何か。

36 メリノ種

□**37** ハンガリーの豊かな穀倉地帯を形成している草原を何というか。

37 プスタ
ステップの一種

□**38** 1991年に発足した独立国家共同体の略称は何か。

38 CIS

□**39** アメリカ合衆国の北緯37度以南で，TVAの開発や石油産出により工業化が進んだ地域を何というか。

39 サンベルト
1970年代から発展

□**40** 2020年，NAFTA（北アメリカ自由貿易協定）を抜本改定した新協定を何というか。

40 USMCA（米国・メキシコ・カナダ協定）

□**41** 自由貿易市場をめざし，1995年に発足した南米南部共同市場は通称を何というか。

41 MERCOSUR（メルコスール）

□**42** オーストラリアのグレートアーテジアン（大鑽井）盆地で被圧地下水を汲み上げる方法は何か。

42 掘り抜き井戸

□**43** フォッサマグナで分けられた西南日本を縦断する大断層線は何か。

□**44** 次の山や湖を代表例とする地形は何か。

$\boxed{①}$：富士山

$\boxed{②}$：キラウエア山

$\boxed{③}$：中禅寺湖

□**45** 春と秋に移動性高気圧として日本に来る気団は何か。

□**46** 表は日本の輸入品目の輸入先と総額に対する割合を示している。①と②の輸入品目を挙げよ。（2020年）

①	(%)	②	(%)
ドイツ	31.7	中国	54.1
アメリカ	9.6	ベトナム	16.0
タイ	8.9	バングラデシュ	4.1

□**47** 鉄鋼・石油精製業の立地条件に適しているのは何指向型工業か。

□**48** 次の地区に共通する工業の業種は何か。

$\boxed{①}$：君津，福山

$\boxed{②}$：岡谷，諏訪

□**49** おうとう，かき，ももの生産量が1位の都道府県はそれぞれどこか。（2019年）

□**50** 日本で生産量が最も多い漁業種類は何か。（2019年）

43 中央構造線
（メジアンライン）

44 ①成層火山
②楯状火山
③せき止め湖

45 揚子江気団
大陸性

46 ①自動車
②衣類
ドイツは①の生産量世界4位（2020年），②は中国，ベトナムともに輸出品目の第2位（2019年）

47 臨海指向型

48 ①鉄鋼
②精密機械

49 山形県，和歌山県，山梨県

50 沖合漁業

地理の50問スコアアタック得点		
第1回（　／　）	第2回（　／　）	第3回（　／　）
／50点	／50点	／50点

人文科学

思想

重要テーマ BEST 10

本試験の出題傾向から，重要と思われるテーマをランキングした。学習の優先順位の参考にしよう。

1 日本の近代思想

P.223

近代国家の体制づくりが急がれる状況で，天賦人権説の立場から平等主義を主張した福沢諭吉，自由民権運動を推進した中江兆民，キリスト教徒の立場にある内村鑑三と新渡戸稲造，民本主義の吉野作造などだけでなく，夏目漱石や森鷗外などの思想も幅広く出題され，注目度が高まっている。

2 西洋の近代思想

P.200~205

ベーコンとデカルトに代表される経験論と大陸合理論の比較は繰り返し出題される定番問題。2つの潮流は相互に影響を及ぼし合って西洋哲学の基礎となっている。カントやヘーゲルの段階まで進むと論理を追いかけるのも大変だが，キーワードの定義を丁寧に見ていくと対応もしやすい。

3 中国の思想家

P.216~219

いわゆる諸子百家を扱う問題で，過去問練習の効果が期待できるテーマ。しかし，性善説の孟子，性悪説の荀子と，言葉のイメージにとらわれると誤りやすい。理想主義と現実主義の対立というように，自分なりに説明を補うように心がけよう。

4 江戸時代の思想家 P.221~222

　かつては儒学者中心の出題が多かったが，二宮尊徳，佐久間象山，山崎闇斎など取り上げられる思想家のバラエティーが豊かになってきている。西洋化される前の日本思想を確認できるだろう。

5 鎌倉新仏教 P.220

　法然の専修念仏，親鸞の絶対他力，道元の只管打坐，日蓮の法華経というように，それぞれの主張を特徴的に表すキーワードは必修事項。余力があれば鎌倉時代前後の仏教も見ておこう。

6 社会契約説 P.202

　ホッブズ，ロック，ルソーのそれぞれの主張は表形式などで効率よく覚えられる。さらに一歩進んで自然状態のとらえ方や契約内容に踏み込むと，政治思想の変化の理解を深められる。

7 実存主義 P.206~209

　ニーチェのように他の思想家と極端に異なる人物を中心に置き，他の思想家たちを対比させると記憶に残りやすい。各人の警句も解答の手がかりとして役立つ。

8 西洋現代思想 P.210~215

　構造主義やポスト構造主義だけでなく，フランクフルト学派の流れを汲む現代社会論やコミュニケーション論，社会的正義をめぐる議論などの出題が予想される。

9 西洋古代の思想 P.196~199

　ソクラテス，プラトン，アリストテレスの思想が中心。アリストテレスの論理学は中世のスコラ哲学にも影響を及ぼしている。

10 日本の民衆の思想 P.222

　江戸時代の石井梅岩，安藤昌益，近代の柳田國男など民衆を教化した思想家や民衆の文化・思想の研究者も要チェックである。

頻出度
B 西洋の古代・中世思想

学習の
ポイント

◎著作を残さなかったソクラテスの思想はプラトンによって伝えられ，ア
リストテレスもプラトンに長く学んだという関係性を重視。
◎ルネサンス以降の人文主義も一通り見ておこう。

❶ 自然哲学者たち —— 万物の根源（アルケー）の追求が特色

タレス 前640年頃～前546年頃	万物の根源は 「**水**」	自然哲学の祖
アナクシマンドロス 前610年頃～前546年頃	万物の根源は 「**無限定なもの**」	タレスの弟子
アナクシメネス 前585年頃～前528年頃	万物の根源は 「**空気**」	アナクシマンドロス の弟子
ピタゴラス 前582年頃～前497年頃	万物の根源は 「**数**」	**霊魂不滅説**
ヘラクレイトス 前540年頃～前475年頃	「**万物は流転する**」	火→空気→水→土
デモクリトス 前460年頃～前370年頃	万物の根源は 「**原子**」	**原子論**の創始者

❷ ソフィストの出現 —— 社会や人間のあり方の追求

プロタゴラス 前500年頃～前430年頃	「**人間は万物の尺度**」	ソフィストの祖
ゴルギアス 前483年頃～前376年頃	知識否定論	代表的なソフィスト

❸ ヘレニズム期の思想家 —— 個人主義，世界市民の意識

　エピクロス派とストア派はともに心の平静を求めたが，前者は快楽を
善とし，後者は徳を善とするなど，正反対の主張を展開した。

エピクロス 前342年頃～前271年頃	アタラクシア❶の 理想	快楽主義
ゼノン 前335年頃～前263年頃	アパティア❷の理想	禁欲主義

❶ 魂の平安　　❷ 情念に動かされない状態

❹ ソクラテス（前469年頃〜前399年）― 無知の知

□【 無知の知 】…『汝自身を知れ』

　　デルフォイの「ソクラテスより知恵のあるものはいない」という神託に対し，自分より賢い人間を見つけようとして**問答**を通じ「**無知の知**」を自覚する。

□【 問答法 】…対話を通じて真の知に達する←「対話法」「産婆術」

□【 善く生きる 】…人間の「徳（アレテー）」の復権を試みる←「うまく生きる」処世術を説くソフィストと対立。

□【 魂への配慮 】…知徳合一／知行合一／福徳一致をめざす。←愛知（フィロソフィア）の営みによって魂をより優れたものにする。

❺ プラトン（前427〜前347年）― イデア論

　ソクラテスの後継者。たえず移り変わる経験の世界を超えた永遠に変化しないイデアの世界の実在を考えた。

□【 イデア 】…もとは，姿，形の意であるが，プラトンは理性によって把握される**事物の本質**をイデアととらえた。不変不滅の理性的な形がイデアである。

□【 善のイデア 】…最高のイデア。←理想的国家像（哲人政治）を提唱。

□【 魂の三機能と徳 】…人間を不滅の理性，肉体の消滅とともに滅びる意志と情欲に三分。それぞれの徳を**知恵，勇気，節制**とし，理性の支配により調和して魂全体に正義の徳が成り立つとした。

□【 国家の三機能と徳 】…個人の場合と同様，ポリスを形成する**哲人**（支配者）の知恵ある統治の下，**武人，庶民**が，勇気ある戦い，節制ある生産の徳を発揮するとき国家の道徳的秩序が保たれ正義が実現する。

□【 アカデメイア 】…政治家（哲人）の養成を目的として設立した学園。

プラス+ α テオーリア（観想）

古代ギリシア哲学で話題となるテオーリアは幅の広い概念で，たとえばピタゴラス学派では，数の超感覚的な規定原理で宇宙から人間までの一切を論証しようとした。

日本史

世界史

地理

思想

文学・芸術

❻ アリストテレス（前384〜前322年）— エイドス論

プラトンの弟子。**真の実在**は超越的イデア界ではなしに，変動する現実（個々の事物や人間）のうちに含まれると考え，師のイデア論を批判。

□【　形相と質料　】…形相は個々の事物に内在する。←形相を現実化する素材を**質料**と名づけた。（例：形相＝家屋，質料＝石，材木）

□【　中庸の徳　】…**両極端**（過多と過少）を悪とし，その中間（中庸）に価値を求める考え方で，アリストテレスが重視した原理。たとえば，勇気は無謀と臆病の中庸に位置づけられる。

□【　国家論　】…アリストテレスにおいて，国家（ポリス）は個人に優先する。そのポリスを維持する原理は友愛と正義であり，共和制が最善の国家形態としている。「人間はポリス的（政治的）動物である」

□【　観想的生活　】…アリストテレスが最高善を実現するとした生活。享楽的生活，政治的生活の上位に置かれている。

□【　リュケイオン　】…古代の学問を集大成した学園←逍遥（ペリパトス）学派

❼ ソクラテス・プラトン・アリストテレスの業績比較

思想家	業績	著作
ソクラテス	ソフィスト批判	
プラトン	アカデメイア設立	『ソクラテスの弁明』『饗宴』『パイドン』『国家』『ポリティコス』
アリストテレス	リュケイオン設立	『形而上学』『ニコマコス倫理学』『政治学』

❽ ルネサンス期の思想

□【　ルネサンス　】…ギリシア・ローマの古典を「**再生**」することによって**中世のキリスト教的世界観**からの個人の解放をめざした。「文芸復興」と訳す。ダンテ（1265〜1321年）の『神曲』が先駆け。運動の担い手を**人文主義者**(ヒューマニスト)という。宗教改革とともにヨーロッパの近代精神の源流となった。

□【　人間中心主義　】…人文主義では人間性の肯定→自主独立の個人の自覚（個性の自覚と発揮を求める）

❾ ルネサンス期の代表的人物と活動

思想家	主著・作品	活動内容
ピコ・デラ・ミランドラ 1463 ～ 94年 イタリア	『人間の尊厳について』	自主的に自分の生き方を決定できるところに人間の尊さがあると主張
レオナルド・ダ・ヴィンチ 1452 ～ 1519年 イタリア	「最後の晩餐」「モナ＝リザ」	絵画, 物理学, 天文学, 植物学, 土木工学など各分野で活躍。「万能の人」
エラスムス 1466 ～ 1536年 ネーデルラント	『愚神礼讃』	聖書文献学の開拓者。**職業的僧侶の生活を批判**, 生活の指導原理として理性尊重を訴えた
マキャヴェリ 1469 ～ 1527年 イタリア	『君主論』	政治学者, 政治家。宗教も道徳も政治の手段として利用する「権謀術数主義」を主張
トマス・モア 1477 ～ 1535年　イギリス	『ユートピア』	私有財産制度, 第一次囲い込みを批判

❿ 仏教

古代インド社会→バラモン教：個人の本体としてアートマン（永遠不変の我）があり, 世界の最高原理であるブラフマンとの一体化を求めた。

現実をありのままに見て, 真理を見いだし, それに従って生きる ＝仏教：諸行無常
無常・無我の法

解脱と慈悲 ＝我執の心を断ち切るための修行が八正道（正見・正思・正語・正命・正業・正精進・正念・正定）

プラス+ α

Question アリストテレスは［ 1 ］と［ 2 ］による連続した世界観を唱えたが, これは彼の師である［ 3 ］の考えた現象界と［ 4 ］界の［ 5 ］的世界観に対立するものであった。

Answer ［ 1 ］形相（エイドス）［ 2 ］質料（ヒュレー）［ 3 ］プラトン
［ 4 ］イデア ［ 5 ］二元論

頻出度 A 西洋近代思想

学習のポイント

◎経験論の思想家たちは主張が具体的でポイントをおさえやすい。各人の特徴をまとめた上で合理論と対比させてみよう。

◎思想家たちの生きた時代も検証すると，主張の理解も深まる。

❶ イギリス経験論

感覚的経験・観察を根拠とする合理的精神。F.ベーコン→ロック（1632 ～ 1704年）『人間悟性論』→バークリー→ヒューム（1711 ～ 76年）『人性論』と受け継がれた。

❷ フランシス・ベーコン（1561 ～ 1626年）イギリス

イギリス経験論の祖。自然科学の実証的・合理的態度を学問研究の方法として確立した（4つの「イドラ（偶像）」の除去）。←自然を観察し実験して**自然法則**をとらえる。主著に『**ノーヴム・オルガヌム**』。

□【　知は力なり　】…印刷術・火薬・羅針盤の三大発明の影響を目の当たりにし，知識こそが時代の生み出す偉大なものと考えた。

□【　4つのイドラ　】…人間の**先入観**・偏見をいう。先入観なしに自然をありのままに観察・判断するため除去することが大切とした。

種族のイドラ	人類に普遍的な，感覚の特質などから生じる偏見
洞窟のイドラ	各人の性癖・体験など，個人的立場から生じる偏見
市場のイドラ	他人の言葉・噂と，自分の直接的経験とを混同することから生じる偏見
劇場のイドラ	自分で観察・思索せず，権威・伝統を盲信することから生じる偏見

□【　帰納法　】…観察で得られた個々の経験的事実から，共通する事項を見つけ，**普遍的な法則**を見いだす学問の方法。

❸ 大陸合理論

人間の理性による思考を重視した合理的精神。イギリス経験論に対置される。フランスのデカルト→ドイツのライプニッツ（1646 ～ 1716年）多元論の立場からの「単子論」→オランダのスピノザ（1632 ～ 77年）一元論的立場からの汎神論『エチカ』へと受け継がれた。

❹ デカルト（1596 ～ 1650 年）フランス

大陸合理論の祖。「およそ世にあるものでもっとも公平に分配されているものは良識（理性）である」と考え，人間の理性で明らかにとらえられるものが真理であるとした。主著に『**方法序説**』『哲学原理』『情念論』『省察』。

□【　演繹法　】…普遍的な事柄から特殊なことを導き出す方法。

●真理探究の４つの規則

明証の規則	明証的に真であると認めるもののみを真とする
分析の規則	問題のおのおのを必要なだけ小部分に分割する
総合の規則	単純から複雑へ段階的に認識を総合，高めていく
枚挙の規則	見落しがないか確信できるよう完全に列挙する

□【　われ思う，ゆえにわれあり（コギト・エルゴ・スム）　】…『方法序説』にある言葉。疑っている自分の思考が存在することだけは疑いえない←近代的自我の確立←真理探究の出発点として，だれが・どのように疑っても，絶対に疑う余地のないことがら。[＝方法的懐疑]

□【　物心二元論　】…思惟を属性とする精神と，延長（広がり）を属性とする物質の２つの存在を認める←自我（理性・精神）と物質としての肉体をもつ人間を指定する。

□【　普遍数学　】…数学的方法を学問の普遍的な方法と考え，悟性の作用である**直観**と**演繹**に基づく認識こそが確実だと主張した。

❺ モラリスト

人間の本性や真の生き方（モラル）を形式にとらわれず，自由に追求。

モンテーニュ　1533 ～ 92 年 フランス	『エセー』	われ，何をか知る
パスカル　1623 ～ 62 年 フランス	『パンセ』	人間は…考える葦である

プラス+α『ノーヴム・オルガヌム』

中世スコラ哲学で，信仰の理論化の道具とされたのがアリストテレスの論理学。一括して当時「機関」と呼ばれていた。F.ベーコンは，自著を新しい学問の方法論としての自負を込め「新機関（ノーヴム・オルガヌム）」と命名している。

・モンテーニュの『エセー』からエッセイという文学ジャンルが成立。

・パスカル→カトリックの一派である**ジャンセニスト**に同調

　　『パンセ』の第1部は「神なき人間の悲惨」

　　　　　　　第2部は「神とともにある人間の至福」を豊富な引用例
　　　　　　　を用いて説いている。

　　スピノザ＝汎神論を成立させる

　　　　　└──→世界を神に没入させ，一体化する

　　　主著『エチカ』第1部が形而上学

　　　　　　　　第2部が心理学

　　　　　　　　第3部が倫理学（情念論が前置されている）

　　　人間の最高の善と幸福は何かを解明する著作

❻ 社会契約説

	ホッブズ イギリス	ロック イギリス	ルソー フランス
時代	1588 ～ 1679年	1632 ～ 1704年	1712 ～ 78年
人間観	どんなこともする利己的存在	神の被造物。社会的，理性的存在	自己愛と思いやりを持つ自然人
自然権	自己保存の権利	生命，自由，財産所有の権利	素朴な自然人として生きる権利
自然状態	万人の万人に対する戦い	自由，平等と平和が**比較的**保たれた状態	自由，平等と平和が**理想的**に保たれた状態
社会契約の方法	**自然権を放棄して**君主（主権者）に服従し，その保護を受ける	**自然権を政府に信託**するが，抵抗権を持つ	**一般意志**（理性的な共通の意志）を，**直接民主制**によって実現する
政治への影響	王権神授説にかわる合理的根拠。絶対王政を擁護。主権在君	名誉革命を理論づけた。主権在民	人民主権の立場から鋭い社会制度・文明批判。フランス革命の導火線
著作	『リヴァイアサン』	『市民政府論（政府二論）』『人間悟性論』	『社会契約論』『人間不平等起源論』『エミール』

・ホッブズ＝絶対主権を設定する目的は，人間の自己保存であるとした。

・ロック＝生得観念を否定→人間の心は白紙（タブラ・ラサ）

　　　　　↓
　　　　感覚と内省という2種類の経験を通じて単純観念を獲得。

　　　　単純観念が組み合わされて複合観念が作られる

・ルソー＝『エミール』において，子供を小さな大人としてではなく，
　　　自然が示した道に従って教育することを主張。
　　　　　　　　　　　　↓
　　　近代教育思想に大きな影響を与えた。

ロックの『人間悟性論』→認識論の課題を提示
　　　　　　　　　　　　　↓
　　　　　カント『純粋理性批判』
　　　　　　　　　　　　　↓
　　　　「主観―客観」という思惟方式が定式化された

❼ カント（1724 ～ 1804 年）ドイツ

　経験論と合理論を総合し**批判哲学（ドイツ観念論）**を樹立。認識は直感と思考から成り立ち，前者は**感性**，後者は**悟性**として機能し，両者が相まって認識が成立するとした。道徳説に反映し，人格主義に発展。ドイツ観念論は，カント→フィヒテ（1762 ～ 1814年）→シェリング（1775 ～ 1854年）→ヘーゲルへと受け継がれる。

純粋理性批判		実践理性批判		判断力批判
感性と悟性を定義		格律と道徳批判→命法		判断力は悟性と理性の中間に位置する
感性	悟性	仮言命法	定言命法	規定的判断力反省的判断力
人間の心に入り込む対象を受容し直感する能力	認識の素材に総合的統一を与えるもの	特定条件下の命法	条件なしの命法	自然の合目的性との関連が問題

□【　目的としての人格　】…「なんじの人格およびあらゆる他の者の人格における人間性を，つねに同時に目的として取り扱い，けっして単に手段としてのみ取り扱わないように行為せよ」←「人格」は，絶対的価値を持つ**目的そのもの**＝目的の王国。

□【　先験的観念論　】…これまでは　認識は対象に基づく
　　　　　　　　　　　　　　　　　　↑
　　　　　カント：対象は認識に基づく
　　　　思考方式の「コペルニクス的転回」

人間の主観のうちに認識の先天的な諸形式があり，これらによって認識が形成されると主張。

❽ヘーゲル (1770 〜 1831年) ドイツ

ドイツ観念論の完成者。「理性的なものこそが**現実的**であり，現実的なものこそが**理性的**である」。**弁証法哲学**を構築し，後のマルクス主義に影響を与えた。主著に『精神現象学』『法の哲学（法哲学綱要）』『歴史哲学講義』。

□【 弁証法 】…論理的手法としては古代ギリシャの時代からあった。ヘーゲルは「自己自身を自己吟味し，自己自身で自己の限界性を規定しつつ，内在的に自己止揚していく思惟の運動」（廣松渉）として『精神の現象学』で「規定された否定」を展開している。彼の哲学は主客一体の絶対者を厳密な論理でとらえようとするものである。

□【 人倫 】…自由な意志としての個別的な人格である「法」と道徳が一体化したものが「人倫」であり，現実においては社会および国家の諸制度として現れる。

❾ 功利主義

個人の快楽を社会全体の幸福と調和させ，その実現をめざす思想。基本定義として，快楽＝幸福＝道徳的善，苦痛＝不幸＝道徳的悪。

	ベンサム　1748 〜 1832年　イギリス	J.S.ミル　1806 〜 73年　イギリス
立場	量的功利主義／**快楽は量**。計算可能	質的功利主義／**快楽は質**。計算不可能
主張	個人の快楽の総計が社会全体の幸福である。「最大多数の最大幸福」	快楽には低級（感覚的）なものと高級（精神的）なものがあり，高級な快楽がより価値が高い。「満足した豚であるよりも，不満足な人間であるほうがよい」
利己的行動の規制	**外的制裁**／自然（物理）的制裁・法律（政治）的制裁・道徳（社会）的制裁・宗教的制裁	**内的制裁**／人間の本性には良心があり，これに背く行動をしたことへの苦痛が与えられる
著書	『道徳および立法の諸原理序説』	『功利主義論』『自由論』

●ベンサム

社会全体のことを配慮するという，イギリス固有の道徳観を定式化。彼の快楽計算には，強度・持続・確実性・近接・豊かさ・純粋さ・範囲の７つの基準が設けられ，功利主義に科学的で客観的な基礎を与えようとした。

●J.S.ミル

　父親が熱心なベンサム理論の信奉者で,「観念連合」の理論を導入して息子を教育。

息子は20歳のときに父の教育への反動で精神的危機に陥った。
　　↓
個人の自由と選択を重視

快楽の質的差別を導入

内的制裁として「良心の声」と「同胞感情」を挙げた。

❿ プラグマティズム

　アメリカで開花した実用主義。イギリス経験論・功利主義,ピューリタンの宗教的精神を背景とする。パース (1839 ~ 1914年) が初めて「プラグマティズム」の名称を用い,ジェームズ,デューイと受け継がれる。

□【　パース　】(1839 ~ 1914年) …カント哲学を学び,プラグマティズムを「人間の立てた一定の明白な目的と密接な関係を持つということを指示する言葉」と定義した。プラグマティズムを一般化したのはジェームズであるが,パースはジェームズの主張に批判的で,彼の主張と区別するため,自らのプラグマティズムを「プラグマティシズム」と再命名した。

□【　ジェームズ　】(1842 ~ 1910年) …真理は普遍的・絶対的ではなく個別的・相対的であるとし,実際的効果(有用性)で測られるとした。著書に『プラグマティズム』『心理学原理』。

□【　デューイ　】(1859 ~ 1952年) …知識や知性は,日常生活の中で問題を解決したとき真理とされ価値を持つ。理論的な概念だけでなく,真善美といった実践的な概念も課題や現象を解明する道具であるという概念道具説を提唱。著書に『哲学の改造』『民主主義と教育』『人間性と行為』。

プラス+α 日本人とヘーゲル哲学

西田幾多郎,和辻哲郎,田辺元といった人々は,ヘーゲル哲学の弁証法の枠組みを生かしながら,東洋思想に裏打ちされた独自の哲学・倫理学を構築した。

 頻出度 A 実存主義

試 験 別 頻 出 度　　■国家専門職　★★☆　　地上特別区　★☆☆
国家総合職　★☆☆　　地上全国型　★☆☆　　市 役 所 C　★☆☆
国家一般職　★☆☆　　地上東京都　★☆☆

> **学習のポイント**
> ◎人間の主体性のどこを強調しているかで各人の主張に差異が生じる。思想家の残した言葉を中心に整理していこう。
> ◎実存主義，現象学，生の哲学という用語は便宜的なので固執しない。

❶ 実存主義

社会組織の巨大化・機械化は人格の規格化，**主体性の喪失**といった人間疎外の状況を生み出した。こうした状況の中で，実存主義は，人間は**個別的存在**であって，抽象的な理論でその本質を一般化されるものではないとして，現実存在を重視し，人間性の回復をめざした。それはまた，近代合理主義的思想への批判でもあった。

❷ キルケゴール（1813 ～ 1855 年）デンマーク

キルケゴールは，深い個人的・内面的苦悩の中で，自分という存在，あるいは**近代人の絶望と対峙**し，主体的自己を回復しようとした。ただ１人で神の前に立たんとするキルケゴールの哲学は，**単独者の哲学**と称される。主著に『あれかこれか』『反復』『死に至る病』。

□【 **主体性が真理である** 】…実存する人間は，一つの本質に限定されない自由のもとにあり，自分なりの関係を自己の人格として生成させる実存的課題を負っていると主張した。

□【 **単独者に本来的な自己を見る** 】…主体的真理を求めて生きる者←他人とは異なる例外者←ただ１人神の前に立つ孤独な実存

□【 **実存の3段階** 】…単独者の心境への道筋

質的弁証法←ヘーゲルの弁証法とは異質

美的実存	無制限な欲望のとりことなって絶望←欲望や本能のままの感性的・享楽的生活
倫理的実存	誠実に生きようとして挫折←家庭人・市民・職業人として責任を持ち良心的に社会生活を営む生活
宗教的実存	神の前に自己を投げ出して生きる←絶望と罪の意識におののきながらも神の存在を信じる

❸ ニーチェ（1844 ～ 1900 年）ドイツ

　幼時からギリシア語文献に親しみ，若年でバーゼル大学教授。ショーペンハウアーの「盲目の意志」を説く哲学と，ワーグナーの音楽に傾倒した。主著に『悲劇の誕生』『反時代的考察』『悦ばしき知恵』『ツァラトゥストラはかく語りき』。

□【 **神は死んだ** 】…ニーチェは，19世紀のヨーロッパ社会は虚無と退廃と混乱の時代であると規定し，「神は死んだ」と表現した。

□【 **超人** 】…人間の退廃を克服する思想。超人とは神に代わる者として，人生を肯定したくましく生きようとする，「**力への意志**（＝強烈な生への積極的・創造的意志）」を実現する人。

□【 **永劫回帰** 】…最高の肯定の形式←神の死んだ世界：無限の時間の中で有限な力の組合せは必ず回帰する←**徹底的ニヒリズム**（虚無主義）

□【 **運命愛** 】…世界に存在する**一切を肯定**し，受け入れ，それを愛するという立場。「力への意志」がこの立場を実現すると説く。

ニーチェの「超人」

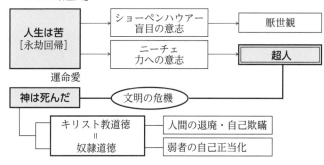

プラス+ α ニヒリズム

　ニーチェは，旧来の価値が崩壊したために，無意味な生存を無意味のまま生きるのが「受動的ニヒリズム」，将来の価値を見いだせないまま，既成の価値に反抗して破壊するのが「能動的ニヒリズム」だとした。

❹ ヤスパース（1883 〜 1969年）ドイツ

医師から心理学に転じ，M.ウェーバーに私淑して，のち哲学者となる。ユダヤ人の妻との離婚を拒否してナチスと対立，大学を追われる。戦後はスイスに移った。主著に『理性と実存』『哲学入門』。

□【　限界状況　】…人間の力では克服困難なぎりぎりの状況の死，苦しみ，争い，罪悪感，偶然の災難など。哲学的思索の始まり。

□【　超越者（包括者）　】…限界状況を自覚させる存在＝限界状況の壁に突き当たり，挫折して，人間の有限さを自覚させる（＝世界のすべてを包含した存在）。

□【　実存的交わり　】…超越者を通じ，真の自己に目覚めた人間が対立し合いながら，愛し合う交わり←真の実存に目覚めた人間は，他の実存と交わらねば，本当の自分になることはできないと自覚する。

❺ ハイデッガー（1889 〜 1976年）ドイツ

フッサールの弟子。ナチス政権下で協力的姿勢を示したため戦後追放されたが，西ドイツ成立後大学に復職。主著に『存在と時間』。

□【　気遣い　】…現存在を存在たらしめるもの。すなわち「我あり」の意味←過去・現在・未来に分岐し，事物に当たって現在の自分に立ち返ってくる。

□【　世界内存在　】…現存在＝自分の存在していることを理解できる存在で，かつ存在とは何かと問うことのできるもの。

□【　人間への頽落（たいらく）　】…非個性的で匿名の人←人間はいつか死なねばならぬ有限な者←死の不安を紛らすため気晴らしや享楽にふける現代人。

□【　先駆的決意性　】…死を先回りする決意←存在からの呼びかけ。「気遣い」に基づく良心の声。良心的な生き方で本来的自己への回帰。

❻ フッサール（1859 〜 1938年）オーストリア

現象学を提唱。意識の本質特性はその志向性（常になんらかの対象に関係し，それを思念すること）にあると確認。世界は認識主観にとって超越的な存在を持ち続けているが，こうした自然的態度を徹底的に検証・反省，超越的な存在について判断中止（エポケー）し，それでもなお明らかに残っている純粋な意識から，対象の本質を理解しようとした。主著に『論理学研究』『現象学的心理学』『受動的総合』。

❼ サルトル（1905 ～ 1980 年）フランス

　フッサール，ハイデッガーに学び，無神論の立場の実存主義を完成。人間の本性は存在しない←その本性を考える神が存在しないから。主著に『存在と無』『実存主義はヒューマニズムである』『嘔吐』。

□【　実存は本質に先立つ　】…人間とはこういうものであるという本質はなく，実存する状況と関係せずに**人間本質**の定義は成り立たない。

□【　自由と責任　】…自分の生き方を自分の責任で選択し，決定する自由を人間は持つ。したがって，その生き方に対して責任を持つことになる。←人間は自らつくるところのもの以外の何者でもない。

□【　アンガージュマン　】…**社会参加**を意味する←自分だけでなく，すべての人に対する責任（社会的責任）。

❽ ベルグソン（1859 ～ 1941 年）フランス

　フランス伝来の唯心論的実在論。晩年カトリック神秘主義。科学的成果にも目を向け，実証主義的・経験主義的形而上学とも呼ばれる。カント哲学に対抗し，超知性的直観による実在認識は可能と考えた。

□【　持続と直観　】…時間問題を重視する現代諸哲学への影響は大であった。主著に『時間と自由』『物質と記憶』『哲学的直観』。

❾ マルセル（1889 ～ 1973 年）フランス

　キリスト教実存主義と呼ばれ，新ソクラテス主義とも自称した。

□【　身体性の哲学　】…「所有」の放棄が「存在」への参与（＝聖性への道）←恣意的に処理しえない私の所有物である身体＝私を超える「存在」への**転換点**となる。主著に『存在と所有』『形而上学的日記』。

プラス＋α

Question Question
実存主義の先駆者［ 1 ］は，神の前の単独者として信仰を求め，一方ギリシア思想に学んだ［ 2 ］は「神は死んだ」としてキリスト教を否定した。限界状況を説く［ 3 ］が有神論であるのに対し，「実存は本質に先立つ」とした［ 4 ］は明白な無神論の立場をとった。

Answer　［ 1 ］キルケゴール　［ 2 ］ニーチェ　［ 3 ］ヤスパース
　　　　　［ 4 ］サルトル

◎実存主義と構造主義の対立，ポスト構造主義の登場，フェミニズム，ジェンダー論の展開などをチェックする。
◎科学技術の進歩がもたらす新しい思考様式も見ておこう。

❶ 構造主義

1960年代，「主体」を問題にする実存主義に対抗して現れた立場で，フランスなどで人間諸科学全体に展開。「構造」とは，事物の自然的関係ではなく，ある事物がそれによってほかの事物から区別され出現することになる「差異の体系」とみなされる。そうした構造が人間の社会的・歴史的活動において無意識のうちに事実的に形成されていると考える。

□【 **構造言語学** 】…20世紀初頭スイスの言語学者ソシュールが創始。言語の深層の不変的な意味（構造）を探り，記号的に把握。動態的には**通時**言語学，静態的には**共時**言語学←言語活動（ランガージュ）は，相互依存的なラング（＝社会制度としての言語）とパロール（＝現実上の個人の発話行為）に分けて観察される。

□【 **レヴィ＝ストロース** 】(1908 ～ 2009年)…1960年代，社会人類学の分野で**構造分析**の手法を未開社会の**親族組織**や神話の研究に転用。表面的な社会現象の背後にある無意識的な構造を解明した。著書に『野生の思考』『神話学』『悲しき熱帯』。

□【 **構造人類学** 】…感性的表現による未開社会の神話的思考が，西洋近代の科学的思考に劣らぬ合理性を持つことを検証←西洋近代の理性中心主義への反省と西洋中心的**発展史観の解体**を促し，バルトやアルチュセール，フーコーら構造主義の思想潮流を招来した。

□【 **フーコー** 】(1926 ～ 84年)…1960年代後半の構造主義の代表。17世紀以降の人文科学における「知性」「主体」の諸観念をその認識論的台座（エピステーメ）を問う形で検討。**知の構造的変化**のありようを示し，精神史の新しい統合を企てた。著書に『言葉と物』『知の考古学』。

❷ ポスト構造主義

1970年代以降の幅広い記号論的研究。文化領域全般の再検証活動。

□【 ポスト構造主義 】…人間科学の各領域内の陳述の**批判的再評価**の思潮。「脱構築」概念の創始者デリダ，欲望の分析を通じて精神分析批判と資本主義批判を展開したドゥルーズとガタリが主要人物。

□【 デリダ 】(1930〜2004年) …伝統的なロゴス中心の形而上学を解体し，言語との関わりにおいて分析する手続きとして脱構築を創始。著書に『エクリチュールと差異』『ポジシオン』『声と現象』。

□【 脱構築 】…デリダは時間と存在の理解についてのハイデッガーの批判を継承しつつ，フッサールの**現象概念**やソシュールの**記号概念**の中にもロゴス中心的な**形而上学の支配**を指摘←差異化の作用一般にまで拡張したエクリチュールの概念を用い，その克服を図る。

❸ 社会主義

生産手段の公有→階級対立の解消→資本主義の矛盾の解決

□【 空想的社会主義 】…サン＝シモン（『産業者の教理問答』），フーリエ（『四運動の理論』），オーウェン（『新社会観』）。

□【 マルクス 】(1818〜83年) …唯物史観（史的唯物論）の理論を構成し，社会主義の完成形態としての共産主義を唱えた。社会の歴史は階級闘争の歴史と考え，『資本論』『共産党宣言』などを著す。

□【 科学的社会主義 】…マルクス，エンゲルスの立場＝資本主義を科学的に分析，労働者階級の人間疎外の原因を解明→社会改革を理論化。

□【 疎外 】…生産物を商品として扱うため，労働が労働者から切り離されたものとなる(労働の疎外)＋資本家の搾取＝資本主義社会の本質。

□【 唯物史観 】…マルクスの理論の根幹＝**ヘーゲルの弁証法哲学**（精神の弁証法的発展）を資本主義社会の研究に転用。歴史は，社会の物質的な生産力と**生産関係**の弁証法的な発展ととらえる。

プラス+α ドゥルーズとガタリ

『差異と反復』『意味の論理学』などで，「模倣」の世界に関する独自の哲学を展開したドゥルーズが，精神分析家のガタリとともに『アンチ・オイディプス』『千の高原』を刊行し，多くの新しい概念を生み出した。

❹ フランクフルト学派

1960年代に西欧的（非教条的）左翼を形成したドイツ思想グループ。

□【 **フランクフルト学派** 】…フランクフルト大学社会研究所（1922年設立）が拠点。ホルクハイマー，アドルノ，ハーバーマス，ベンヤミン，マルクーゼ，フロムら。ナチス政権成立後アメリカへ亡命。ホルクハイマーとアドルノは大戦後西ドイツに帰国し研究所再建。

□【 「**社会研究**」 】…機関誌。←西欧のマルクス思想を**フロイト**の精神分析やアメリカの社会学と結合。

❺ 精神分析学

フロイトが創始し，ユングによって確立された。

□【 **フロイト** 】(1856〜1939年) …**心的外傷経験**が無意識への抑圧を招くとするヒステリーの症状形成論を展開。**自由連想法**を開発し**神経症**の治療理論として「精神分析」を開発した。

□【 **エディプス・コンプレックス** 】…フロイトは，両親との葛藤体験に由来する早熟な三角関係がもたらすコンプレックスを発見，エディプス・コンプレックスと名づけた。そして同性の親の体現する分別の体系を自我のうちに取り込むに至る**超自我**形成のプロセスを洞察した。

□【 **ユング** 】(1875〜1961年) …精神分裂病の研究から「分析心理学」を創始。**言語連想**テストを開発しコンプレックス（心的複合）の形成理論をたてた。無意識論では，フロイトのリビドー説から踏み込み，個人を超える人類に普遍的な**集合的無意識**を措定した。

□【 **元型** 】…**神話**，夢の分析の中で集合的無意識を探求し，仮設的概念であり，それ自身を意識化はできないが，太母，老賢人，アニマ─アニムス，自己などの元型（アーキタイプ）を構想した。

❻ アイデンティティ（＝自我同一性）論

□【 **アイデンティティ** 】…フロイトの人格発達説をもとに，エリクソン（1902〜94年）は青年期を「自分自身であること（**アイデンティティ**）」形成の時期とした。青年期に固有の心理的・社会的発達課題とされる。

□【 **モラトリアム** 】…アイデンティティ形成途上，さまざまな社会的役割を実験しようとする青年期の試行錯誤・態度保留期間。

❼フェミニズム

女性の市民的権利の獲得をめざす社会・政治思想。現代では女性解放論一般をさす。起源は18世紀末英国の**メアリ・ウルストンクラフト**で，1970年代の**ウーマン・リブ**運動以後，社会的承認を得る。

●フェミニズムの歴史

18世紀末	ウルストンクラフト	『女性の権利の擁護』
19世紀 （女性）	スタントン アンソニー	女性の権利のための大会
19世紀 （男性）	社会主義者のベーベル 功利主義者のJ.S.ミル	ベーベル『婦人論』 ミル『女性の隷従』
20世紀	エレン・ケイ	母性主義
1950年代	ボーヴォワール	『第二の性』
1960年代〜	スタイネム ナオミ・ウルフ	米国のアファーマティブ・アクション

□【　**ボーヴォワール**　】（1908〜86年）…フランスの実存主義作家。サルトルの実質的配偶者。女性の役割を分析した『第二の性』で，「人は女に生まれない，女になるのだ」と女性らしさが社会的につくられた約束事にすぎないことを喝破，のちのジェンダー論の到来を予言。

□【　**ジェンダー**　】…社会文化的な意味での「**つくられた**」**性差**をいう社会学の概念。1960年代の女性解放運動の高まりの中で，フェミニズム思想の基本概念として取り上げられて以来，中心的理論となった。

□【　**日本の女性解放運動**　】…明治時代の廃娼運動，女性参政権運動などから大正時代に青鞜社が文芸誌「青鞜」を発刊→**女権拡張運動**が本格化。

中心となった平塚らいてうは1920年に**市川房枝**らと**新婦人協会**を創設→女性の政治活動を禁じた治安警察法の改正運動を推進。戦後の女性参政権獲得の基盤となった。

　プラス+**α**

Question 人間が自ら作り出した社会制度や組織が，人間の自己実現と[1]する存在となっていると考えるとき，この状況をさして人間が[2]の状況にあるという。
Answer [1]背反　[2]疎外

❽ヒューマニズム

人間性を調和的に発揮して，学問・芸術・宗教を尊重し，人間らしく生きることを主張。

□【 トルストイ 】(1828 ～ 1910年) …『戦争と平和』で著名なロシアの作家。**キリスト教的道徳主義**に立ち理性・人道・調和の道を求めた。日露戦争への反対表明は，明治日本の思想家・作家に影響を与えた。

□【 ロマン・ロラン 】(1866 ～ 1944年) …『ジャン・クリストフ』で著名なフランスの作家。真理・正義・愛の名において第一次世界大戦に反対し『戦火を越えて』で**戦闘的ヒューマニズム**を唱える。のち国籍をスイスに移す。

□【 シュヴァイツァー 】(1879 ～ 1965年) …フランスの哲学者・オルガン奏者・医師。神の啓示を受け仏領赤道アフリカ（現ガボン共和国）のランバレネで医療奉仕活動に従事。**生命への畏敬**を文明国に発信し，文明の危機を警告した。著書に『文化と倫理』『わが生活と思想より』がある。

□【 ガンディー 】(1869 ～ 1948年) …インドの政治家・独立運動家。イギリスの植民地であったインドを，**非暴力・不服従**の反イギリス独立運動を展開して，独立へと導いた。彼の提唱したサティヤーグラハ運動は，政治運動の側面を持ちながらも個々人が自己抑制を通じて真理に到達する宗教的側面を持っていた。なお，彼の思想の根幹にはトルストイや米国のソローの影響も指摘されてきた。

□【 アインシュタイン 】(1879 ～ 1955年) …ドイツ生まれの科学者。特殊および一般相対性理論で著名。平和主義者で，第一次大戦に反対を表明。ナチス政権成立後，ユダヤ人であり**シオニスト**でもあったため母国から逃れた。第二次大戦後，軍縮と**世界連邦**成立を念願して活動。著書にフロイトとの共著で『なぜ戦争か』などがある。

□【 パグウォッシュ会議 】…全面核軍縮，戦争の廃絶を訴えて1957年から開催されている自然科学者，社会科学者の国際的な平和会議。イギリスの哲学者ラッセル（1872 ～ 1970年）とアインシュタインの呼びかけで，日本の湯川秀樹（1907 ～ 81年）ら11人の科学者の署名によって創始された。95年にノーベル平和賞を受賞。

❾ 現代の思想

□【　パラダイム　】…科学者の間で共有される認識（仮定や前提，考え方）の**枠組み**←自然科学の分野では通常，科学の伝統が行き詰まるたびに科学革命（パラダイムの転換）が起こる，とした科学哲学者クーン（1922 〜 96年）の考え方。

□【　サイバネティックス　】…機械類や電子機器の制御を，生体系の持つ脳と神経系のフィードバックの関係に置き換えて数学的に理論化。オートメーションやコンピュータのパターン認識，社会モデルの研究に応用される科学技術。数学者の**ウィーナー**を創始者とする。

□【　エコロジー　】…人間も生態系の一員という視点で，自然環境のバランスや物質循環のあり方を見直す運動。**地球温暖化**の脅威が増すにつれ，環境問題は国際政治の争点となった。国連が定めた「持続可能な開発目標（SDGs）」を意識しない企業活動は批判され，**企業の社会的責任**が問われるようになった。

□【　グローバル化　】…国境を超えた相互依存関係が深まり，民族や信条，性別などの相違を前提とする価値観の多様化を尊重する傾向が強まった。その一方でポピュリズムなどの反グローバル化の勢いも増し，民主主義や自由主義の存続が危ぶまれている。

□【　現代正義論　】…ロールズは社会契約論から正義という概念を導き，**公正としての正義**を主張したが，自由民主主義とは別の世界観との両立も視野に入れ，別の価値観を持つ人々との**重なり合う合意**を拡大する方向へ進んでいる。ヴァーチャル・リアリティの発達は，人間が自分自身の身体で知覚する現実だけが真の現実と主張する人間中心主義の限界を示し，新しい認識論の構築が求められている。

 プラス+ **α** 天才科学者の記憶力

N.ウィーナーもアインシュタインに負けぬほど逸話の多い天才科学者だった。ある日，彼が食堂から出てくると，同僚と会った。2人はひとしきり話し込み，別れ際に彼は同僚に「君と会ったとき，わしは一体どっちへ向いて歩いていたかね？」とたずねた。研究室のほうへ向かっていたようだったと聞くと，「ああ，それなら食事は済んでたんだ，ありがとう」

> **学習のポイント**
> ◎各思想家の特徴を表すキーワードを中心に覚える。
> ◎過去の問題を手本にすると,思想家の誰と誰が比較されやすいのかわかる。
> ◎儒家・道家・法家・墨家の4つは必修。

❶諸子百家

周王朝没落後,戦国の七雄頃までの約300年間。諸国の富国強兵策で活発な人材登用が進んだ（←百家争鳴）。

	人物	特徴
儒家	孔子や孟子など	人倫を主題とした
道家	老子や荘子など	無為自然を説いた
陰陽家	鄒衍	陰陽や五行の気で歴史や地理を説明
法家	韓非子や李斯	徹底した法治主義を進める
名家	公孫竜	言葉の定義や意味の吟味を説いた
墨家	墨子	無差別の兼愛（博愛）を主張 侵略戦争を否定
縦横家	蘇秦や張儀など	外交政策を進言し,交渉に当たる
兵家	孫子	戦略・戦術の研究
農家	許行	農業専一に農業技術を論じた

❷孔子（前552または前551〜前479年）

魯の国の生まれ。衰えた周の封建的秩序が回復し,平和の中で人々が親愛の情によって結ばれる社会を理想とした。弟子たちが孔子の主張をまとめたのが『論語』である。

□【 人倫の道 】…人の心にある**根本の徳**＝「仁」←これを発揮し実現させるには社会のしきたりの「礼」に合致させることが必要。

□【 礼 】…「仁」が外面に現された社会規範。「忠」（偽りのない誠実な心）と「恕」（他人への思いやりの心）により現実化。

□【 「君子」の道 】…「仁」の実践者が「君子」で,人間のあるべき姿←修己治人（道徳的修養が政治的指導者の使命＝徳治主義）←克己復礼（己の私利私欲に打ち克って礼に復るのを「仁」とする）

❸ 墨子（前5世紀後半〜前4世紀初め頃）

魯の人で宋に仕えたとも伝わる。戦国時代には儒家に対抗する力を持っていたが，秦・漢の統一後墨家は衰えた。

- □【 兼愛説 】…私利を求めて人々が愛を失ったことが戦国乱世の原因として，**無差別の平等愛**である兼愛を説く。

- □【 非攻説 】…侵略戦争の否定。戦争によって，日々の勤労と節約で蓄積された財貨が空費されると主張。

- □【 尚賢説 】…世襲の身分制の撤廃を主張。

❹ 老子（生没年不詳）

道家の始祖であるが，実在を疑う説もある。周王朝の衰退で洛陽を去る際，函谷関の関守の求めに応じ「老子」（『道徳経』）を著したとされる。儒家が政治のあり方に積極的にかかわるのに対して，道家は素朴で自然な人間の生き方を求めた（のち，荘子がこの方向を受け継ぐ）。

- □【 小国寡民 】…閉鎖的で自給的な村落共同体であり，自然に帰する理想社会の姿。

- □【 道（タオ） 】…老子は**諸物の始原**を「道」ととらえる。始原である「道」は諸物を超えたものであり，とらえることができないから「無」であるとする。

- □【 無為自然 】…諸物をあるがままに受け入れること，すなわち無為自然は道＝無と一体となることで，老子の思想の核心である。儒家の説く人倫の道（仁義道徳）は人間の作為にすぎないと批判した。

- □【 柔弱謙下 】…他と争わない姿勢。生きていく中でぶつかるさまざまな状況に対し，無為自然を貫いて，他者や時勢に合わせた受身の生き方を勧める。

プラス+α 「仁」とは何か

孔子は，樊遅に「仁」を問われ「人を愛す」と答えた。仁愛に生きることこそが本来の人間の姿だ，と言う。これは具体的には「己の欲せざるところは人に施すことなかれ」であろう。しかし一番弟子の顔淵には「克己して礼に復るを仁と為す」としている［顔淵第十二］。弟子たちそれぞれの理解度に応じて「仁」は説き分けられたものらしい。

❺ 孟子（前372頃～前289年頃）

戦国時代中期の儒家。性善説に立ち，武力に頼る覇道政治ではなく，仁義を基本とする王道政治を説いた。

□【　性善説　】…人間の本性は良知・良能であるとする説。孟子は，人間は四徳（仁・義・礼・智）へと成長する四端の心（惻隠・羞悪・辞譲・是非）を持っているという。

□【　王道　】…仁徳による統治をいい，覇道（権力統治）の対極に置かれる。君主たるものは「人に忍びざるの心（他人の苦しみを見過ごせない心）」をもって政治を行うべきである，という徳治主義を主張。

□【　易姓革命　】…君主の位は天命であり，徳を失った君主は天命により別の有徳者に代えられるとする，王朝交替の理論。

❻ 荘子（生没年不詳）

戦国時代の紀元前4世紀後半頃の人物。歴史の大変動期にあって，消極的な生き方を選び，すべての価値は相対的であると考えた。

□【　道の思想　】…道は万物の根源にあるが認知しがたく，普通の人には及び得ないので，人は人としての生存を棄てて自然と一つになることを求めた。

□【　万物斉同　】…すべての有限なものは人間の作為によって差別化されたにすぎず，作為を捨てればみな同じであるという考え方。

□【　真人　】…肉体と感覚と感情と理知を排除して道を体得した人。理想化された人間は自分の内に「天（自然）」を持っている。

❼ 荀子（生没年不詳）

戦国時代末期の儒家。斉の教育機関「稷下の学」で3たび総長の職に就くが，讒言にあって楚に行き，そこで没した。荀子は孔子の継承者を自任する儒家であった。

□【　性悪説　】…人間の本性について，人は生まれつきさまざまな欲望を持っているので自然状態におけば悪になるととらえる説。したがって，社会の秩序を保つには客観的な規範としての礼を定め，これを守らせることが必要となる。その思想は礼治主義または礼法と呼ばれている。

❽ 韓非子（?〜前233年?）

戦国時代末期，荀子に学び，独自の法治主義を創始。

□【 **法治主義** 】…「礼」より拘束力のある「法」で国家を支配すると
する説。性悪説に立ち，客観的基準である法に従って悪人を規制する
というのが，韓非子の主張である。

□【 **信賞必罰** 】…韓非子は，君主が，君主権の絶対性を確保し家臣を
統御するためには，一定の基準によって賞罰を与えることが必要と説
く。その基準とは，発言（名）と行動（形）が一致（形名参同）して
いるかどうかである。この方針は秦の天下統一後，始皇帝と李斯によ
り実現された。

❾ 儒家のその後

統治者の規範として，前漢の武帝のときの建議で官学となり，以後正
統の学問とされた。宋代に朱子学，明代には陽明学の発生をみる。

□【 **朱子学** 】…朱熹（1130 〜 1200年）**性即理**の思想

人間は本然の性（理）と気質の性（気）からなり（理気二元論），
貴賤尊卑は気質の差による必然とされる。したがって，封建秩序は本
然の性（理）の客観的な現れととらえられる。朱子学において，学問
の目的は「**居敬窮理**（気の制御と理の探求）」である。「窮理」は**格物
致知**（物の理をきわめれば知を尽くす）のことである。

□【 **陽明学** 】…王陽明（1472 〜 1528年）**心即理**の思想

人間の心（性・情）自体が理であり，知（認識）と行（実践）は心
の作用の両面ととらえ，万人の良知を窮めて仁を実現（＝理一元論）
すると説く。学問の目的は「**知行合一**（真の知は実践される）」に置
かれる。

プラス＋**α**

Question 孔子は［ 1 ］を説き，［ 1 ］は偽りのない誠実な心と他人へ
の思いやりがあって成り立つものであるとし，［ 1 ］を客観的な行動の基準
としたものを［ 2 ］として，［ 1 ］と［ 2 ］を兼ね備え道徳的に高い理想
を持つ者を「［ 3 ］」と呼んだ。

Answer ［1］仁 ［2］礼 ［3］君子

試験別頻出度	国家専門職 ★★☆	地上特別区 ★★☆
国家総合職 ★★☆	地上全国型 ★☆☆	市役所C ★☆☆
国家一般職 ★★☆	地上東京都 ──	

学習の ポイント

◎江戸時代は儒学者を中心にまとめ，幕末期の国学や民衆の思想家との違いを際立たせよう。
◎近代の思想家たちは特徴的なキーワードを必ずチェックするように。

❶仏教史

	性格	宗派・学派	人・創始者	著作など
飛鳥	貴族仏教	──	聖徳太子	「十七条憲法」
奈良	鎮護国家	南都六宗	聖武天皇・鑑真	東大寺・唐招提寺
平安	祈祷仏教（密教）末法思想	天台宗① 真言宗② 浄土教流行	最澄（比叡山）空海（高野山）源信③	『山家学生式』『顕戒論』『十住心論』『三教指帰』『往生要集』
鎌倉 室町	新仏教の成立	浄土宗 浄土真宗 時宗⑥ 臨済宗⑦ 曹洞宗⑧ 日蓮宗	法然（知恩院）④ 親鸞（本願寺）⑤ 一遍 栄西 道元（永平寺）日蓮⑨	『選択本願念仏集』『教行信証』踊念仏 『興禅護国論』『正法眼蔵』『立正安国論』

①天台密教。鎮護国家の性格とともに加持祈祷で京都の宮廷貴族の現世利益を図る。一切衆生悉有仏性（悟りの可能性が万人にある）。

②真言密教。曼荼羅に示されるような**大日如来**を本仏とし，鎮護国家の性格を持ちつつ個人の現世利益も図る祈祷仏教。即身成仏を説く。

③10世紀後半の僧。**末法到来**とされるのは1052年。都の貴族たちも政治の行き詰まりの中で不安を覚え，浄土教に傾く者が多かった。

④末法の世では，易行の専修念仏こそ往生への道と説き，弾圧を受けた。

⑤阿弥陀仏の絶対他力による救いを主張。悪人正機説。

⑥浄土系教団。全国を遊歴する。毎日を臨終と心得て念仏に励む。

⑦公案につき坐禅をして悟りに達する〈看話禅〉。→末法思想否定

⑧只管打坐（ひたすら坐禅）して開悟（心身脱落）する〈黙照禅〉。

⑨法華経だけが真実の教えであり，題目（**南無妙法蓮華経**）だけが救いの道とした。強烈な国家意識に基づく折伏と他宗派を非難したことで弾圧を受ける。

❷儒学

幕府成立により体制を支える現世的な人倫の教えが要請された。

□【 藤原惺窩 】…近世儒学の祖とされる思想家。京都五山相国寺に禅を学ぶが，儒学に転じ，独立した学問としての儒教の確立に尽くした。

□【 朱子学派 】…日本朱子学の祖は林羅山。封建的身分秩序を天理（上下定分の理）とする朱子学は，幕府の官学となる。また，山崎闇斎が創始した垂加神道（儒教と神道の合一）は幕末の尊王思想に影響。

□【 陽明学派 】…中江藤樹を祖とする。人倫の基本として「孝」を置き，知行合一を唱え，個人の道徳的規範，実践倫理という性格が強い。藤樹を継いだ熊沢蕃山は，実学としての陽明学を追求した。

□【 古学派 】…朱子学，陽明学に対し，古典の『論語』『孟子』に立ち返り，儒教を学ぶ立場。山鹿素行（古学）に始まり，伊藤仁斎（古義学），荻生徂徠（古文辞学）へと受け継がれていった。素行は武士の倫理として，仁斎は庶民の倫理として儒学をとらえている。

□【 荻生徂徠 】…「孔子の道は先王の道なり。先王の道は天下を安んずるの道なり」と説いて，**経世済民の学**としての儒学を追求した。

❸国学

記紀，万葉集の古典を文献学的に研究，固有の思想の解明を進めた。

賀茂真淵 (1697 ～ 1769年)	**古道の解明**， 儒学の排斥	古歌の正しい理解→**万葉集の研究**→高く直き心 ますらおぶりを重んじた	『国意考』 『万葉考』
本居宣長 (1730 ～ 1801年)	**記紀の実証的研究** 儒教・仏教を否定	儒教の「道」は理屈に走り人為的として否定。漢意を捨て，古道＝惟神の道を探るもののあはれを重視した	『古事記伝』 『源氏物語玉の小櫛』
平田篤胤 (1776 ～ 1843年)	**復古神道の教義を創る**	実証を離れ極端な国粋主義へ→尊王攘夷運動に影響	『神道大意』 『古史伝』

プラス+ **α** 心と礼の関係

善悪はみな心を以ってこれを言う者なり。……然れども心は形なきなり。得てこれを制すべからず。故に先王の道は礼を以って心を制す。礼を外にして心を治むるの道を語るはみな私智妄作なり。何となれば，これを治むるは心なり……。（荻生徂徠『弁道』）

□【　石門心学　】…京都の石田梅岩（1685 ～ 1744年）が提唱。朱子学
　を中心として神道・仏教・老荘思想を融合し町人・農民を感化。士農
　工商は職分の相違であるとし，余っている所から足りない所へ物を都
　合，通用させ，売利を得るのは商人の職分であり，武士の禄に同じと
　唱えた。著書に『都鄙問答』『斉家論』。

□【　安藤昌益　】…（？～ 1762年）…八戸の医者であるが，詳細な伝記は
　未詳。封建制・階級制を否定した『自然真営道』『統道真伝』を著す。

□【　万人直耕　】…昌益の思想の中核をなす。昌益は，当時の社会につ
　いて，不耕貪食の徒が不当に農民を支配していると批判し，すべての
　人が農耕に従事する（**万人直耕**）ことによって自給し，身分のない社
　会を理想とした。

□【　報徳思想　】…二宮尊徳（1787 ～ 1856年）が説いた思想で，天道（自
　然条件）に従い，人道に努力すれば必ず報われるというもの。生産力
　に応じた合理的な施策の「尊徳仕法」により相模国・下野国などで農
　政指導にあたった尊徳は，この思想の実践家でもあった。

　徳川吉宗の洋書輸入緩和によりオランダ語の医書・技術書が翻訳され
たのが発端。

□【　青木昆陽　】（1698 ～ 1769年）…日本の蘭学を含む「洋学」の祖。
　吉宗の命でオランダ語を学び6種のオランダ語入門書を著す。救荒用
　の作物としてサツマイモを紹介した『蕃藷考』で著名。

□【　杉田玄白　】（1733 ～ 1817年）…**前野良沢**とともに解剖書『ター
　ヘル・アナトミア』を翻訳し，『解体新書』として出版する。その時
　の苦労は，玄白の著作『**蘭学事始**』に詳しい。

□【　佐久間象山　】（1811 ～ 64年）…長野松代に生まれた兵学者。東
　洋の道徳，西洋の芸術（技術）をくまなく学び取ることによって，危
　機を深めつつあった幕藩体制の立て直しを主張した。この象山の姿勢
　は，幕末から明治にかけて，押し寄せる西洋文明の波に対する日本の
　基本的スタンスとなっていく。

❻日本近代思想

　明六社の福沢諭吉らの啓蒙思想，藩閥批判から起こった自由民権運動，キリスト教，近代的自我の探求に至った哲学者などさまざまな方向がある。

福沢諭吉 （1834 ～ 1901 年）	3 度欧米に渡り，見聞を広める。「時事新報」を創刊。慶応大学の創始者	天賦人権説に基づく平等主義を主張。民族主義も主張。イギリスの功利主義を紹介	『学問ノスヽメ』 『西洋事情』 『文明論の概略』 『福翁自伝』
中江兆民 （1847 ～ 1901 年）	フランス留学。仏学塾を開き，西園寺公望とともに東洋自由新聞を創刊。東洋のルソーと呼ばれる	抵抗権・革命権を持つ天賦人権思想，恩賜的民権から回復的民権を唱える指導的理論家。門下に**幸徳秋水**	『三酔人経綸問答』 『一年有半』 『続一年有半』
内村鑑三 （1861 ～ 1930 年）	札幌農学校でキリスト教入信。渡米して2 つの J 〈イエスとジャパン〉に生涯を捧げる決心	直接，聖書の言葉による信仰を重視する立場＝無教会主義。明治天皇の宸書に奉拝せず**不敬事件**となる。日露戦争に反対を表明	『余は如何にして基督信徒となりし乎』 『基督信徒のなぐさめ』
西田幾多郎 （1870 ～ 1945 年）	東洋思想の「禅」を体験的に把握。西洋哲学の論理を選択的に摂取して独創的な哲学体系をつくる	人格＝主客・物我を統一する能力 絶対矛盾的自己同一の論理	『自覚における直感と反省』 『善の研究』
和辻哲郎 （1889 ～ 1960 年）	ハイデッガー，レービットに学び西洋の個人主義的人間観を批判，独自の倫理学を構想	個人であると同時に社会的存在である人間の相互依存性〈＝間柄的人間〉	『倫理学』 『風土』 『ニーチェ研究』 『ゼエレン・キエルケゴオル』
柳田国男 （1875 ～ 1962 年）	官吏から貴族院書記官長，退職後学究生活。日本民俗学の創始者	文献史学の網にかからない常民の民間伝承から日本人の暮らしを考察	『遠野物語』 『海上の道』 『日本昔話集』

プラス**α**

Question ［ 1 ］の職分は農工商三民を率い，その長となって［ 2 ］を実現することにあると説いた［ 3 ］は朱子学の［ 4 ］性を批判，『聖教要録』を著して播州赤穂に配流された。赦されて晩年は江戸に帰り［ 5 ］を講じ『武教全書』を著す。

Answer ［ 1 ］武士　［ 2 ］道　［ 3 ］山鹿素行　［ 4 ］抽象　［ 5 ］兵学

Question

☐1 「知を愛する」という意味の，ギリシア語の真理探求の態度を何というか。

☐2 タレスらの自然哲学者の求めた世界の根本原理，または始原をギリシア語で何というか。

☐3 金や名誉ではなく，心がいかに善くあるかにこそ気を配るべきだ，としたソクラテスの説く生き方を何というか。

☐4 生成変化する現象界の原型で，永遠・完全なものの存在する世界をプラトンは何と呼んだか。

☐5 プラトンが国の支配者としてふさわしいと考えたのはどんな人物か。

☐6 個物に内包された本質で，素材を限定し，自身を現実化する事物の原型をアリストテレスは何と呼ぶか。

☐7 人間は国家を離れて存在できない，というアリストテレスの人間観を示す有名な言葉を述べよ。

☐8 先入観排除や帰納法など学問の方法を論じたイギリス経験論の祖の著作は何か。また，この人物はだれか。

☐9 権威ある学説を無批判に受け入れる先入観を何のイドラと呼ぶか。

☐10 社会契約論の立場から名誉革命を擁護するとともに，認識の経験的な発生を説いたイギリスの哲学者はだれか。

☐11 近代的自我を発見し，旧来のスコラ哲学を批判して大陸合理論の祖となった人物はだれか。

Answer

1 フィロソフィア
「哲学」の語源

2 アルケー

3 魂への配慮

4 イデア界
魂のイデアへのあこがれがエロスである

5 哲学者

6 形相（エイドス）
形相と質料は相互依存の関係にある

7 「人間はポリス的動物である」

8 『ノーヴム・オルガヌム』
F.ベーコン

9 劇場のイドラ

10 ロック
「白紙説（タブラ・ラサ）」を唱えた

11 デカルト
「われ思う，ゆえにわれあり」の命題が有名

□**12** 思惟を属性とする精神と，延長を属性とする物質の2つを実体とするデカルトの考え方を何というか。

12 物心二元論

□**13** ホッブズが国家以前の人間の自然状態を表現した言葉を示せ。

13 「万人の万人に対する戦い」

□**14** ロックの影響を受けてモンテスキューが説いた国家権力の分散を何と呼ぶか。

14 三権分立

□**15** 経験論と合理論を批判的に統合し，人格的実践と科学的な認識との関係を明確に分離して論じたドイツの哲学者はだれか。

15 カント
主著『純粋理性批判』『実践理性批判』

□**16** ドイツ観念論の完成者であり，世界と歴史は人間の精神が自己を展開していく過程であると考えた人物はだれか。

16 ヘーゲル
主著『精神現象学』『法の哲学』

□**17** 本来は問答法や対話法の意味で，正・反・合の各段階を経て存在が高次のものに止揚されるという思考法を表す言葉は何か。

17 弁証法

□**18** 幸福や快楽をもたらすものは善，その反対のものは悪とする思想を何というか。

18 功利主義

□**19** 量的功利主義を批判し，快楽に量で測れない質的な差異を導入した英国の思想家はだれか。

19 J.S.ミル
「満足した豚であるよりも，不満足な人間であるほうがよい」

□**20** 一般的・抽象的な人間に還元されえない，今，ここに生きている具体・個別的な人間存在を何というか。

20 実存

□**21** 自らの絶望を契機に，3つの段階を経て人間の生き方が高められると考えた実存主義の哲学者はだれか。

21 キルケゴール
主著『死に至る病』『あれかこれか』

□**22** キリスト教の伝統的価値が，デカダンスに陥ったヨーロッパでは生命力を失っている，と考えたドイツの哲学者はだれか。

22 ニーチェ
「神は死んだ」

☐ **23** デューイが示した，事象の解明のための概念の扱い方は，一般に何と呼ばれているか。	**23 概念道具主義** 概念は操作可能な道具とみなす
☐ **24** ハイデッガーが人間の存在意味を，時間性によって解明してみせた著作は何か。	**24 『存在と時間』**
☐ **25** ドイツのディルタイやジンメル，フランスのベルグソン，スペインのオルテガ・イ・ガセットの思想の呼称は何か。	**25 生の哲学** 人間を知性や感情などの統一態として分析
☐ **26** 19世紀後半のドイツで，現代の現象学の発端を形成した哲学者はだれか。	**26 フッサール**
☐ **27** 人間が避けたり超えたりできない限界状況を論じたドイツの哲学者はだれか。	**27 ヤスパース**
☐ **28** ナチス支配下の抵抗運動から独自の実存哲学を形成したフランスの作家・実存主義哲学者はだれか。	**28 サルトル**
☐ **29** 言語の深層の構造を記号学的にとらえ，ランガージュ（言語活動）をラングとパロールに分けて観察した，構造主義の祖といわれるスイス人言語学者はだれか。	**29 ソシュール**
☐ **30** 未開社会に見られる神話的思考の合理性を検証し，『野生の思考』を著したフランスの人類学者はだれか。	**30 レヴィ＝ストロース**
☐ **31** 17世紀以後の知の構造的変化を検証し，知性・主体といった諸観念の認識論的台座を問う形で，ヨーロッパ的哲学を批判しつつ認識系の哲学を構想した現代フランスの思想家はだれか。	**31 フーコー** 主著『言葉と物』『知の考古学』
☐ **32** 脱構築を創始したフランスの哲学者はだれか。	**32 デリダ** ポスト構造主義の代表的思想家

□**33** 唯物史観の理論を創始し，『資本論』など を著して友人のエンゲルスとともに共産主義を構想したのはだれか。

33 マルクス

□**34** フロイトの精神分析と米国の社会学を結合，第二次世界大戦後に亡命先のアメリカから帰国して非教条的左翼を形成したドイツの思想グループを何というか。

34 フランクフルト学派
ホルクハイマー，アドルノ，ベンヤミン，マルクーゼ，フロムなど

□**35** フロイトにより神経症の治療理論として開発されたのは何か。

35 精神分析

□**36** 人類に普遍的な集合的無意識を主張した心理学者はだれか。

36 ユング

□**37** ジェンダー論のさきがけとなったボーヴォワールの著作は何か。また，その中の有名な言葉を示せ。

37 『第二の性』
「人は女に生まれない，女になるのだ」

□**38** 英国のラッセル，米国のアインシュタインらの呼びかけで始まった，全面核軍縮，戦争の廃絶を提言している会議の名は何か。

38 パグウォッシュ会議

□**39** T.S.クーンが提唱した，閉塞した科学の枠組みの新局面出現を何というか。

39 パラダイムの転換

□**40** 克己復礼を唱え，封建的秩序の回復を理想とした古代中国の思想家で儒家の祖とされるのはだれか。

40 孔子
仁と忠恕を説く

□**41** 「大道廃れて仁義あり」とし，儒家の説く作為を退け，無為自然を掲げたのはだれか。

41 老子
道を説く

□**42** 性悪説に立つ法治主義を唱えて君主の信賞必罰を説いた，法家に属する思想家はだれか。

42 韓非子
秦の統治者に採用された

□**43** 浄土宗の開祖法然が著した，専修念仏による救いを説く書物の名は何か。また，彼の弟子で『教行信証』を著した人物はだれか。

43 『選択本願念仏集』，親鸞

□44 日本陽明学の祖で，「孝」を重視したのはだれか。

□45 経世済民のため孔子・孟子以前の中国古典に聖賢の道を尋ね，原典を原語によって理解する古文辞学を興した人物はだれか。

□46 本居宣長の著した源氏物語の研究書の名は何か。また，彼が行った記紀の実証的研究のうち著名なものを示せ。

□47 武士を不耕貪食の徒とし，万人直耕を理想とした思想家はだれか。

□48 神道や儒学，仏教を独自の手法でまとめ，「心学」として町人に講釈を行った江戸中期の思想家はだれか。

□49 天賦人権説を主張して自由民権運動を推進し，ルソーの社会契約論を翻訳したことで知られる明治の思想家はだれか。

□50 主観と客観を対立させる西洋思想とそのような対立を前提としない東洋思想を，「純粋経験」に基づいて1つの体系にまとめ上げた近代日本の思想家はだれか。

44 **中江藤樹**
「知行合一」

45 **荻生徂徠**

46 **『源氏物語玉の小櫛』**
『古事記伝』

47 **安藤昌益**

48 **石田梅岩**
商業活動で利潤を得ることを正当化した

49 **中江兆民**
フランスに留学
東洋のルソー

50 **西田幾多郎**
『善の研究』などの著作を通じ，独創的な哲学を確立した

思想の50問スコアアタック得点		
第1回（ ／ ）	第2回（ ／ ）	第3回（ ／ ）
／50点	／50点	／50点

文学・芸術

重要テーマ BEST 10

本試験の出題傾向から，重要と思われるテーマをランキングした。学習の優先順位の参考にしよう。

1 日本近現代文学(明治～大正時代) P.236～238

夏目漱石や森鷗外は思想家として出題されることもある。機械的に作家名・作品名を覚えるのではなく，近代文学がどのような人たちによって確立されていったのかという視点で文学史のテキストを読み込むと応用が効く。芥川龍之介や志賀直哉などは短編作品が多いので実際に読んでみるのも良いだろう。

2 西洋美術(19世紀半ば～) P.248～251

セザンヌ，ルノワール，ピカソなどの名前は誰でも一度は耳にしている。その作品も見たことがあるだろう。ただ画家と作品名が結びついておらず，画風を説明する印象主義やキュビズムなどの用語に慣れていないだけ。そう割り切ってネット検索を活用すれば意外と楽しく西洋美術を学べるだろう。

3 日本の美術(平安～江戸時代) P.256

これは日本史の勉強と考えた方がよい。歴史の教科書・参考書に仏像や屏風，陶磁器の写真が載っているはずであり，出題されるのはそれらの作品だけといってよい。ただし浮世絵は数が多いのでチェックしきれない恐れがある。注意しよう。

4 日本の古典文学

P.232~235

三大和歌集（『万葉集』『古今和歌集』『新古今和歌集』），平安女流文学，江戸時代の俳諧や読み本など出題項目はかなり偏っている。過去問をチェックしてターゲットを絞ってみよう。

5 西洋美術（16 ～ 19世紀半ば）

P.00~00

ルネサンスからバロックにかけての画家たちが頻出。ダ・ヴィンチやレンブラントなどだけではなく，人気が出てきたフェルメールなども注意が必要。建築様式も忘れずにチェックしよう。

6 日本の芸能

P.258~259

海外の関心も高い分野であり，能・狂言・歌舞伎についてひととおり説明できるだけの情報を確保しておきたい。成立の経緯，略史，人気作品，それぞれの違いを整理しよう。

7 日本の美術（明治時代～）

P.257

世界遺産への登録などがきっかけとなり，建築も外せない項目となった。西洋美術の影響や逆に日本美術が西洋に与えたもの（ジャポニズム）なども見ておくべきである。

8 日本現代文学（昭和時代～現代）

P.238~239

いわゆる戦後文学ともなると活躍する作家も数多くなって全部網羅するのは無理。ノーベル賞や芥川賞，直木賞などの受賞者を中心にチェックするのが効率的である。

9 西洋音楽

P.252~255

クラシック音楽なら古典派からロマン主義前半（19世紀頃までが押さえどころ）。現代のミュージカルも出題される。

10 世界の文学

P.240~245

難易度の高い問題ではない。ノーベル文学賞などの話題性のある文学ニュースをチェックしておけば十分である。

テーマ **1**

学習の ポイント

◎作品の生まれた時代の特徴も要チェック。中世の無常観は相次いだ戦乱と関連している。

◎日本語独特のリズムという観点で和歌・俳句を音読するのも効果的。

❶ 勅撰和歌集

古今和歌集 905年	醍醐天皇の命 20巻1100首	紀貫之, 紀友則, 凡河内躬恒, 壬 生忠岑らの撰	優美, 理知的, 技巧的。歌風は「たをやめぶり」
後撰和歌集 951年以降	村上天皇の命 20巻1426首	大中臣能宣, 清 原元輔らの撰	撰者は「梨壷の五人」。宮廷貴族の日常・人生を描出
拾遺和歌集 1005年頃	花山院の命か？ 20巻1351首	花山院の撰か？	洗練された古今調
後拾遺和歌集 1086年	白河天皇の命 20巻1220首	藤原通俊の撰	和泉式部, 赤染衛門ら女流歌人の歌多数
金葉和歌集 1124年頃	白河上皇の命 10巻712首	源俊頼の撰	連歌の部追加。 十巻形式
詞花和歌集 1151〜2年	崇徳上皇の命 10巻413首	藤原顕輔の撰	勅撰集最少
千載和歌集 1188年	後白河上皇の命 20巻1287首	藤原俊成の撰	中世和歌の出発点
新古今和歌集 1205年	後鳥羽上皇の命 20巻1981首	**藤原定家**, 源通 具ほかの撰	洗練された技巧,「艶」「幽玄」の古典的理念

(注) 日本最古の歌集である万葉集は天皇の勅命で撰集されたものではないから勅撰和歌集に当てははまらない。複数の編者により古代の歌が集大成され, 最後に**大伴家持**が全体をまとめたと考えられている。歌風の特徴を表す「ますらをぶり」は古今和歌集の「たをやめぶり」と合わせて**賀茂真淵**が提唱した言葉である。

❷ 日記文学

土佐日記	紀貫之 935年以後成立 〈旅日記〉	最初の日記文学。土佐守を離任する筆者は京都へ帰る船旅の道中を女性に仮託し歌を交えて綴った。亡児への愛惜も描く。「男もすなる日記といふものを, 女もしてみむ…」

蜻蛉日記	藤原道綱母 974年以後成立 〈家庭生活〉	最初の女流日記。不幸な結婚とわが子への愛について，自己の内面を凝視した
和泉式部日記	和泉式部 1007年頃 〈恋愛〉	約150首の贈答歌を中心に，敦道親王との恋愛を記録。歌物語的性格を持つ
紫式部日記	紫式部 1010年頃 〈宮廷生活〉	中宮彰子に仕えつつ，華やかな宮廷生活に対する違和感も描写。後半の消息文の冷徹な人物批評（和泉式部，清少納言）が有名
更級日記	菅原孝標女 1057年頃 〈回顧録〉	受領の娘として関東に生まれ，京都の宮廷生活にあこがれた少女時代から老年までの回想記
讃岐典侍日記	藤原長子 1108年頃 〈宮廷生活〉	堀河天皇の病気から鳥羽天皇の即位までの記録。歴史物語的な性格を持つ

❸ 物語文学

竹取物語 10世紀初頭	作者未詳 2巻	作り物語の最初のもの。伝奇性が強い。「かぐや姫」の物語
伊勢物語 成立年代未詳	作者未詳 125段の短編で構成	歌物語の最初のもの。別名「在五中将の日記」「みやび」の感覚により在原業平らしい主人公の恋愛生活を描く
源氏物語 11世紀初頭	紫式部 54帖の長編	光源氏とその子の薫を主人公に，上層貴族の恋と家庭生活の葛藤を内面から写実的に描写した長大な物語。作り物語と歌物語を総合する。「桐壺」から「藤裏葉」までの33帖が1部，「若菜（上）」から「幻」までの8帖が2部に当たり光源氏を主人公とする。「橋姫」から「夢の浮橋」までの10帖（宇治十帖）が3部で運命の子薫大将を主人公とする。「もののあはれ」を体現した古典文学の最高傑作とされる。なお，2部と3部の間にこれをつなぐ「匂宮」「紅梅」「竹河」がある
堤中納言物語 11世紀後半	10編中1編は小式部著，他は未詳	10編の独立した短編から成り，「虫めづる姫君」など，奇抜な趣向のもとに人生の断面を巧妙に描く

プラス+α　随筆文学の発展

清少納言の『枕草子』（10世紀末に成立。回想や随想が中心）により，独立したジャンルとして誕生。中世には，相次ぐ動乱を背景とする無常観が基調の，鴨長明の『方丈記』や吉田兼好の『徒然草』などが登場した。

日本史

世界史

地理

思想

文学・芸術

❹ 歴史文学

栄華物語 11世紀前半	赤染衛門か？ 正編30巻・ 続編10巻	宇多天皇〜堀川天皇の15代約200年を編年体，歴史書初の仮名文で描く。藤原道長に至って極まった**摂関家の栄華**が中心
大鏡 11世紀前半？	源俊房か？／ 源雅定か？ 8巻	文徳天皇〜後一条天皇の14代176年を紀伝体，仮名文で描く。本紀は歴代天皇，列伝は藤原冬嗣から道長までの隆盛を二人の老人が語り合う体裁をとる。辛辣な語り口から権力批判的な作者像がうかがえる

□【 **四鏡** 】…平安時代の『**大鏡**』『**今鏡**』，鎌倉時代の『**水鏡**』，南北朝時代の『**増鏡**』をさす。

□【 **史論書** 】…慈円（慈鎮）の『**愚管抄**』，北畠親房の『**神皇正統記**』など。

❺ 連歌・俳諧

1首の歌を2人で詠み合わせる短連歌が中世に発達

└→鎖のように際限なく続ける長連歌

庶民の間では，
駄洒落や滑稽を主とする
無心連歌が流行

飯尾宗祇が連歌を完成
『水無瀬三吟百韻』
『新撰菟玖波集』

□【 **俳諧連歌** 】…山崎宗鑑『新撰犬筑波集』

├→定式化：松永貞徳（貞門派）—北村季吟

自由奔放：西山宗因（談林派）—井原西鶴

松尾芭蕉（1644 〜 1694年）
独自の閑寂高雅な蕉風を確立
『奥の細道』『冬の日』『猿蓑』
「さび」「しをり」「軽み」

□【 **与謝蕪村** 】…浪漫的な作風で，俳文や紀行文でも名作あり。南画家としても活躍する。『新花摘』『蕪村句集』

□【 **小林一茶** 】…生活感情を率直に表現し，俗語や方言も使用。『**おらが春**』

日本史

世界史

地理

思想

文学・芸術

❻ 近世小説

中世 説話文学　『宇治拾遺物語』『十訓抄』（世俗），『発心集』（仏教）

軍記物語　『平家物語』『**太平記**』『義経記』『曽我物語』

御伽草子・仮名草子

江戸時代 浮世草子：江戸前期，上方の町人の世態や人情を描いた小説

　　井原西鶴　『**好色一代男**』（好色物），『世間胸算用』（町人物）
前期読本：上田秋成『雨月物語』『春雨物語』

江戸中期,江戸では草双紙(表紙の色で区分。黄表紙が大人向けに変化)

複数の黄表紙を合わせたものが合巻

→式亭三馬　　　　　　　　　　　　恋川春町『金々先生栄華夢』

柳亭種彦『偐紫田舎源氏』　──　山東京伝『江戸生艶気樺焼』

洒落本　　　　　　　　後期読本　読本作家に転向

遊里が舞台の好色物　滝沢馬琴『椿説弓張月』『南総里見八犬伝』

寛政の改革　　　　　　　長編で,勧善懲悪・因果応報の思想に基づく

人情本……幕府の弾圧で衰退

□【　滑稽本　】…対話体のおもしろさが特徴

式亭三馬『浮世床』，十返舎一九『東海道中膝栗毛』

前期読本	八文字屋本（京都で出版された浮世草子）の流れを引く。中国の短編小説をもとにした伝奇小説などが多い。
後期読本	文化文政期の江戸を中心に普及。儒教（勧善懲悪）や仏教（因果応報）の影響を色濃く反映
洒落本・人情本	洒落本は，主に遊里を舞台として遊び・**通**・**意気**（粋）・**粋**を描いたが，寛政の改革で衰退。代わって登場した人情本は江戸町人の情愛を描いたが，これも天保の改革で取り締まりの対象となった。
滑稽本	近世の口語を知る資料として評価されている。

(注) 室町時代の能の観阿弥・世阿弥，江戸時代の浄瑠璃作者の近松門左衛門，歌舞伎脚本の鶴屋南北・河竹黙阿弥などについては，p.258，p.259参照。

プラス+ α　国学における文学研究

万葉集の研究書として，契沖の『万葉代匠記』,賀茂真淵の『万葉考』がある。本居宣長の『古事記伝』や『源氏物語玉の小櫛』も高い評価を受けている。宣長以後の国学は，文献学と古代精神の追究に二分された。

頻出度 **C 日本近現代文学**

テーマ **2**

試験別頻出度	国家専門職 ———	地上特別区 ★☆☆
国家総合職 ———	地上全国型 ★☆☆	市役所C ★★☆
国家一般職 ———	地上東京都 ★☆☆	

学習のポイント

◎対象となる作家・作品が多いのでジャンルごとにまとめる。
◎文学理念，雑誌，学校・師弟関係といった流れで関連づけることも可能。
◎各作家の代表作のあらすじも覚えておこう。

❶ 写実主義・擬古典主義・浪漫主義

□【 **写実主義** 】…勧善懲悪の伝統を排し，人間の心理分析を主眼とする。

□【 **坪内逍遙** 】…『小説神髄』で展開した小説理論を『**当世書生気質**』で実践した。シェークスピア作品を翻訳。森鷗外と「没理想論争」を繰り広げた。

□【 **二葉亭四迷** 】…『小説総論』で展開した小説理論を『**浮雲**』で具体化させた。ツルゲーネフの作品を翻訳。言文一致の文体を主張。

□【 **擬古典主義** 】…欧化熱の反動として国粋主義的傾向を示した。

□【 **尾崎紅葉** 】…文学結社「硯友社」を結成し，機関紙『**我楽多文庫**』を発刊。西鶴に傾倒し，雅俗折衷体で『**二人比丘尼色懺悔**』を発表。代表作といわれる『**金色夜叉**』は未完に終わった。

□【 **幸田露伴** 】…漢学の素養が豊かで，男性中心の理想小説を書いた。『風流仏』『一口剣』『五重塔』などが主な作品。

□【 **樋口一葉** 】…露伴の影響を受けながら，叙情性豊かな作品を発表。『たけくらべ』『十三夜』『うもれ木』などが主な作品。

□【 **浪漫主義** 】…個人の絶対化と内面的真実を尊重するもの。

□【 **北村透谷** 】…雑誌「文学界」の中心人物で，キリスト教に深く感化された。『内部生命論』を発表。

□【 **森鷗外** 】…ドイツ留学から帰国して発表された『舞姫』『うたかたの記』『文づかひ』の初期三部作にその傾向が見られる。

　森鷗外を中心とする新声社（S・S・S）の訳詩集『**於母影**』，島崎藤村の詩集『**若菜集**』などや，雑誌「**明星**」などで短歌を発表した与謝野鉄幹・晶子などが浪漫主義を代表している。

236

❷ 自然主義

紹介者	小杉天外	『はつ姿』 『はやり唄』	ゾラに影響される
	永井荷風	『地獄の花』 『あめりか物語』	のち耽美派。昭和期には江戸趣味
先駆者	国木田独歩	『武蔵野』『富岡先生』 『牛肉と馬鈴薯』	教育者として挫折し新聞記者。のち作家に
代表作家	島崎藤村	『破戒』『春』『家』 『新生』『夜明け前』	北村透谷の影響で作家となる
	田山花袋	『露骨なる描写』 『田舎教師』『蒲団』	平面描写の主張。『蒲団』は日本の私小説の出発点
	徳田秋声	『新所帯』 『あらくれ』	尾崎紅葉の弟子。大正後期の私小説の基礎を作った
	正宗白鳥	『何処へ』 『牛部屋の臭ひ』	平凡な生活の中に隠された人生の暗さと悲哀を描いた
理論家	島村抱月	『文芸上の自然主義』	のち新劇運動に転進
	岩野泡鳴	『耽溺』	一元描写論，文学即実行

❸ 白樺派

　自然主義に反対し，**自我崇拝**と**人道主義**に立脚。新理想主義とも。大正時代，雑誌「白樺」に結集し，個性尊重を特徴とした自由な作風を競った。

武者小路実篤	『お目出たき人』『幸福者』 『或る男』	白樺派の代表的作家。新しき村を創設
志賀直哉	『網走まで』『城の崎にて』 『和解』『小僧の神様』	唯一の長編『暗夜行路』は16年間にわたり断続的に書かれた
有島武郎	『或る女』『カインの末裔』 『惜みなく愛は奪ふ』	キリスト教信仰から出発
里見 弴	『善心悪心』『多情仏心』	有島武郎の実弟
長与善郎	『盲目の川』 『竹沢先生と云う人』	実篤ののちの白樺派の中心作家
倉田百三	『出家とその弟子』	『俊寛』などの戯曲あり

❹ 高踏派（余裕派）

	夏目漱石	森鷗外
三部作	前期『三四郎』『それから』『門』 後期『彼岸過迄』『行人』 『こころ』	『舞姫』『うたかたの記』 『文づかひ』
作風	低徊趣味から「則天去私」へ	浪漫派から歴史小説（『阿部一族』『渋江抽斎』）へ

日本史

世界史

地理

思想

文学・芸術

❺ 新思潮派（新現実主義）

□【 芥川龍之介 】…理知的・現実的視点から近代人の心理を描き，『鼻』で夏目漱石に認められた。『羅生門』『戯作三昧（げさくざんまい）』『地獄変』『枯野抄』『河童』など短・中編で活躍。

□【 菊池寛 】…通信社社員を経て『恩讐の彼方に』で文壇に登場。のち通俗小説を開花させる。プロレタリア文学に対抗する立場で「文芸春秋」を創刊。芥川賞・直木賞の設定にも尽力。

□【 久米正雄 】…小説『蛍草』『破船』，評論『私小説と心境小説』

□【 山本有三 】…戯曲から出発。社会の不合理に目を向ける小説『真実一路』『路傍の石』『女の一生』など。誠実に生きる人々を描く。

❻ 昭和の文学（戦前）

□【 プロレタリア文学 】…雑誌「種蒔く人（たねまく人）」，「文芸戦線」，「戦旗」（全日本無産者芸術連盟—略称ナップ）

□【 葉山嘉樹 】…『海に生くる人々』『セメント樽の中の手紙』

□【 小林多喜二 】…『蟹工船（かにこうせん）』『党生活者』

□【 徳永直（すなお） 】…『太陽のない街』

□【 新感覚派 】…擬人法や比喩などの文学技巧の革新を目ざした反プロレタリアの文学。

□【 横光利一 】…『日輪』『機械』

□【 川端康成 】…『伊豆の踊子』『雪国』

□【 新興芸術派 】…反マルクス主義の立場で享楽的な文学傾向

□【 井伏鱒二 】…『山椒魚（さんしょうお）』『多甚古村（たじんこむら）』

□【 梶井基次郎 】…『檸檬（れもん）』

□【 新心理主義 】…精神分析や深層心理を芸術的に表現しようとした。

□【 伊藤整 】…『幽鬼の街』『火の鳥』

□【 堀辰雄 】…『風立ちぬ』『菜穂子』

□【 昭和10年代 】…既成文壇の活動が活発化，評論家の活動も始まった。

永井荷風『墨東綺譚（ぼくとうきたん）』　谷崎潤一郎『春琴抄』『源氏物語』現代語訳

志賀直哉『暗夜行路』　島崎藤村『夜明け前』　石川達三『蒼氓（そうぼう）』

林芙美子『放浪記』　岡本かの子『鶴は病みき』

丹羽文雄『鮎』　中島敦『山月記』『李陵』

（評論）　小林秀雄『様々なる意匠』　谷崎潤一郎『陰翳礼賛』

　　　　　和辻哲郎『風土』　亀井勝一郎『転形期の文学』

　　　　　林房雄『転向について』　坂口安吾『日本文化私観』

□【　戦争文学　】…火野葦平『麦と兵隊』

❼ 昭和の文学（戦後）

傾向・特徴	主な作家・作品
既成の作家	永井荷風『踊子』『勲章』谷崎潤一郎『細雪』 川端康成『千羽鶴』『山の音』里見弴『姥捨』
戦後派	野間宏『暗い絵』三島由紀夫『仮面の告白』『金閣寺』 埴谷雄高『死霊』大岡昇平『俘虜記』『武蔵野夫人』 安部公房『壁』『砂の女』堀田善衛『広場の孤独』
新戯作派	織田作之助『世相』太宰治『斜陽』『人間失格』 坂口安吾『白痴』『桜の森の満開の下』
第三の新人	安岡章太郎『悪い仲間』吉行淳之介『驟雨』『砂の上の植物群』 小島信夫『アメリカン・スクール』庄野潤三『プールサイド 小景』遠藤周作『白い人』『海と毒薬』『沈黙』 阿川弘之『春の城』『雲の墓標』三浦朱門『箱庭』
社会に敏感	石原慎太郎『太陽の季節』開高健『裸の王様』『ベトナム戦記』 大江健三郎『死者の奢り』『万延元年のフットボール』
内向の世代	古井由吉『杳子』『妻隠』後藤明生『挟み撃ち』
歴史小説	司馬遼太郎『龍馬がゆく』『国盗り物語』 井上靖『天平の甍』『敦煌』
社会派推理 小説	松本清張『ゼロの焦点』『点と線』『けものみち』 水上勉『飢餓海峡』
新世代の作家	中上健次『枯木灘』村上龍『限りなく透明に近いブルー』 宮本輝『蛍川』村上春樹『風の歌を聴け』
ノンフィク ション	石牟礼道子『苦海浄土』山崎朋子『サンダカン八番娼館』 立花隆『田中角栄研究』『宇宙からの帰還』 澤地久枝『妻たちの二・二六事件』 柳田邦男『失速・事故の死角』沢木耕太郎『テロルの決算』
評論	吉田健一『文学概論』『ヨオロッパの世紀末』 江藤淳『漱石とその時代』『自由と禁忌』

プラス+ α 文芸誌「新思潮」

雑誌の「新思潮」は第１次～第４次にわたる。第１次は小山内薫が編集発行の海外の新文芸紹介誌。第２次以降は東大文科生が中心の同人誌で、和辻哲郎、谷崎潤一郎らが同人。第３次と第４次では漱石門下の久米正雄、芥川龍之介のほか、菊池寛、山本有三らが活躍。

試験別頻出度	国家専門職 ——	地上特別区 ★☆☆
国家総合職 ——	地上全国型 ——	市役所C ——
国家一般職 ——	地上東京都 ——	

学習の
ポイント

◎フランスやドイツ，ロシアの19～20世紀文学が頻出。
◎ブックガイドや出版社の文庫目録を利用し，あらすじをチェックしよう。
◎近年のノーベル文学賞受賞作家についても要注意。

❶ 18世紀までのイギリス文学

シェークスピア (1564～1616年)	四大悲劇『ハムレット』『オセロ』『リア王』『マクベス』喜劇『真夏の夜の夢』史劇『リチャード3世』	グローブ座劇場の座付き作者。個人の内奥や人間関係の緊張を深く描写
ミルトン (1608～74年)	叙事詩『失楽園』	『旧約聖書』を題材に人間の罪と罰を描いた
デフォー (1660～1731年)	『ロビンソン・クルーソー』	清教徒の日々の戦いになぞらえた擬自伝的作品

❷ 英・米のロマン主義文学

●**イギリスのロマン主義**：18世紀後半～19世紀前半，韻文（詩）から。

詩	ワーズワース (1770～1850年)	『叙情歌謡集』（コールリッジとの共著）『序曲』	自然美を謳い**湖畔詩人**とも呼ばれる
	コールリッジ (1772～1834年)	『老水夫行』『クブラ・カーン』	神秘的・幻想的な詩境を示す
	バイロン (1788～1824年)	『チャイルド・ハロルドの巡歴』	熱情あふれる**英雄詩人**の原型
	キーツ (1795～1821年)	『エンディミオン』『聖アグネスの宵』	精緻な構成と官能的な描写，豊かな想像力を示す
散文	スコット (1771～1832年)	『アイヴァンホー』	イングランドの歴史に基づく騎士物語

●**アメリカのロマン主義**：19世紀

詩	ホイットマン (1819～92年)	『草の葉』『ぼく自身の歌』	男性的で奔放な情感がみなぎる
散文	ホーソーン (1804～64年)	『緋文字』	ニューイングランドの清教徒気質を告発
	ポー (1809～49年)	『モルグ街の殺人』『アッシャー家の崩壊』	詩人としても活躍
	メルヴィル (1819～91年)	『白鯨』	西欧文明の信仰と悪を象徴的に描く

❸ 英・米の写実主義文学（19世紀）

●イギリスの写実主義

ロマン主義に対抗して生まれる。社会や人間をありのままに描く。

オースティン (1775 ～ 1817年)	『エマ』『高慢と偏見』	正確な人間観察と描写により地主社会の日常を描く
ディケンズ (1812 ～ 70年)	『オリバー・ツイスト』『二都物語』	資本主義の発達で犠牲となった社会的弱者に温かい視線を注ぐ
シャーロット・ブロンテ (1816～55年)（姉）	『ジェイン・エア』	情熱的で自立した女性像
エミリー・ブロンテ (1818～48年)（妹）	『嵐が丘』	ヨークシャーの丘陵地帯を舞台に2家族2代の愛憎の悲劇を描く
ハーディ (1840 ～ 1928年)	『テス』『キャスターブリッジの市長』	運命の力により翻弄され悲劇に落ちる人間を描く
スティーブンソン (1850 ～ 94年)	『宝島』『ジキル博士とハイド氏』	人間の善悪二面性を冒険的題材や幻想的主題に盛り込んだ

●アメリカの写実主義

独自のアメリカ文学は，トウェーン以降とされる。

オルコット (1832 ～ 88年)	『若草物語』	人間への信頼を基礎に置いた家庭生活を描く
トウェーン (1835 ～ 1910年)	『ハックルベリー・フィンの冒険』	ヨーロッパの伝統に拘束されぬ**アメリカ文学自立の書**とされる
ジェームズ (1843 ～ 1916年)	『ある婦人の肖像』『デイジー・ミラー』『黄金の盃』	ジョイスら**心理小説の祖**であり精緻に組み立てられた視点と構成により現代文学の作家に影響

❹ 英・米の20世紀文学

●イギリスの20世紀文学

1920年代を中心に実験的作品を試みたモダニズムが展開した。

ウェルズ (1866 ～ 1946年)	『タイムマシン』『透明人間』	科学技術の進歩が人間にとって何であるかを追求
ウルフ (1882 ～ 1941年)	『ダロウェイ夫人』『灯台へ』	意識の流れが中心，内面描写に巧みな詩的文体の心理小説
ロレンス (1885 ～ 1930年)	『チャタレイ夫人の恋人』『虹』	自然で強健な性の充足が生命力を回復すると考えた
エリオット (1888 ～ 1965年)	詩集『荒地』	新しい詩的言語の創造をめざす
ジョイス (1882 ～ 1941年)	『ユリシーズ』『ダブリン市民』	意識の流れを重視。ホメロスの『オデュッセイア』に着想

●アメリカの20世紀文学

第二次大戦後，ユダヤ系などのマイノリティーから有力作家が輩出。

ドス・パソス (1896 〜 1970年)	『U.S.A.』	コラージュの手法により資本主義のアメリカ社会の様相を描く
スタインベック (1902 〜 68年)	『怒りの葡萄』	干ばつに苦しむ貧窮農民が土地を奪う資本家と闘う様子を描写
ヘミングウェイ (1899 〜 1961年)	『武器よさらば』 『誰がために鐘は鳴る』	第一次大戦に参加し，失われた世代を代表
フォークナー (1897 〜 1962年)	『響きと怒り』 『八月の光』	南部の旧家の解体が題材
テネシー・ウィリアムズ(1911 〜 83年)	『欲望という名の電車』	アメリカ南部の地域性をきわだたせる
アーサー・ミラー (1915 〜 2005年)	戯曲『セールスマンの死』	過去の夢を追い人生に疲れたアメリカの孤独と死を描く

❺ 19世紀までのフランス文学

端正な構造を持つ古典主義演劇ののち19世紀にはロマン主義文学が，続く自然主義は各国に先駆けて開花し，近隣諸国に影響を与えた。

三大古典作家	モリエール (1622〜73年)	『守銭奴』 『タルチュフ』 『ドン・ジュアン』	タルチュフといえば偽善者，ドン・ジュアンといえば放蕩家といった典型的な人間像を創造
	コルネイユ (1606〜84年)	『ル・シッド』 『ポリュークト』	ギリシア，ローマの歴史上の人物が題材
	ラシーヌ (1639〜99年)	『アンドロマック』	コルネイユとともに悲劇作家として著名
ロマン主義	デュマ（父） (1802〜70年)	『三銃士』 『モンテ・クリスト伯』	同名の息子の代表作が『椿姫』
	ユゴー (1802〜85年)	戯曲『エルナニ』 『レ・ミゼラブル』	熱心な共和政支持者であったためナポレオン3世によってパリから追放された
写実主義と自然主義	スタンダール (1783〜1842年)	『赤と黒』 『パルムの僧院』	王政復古期を描き文体，手法ともに斬新，精緻な心理小説
	バルザック (1799〜1850年)	『谷間の百合』 『従妹ベット』	市民社会成立期のエネルギーと欲望を描き出した
	フロベール (1821〜80年)	『ボヴァリー夫人』 『感情教育』	『ボヴァリー夫人』は風俗を乱すとして裁判にかけられた
	モーパッサン (1850〜93年)	『テリエ館』『脂肪の塊』 『女の一生』『ベラミ』	フロベールの指導を受け，短編小説の完成者と評される
	ゾラ (1840〜1902年)	『居酒屋』『ナナ』	**自然主義**。主観を排し科学的な人間観察に基づき叙述

❻ フランスの 19 ～ 20 世紀文学

フランスは各国に先駆け，象徴主義，実存主義の実験的文学を提供。

小説・散文	アナトール・フランス (1844 ～ 1924年)	『タイス』『ペンギンの島』	懐疑主義と独特の厭世観が漂う
	ロマン・ロラン (1866 ～ 1944年)	『ジャン・クリストフ』	**人道主義**に立つ作風。第一次大戦への批判
	ジード (1869 ～ 1951年)	『田園交響楽』 『贋金つくり』『狭き門』	ピューリタンの生活と規範とのはざまの葛藤
	プルースト (1871 ～ 1922年)	『失われた時を求めて』	自伝的一人称小説。象徴派以後のフランス文学の正統派
	デュ＝ガール (1881 ～ 1958年)	『チボー家の人々』	20世紀初頭の激動するフランスを，新・旧教それぞれの2家族の歴史を通して活写
	サン＝テグジュペリ (1900 ～ 44年)	**『夜間飛行』** 『星の王子さま』	飛行士の視点からの自然・文明への省察。秩序・モラル復活渇望
	サルトル (1905 ～ 80年)	『嘔吐』『自由への道』	**実存主義**の哲学者
	カミュ (1913 ～ 60年)	『異邦人』	不条理の思想を表明した哲学的小説
韻文	ボードレール (1821 ～ 67年)	『悪の華』	フランス近代詩の創始者
	マラルメ (1842 ～ 98年)	『半獣神の午後』 自選「ステファヌ・マラルメ詩集」	フランス語による表現の極限を示す，象徴主義の傑作
	ヴェルレーヌ (1844 ～ 96年)	『言葉なき恋歌』『叡智』	ランボーへの傷害事件など不幸な私生活と引き換えの珠玉
	ランボー (1854 ～ 91年)	『酔いどれ船』 『地獄の一季節』	早熟の天才少年詩人
	ヴァレリー (1871 ～ 1945年)	『魅惑』『海辺の墓』	**文明批評家**としても著名
	コクトー (1889 ～ 1963年)	『恐るべき子供たち』	芸術観を述べたものとして『在ることの困難』

ミニプラス+α

Question ［ 1 ］はダーウィンの［ 2 ］を訳したことから，科学的実証的精神に感化され，『実験小説論』で自然主義の立場を宣言，のちのドレフュス事件で政治的に行動した。

Answer ［ 1 ］ゾラ ［ 2 ］『種の起源』

❼ ロシア文学（19 〜 20世紀）

ロシア文学は帝政期の都市インテリゲンチャの間からフランス文学の模倣として始まった。

ロマン主義	プーシキン (1799 〜 1837年)	物語詩『エヴゲニー・オネーギン』 『大尉の娘』	ロシアにおける文章語と**国民文学の父**
写実主義	ゴーゴリ (1809 〜 52年)	戯曲『検察官』，『外套』 『鼻』『死せる魂』	涙を通した笑い，官僚社会の悪を描いた
	ツルゲーネフ (1818 〜 83年)	『あいびき』『猟人日記』 『ルージン』『父と子』	帝政期のロシア知識人や農奴の生活の実態を描く
	ドストエフスキー (1821 〜 81年)	『死の家の記録』 『罪と罰』『カラマーゾフの兄弟』『白痴』	過酷な政治体験から，人間の究極的な全体性を小説化した
	トルストイ (1828 〜 1910年)	『アンナ・カレーニナ』 『戦争と平和』『復活』 『幼年時代』	文明への懐疑と自然回帰，キリスト教的平和主義に特色。**日露戦争反対**など，明治期の日本の文化人に影響を与えた
	チェーホフ (1860 〜 1904年)	小説『曠野』戯曲『かもめ』『伯父ワーニャ』『桜の園』『三人姉妹』	医大卒業後，作家。科学的観察と独特のユーモア感覚に優れる。近代演劇の完成者
20世紀文学	ゴーリキイ (1868 〜 1936年)	『どん底』『母』 『幼年時代』	**プロレタリア文学の父**
	ショーロホフ (1905 〜 84年)	『静かなるドン』	戦争，革命の中の人間の運命を描いた
	ソルジェニーツィン (1918 〜 2008年)	**『イワン・デニーソヴィッチの一日』** 『収容所群島』	ソ連市民の日常をグロテスクに風刺。のち西ドイツへ追放。代表作はパリで出版。ソ連崩壊により帰国

❽ 北欧文学

プロテスタントの土壌から個人主義，女性解放などの先駆的価値観が生まれた。なお，（NW）はノルウェー，（SW）はスウェーデン出身。

イプセン（NW） (1828〜1906年)	『人形の家』『幽霊』 『野鴨』	社会劇・リアリズム劇の確立者。ゾラの自然主義の影響を受ける。詩劇**『ペール・ギュント』**も有名
ストリンドベリ (1849〜1912年)（SW）	戯曲『令嬢ジュリー』 小説『女中の子』	激越な個人主義と厭世観。20世紀初頭の西欧演劇に影響
ラーゲルレーヴ (1858〜1940年)（SW）	『ニルスの不思議な旅』『イェスタ＝ベルリング物語』	伝説的手法で田園生活の落ち着きを描く

❾ドイツ文学

18世紀後半に疾風怒濤（＝シュトルム・ウント・ドランク）として
ロマン主義への動きが開始された。

ドイツロマン派	ヘルダーリン （1770〜1843年）	『ヒュペーリオン』	心情の深みから発する独自の詩境
	ゲーテ （1749〜1832年）	『若きヴェルテルの悩み』『イタリア紀行』『エグモント』『ファウスト』	教養主義小説のほか，神性の宿る内的生命を象徴的に小説化
	シラー （1759〜1805年）	『群盗』『ヴァレンシュタイン』『ヴィルヘルム・テル』	ベートーベンの第9交響曲『合唱』は，シラーの詩『歓喜』を採用
19世紀	ハイネ （1797〜1856年）	『ハルツ紀行』『歌の本』	『歌の本』で叙情詩人としての地位を確立
	シュトルム （1817〜88年）	『みずうみ』『水に沈む』『白馬の騎士』	ロマン的傾向から写実主義に転化
20世紀文学	リルケ （1875〜1926年）	詩『ドゥイノの悲歌』小説『マルテの手記』	事物の奥の魂の発見と神性に対する鋭敏さを表現
	トーマス・マン （1875〜1955年）	『トニオ・クレーガー』『ブッデンブローク家の人々』『魔の山』	旧家の崩壊や小市民の芸術至上主義を体験的に描写
	ヘッセ （1877〜1962年）	『車輪の下』『デミアン』『ガラス玉遊戯』	ロマン的な自然への憧憬を描く。第一次大戦反対でロマン・ロランと親交
	カフカ （1883〜1924年）	『変身』『城』	夢幻性と不安感の表出に特色（旧オーストリア帝国領チェコの出身）
	グラス （1927〜2015年）	『ブリキの太鼓』	時流に翻弄される小市民と時代を活写。ノーベル文学賞受賞

❿ 近年の他地域の作家

クンデラ （1929年〜）	『冗談』『生は彼方へ』『不滅』	チェコスロヴァキア出身。1968年のプラハの春で活躍後フランスに亡命
ガルシア＝マルケス （1928〜2014年）	『百年の孤独』『族長の秋』	コロンビアの作家。魔術的リアリズムにより現実と非現実の交錯する世界を紡ぎ出し，現代文学に物語性を回復

テーマ 4

試験別頻出度	国家専門職 ──	地上特別区 ★★☆
国家総合職 ──	地上全国型 ★☆☆	市役所C ★☆☆
国家一般職 ──	地上東京都 ★☆☆	

学習の
ポイント

◎バロック美術はイタリア・スペイン・オランダを中心にまとめる。

◎絵画史はフランスを中心にまとめると効率がよい。

◎ロマン主義以後20世紀前半までが頻出。特に印象派は重要である。

❶ 1500年代のルネサンス美術

イタリア（IT）の自由都市に発生した古典的均整と調和を求める盛期ルネサンスは，アルプスを越えて北方のオランダ（HO），フランドル地方（FL），ドイツ（GR）へと拡大した（p.79も参照）。

盛期ルネサンス	ミケランジェロ(IT)：「モーセ」「ピエタ」(彫刻) レオナルド・ダ・ヴィンチ(IT)：「岩窟の聖母」(絵画) **ボッティチェリ**(IT)：「三博士の参拝」「受胎告知」(絵画) **ラファエロ**(IT)：「聖体の論議」「ユリウス2世」(絵画)
北方ルネサンス	**ファン・アイク兄弟**(FL)：「聖なる子羊の礼拝」(絵画) ボッシュ(HO)：「愚者の船」「聖アントニウスの誘惑」(絵画) **デューラー**(GR)：「騎士と死神と悪魔」(銅版画) **クラナハ**(GR)：「キリストの磔刑」「パリスの審判」(絵画)

❷ 1600年代のバロック美術

イタリアで発生し各地に伝播→特徴は，動感や感情表現の追求。中心はスペイン（SP）とオランダ，フランドル地方。

カラヴァッジオ(IT)	明暗対比の効果や感情表現を重視。「パウロの改宗」
ベラスケス(SP)	**宮廷画家**。画面の鏡の中や背景にある絵の内容にまで細かい配慮。微妙な感情までも表現した。「無原罪の御宿り」「織女たち」「ラス・メニナス(官女たち)」
エル＝グレコ(SP)	クレタ島の生まれ。形体を流動的に表現する点が特徴的。「ギリシア人」という通称が有名。「オルガス伯の埋葬」「キリストの洗礼」
ルーベンス(FL)	ルネサンス絵画に学び，力強い生命力と輝かしい色彩に満ちた作品を残す。「キリストの磔刑」「パリスの審判」
レンブラント(HO)	**光の画家**とも。深い信仰と人間愛に満ちた作品を生んだ。エッチングも有名。「夜警」は市民の集団肖像画
ハルス(HO)	市民の集団肖像画を，瞬間の躍動感あふれる高度な芸術的表現に高めた。「ハールレム市聖ヨーリス警備隊士官たちの宴会」

❸ 1700年代のロココ美術

バロックの伝統を受け継ぎつつ繊細・優美な表現を特色とするのがロココ様式で，18世紀にフランスで生まれた。

ヴァトー	**フェート・ギャラント**（**雅宴画**）のカテゴリーを開拓。「シテール島の巡礼」
シャルダン	静物を得意とし，庶民の日常性に永遠の詩情を与えた風俗画も有名。「食前の祈り」
フラゴナール	典雅な風俗画，宮廷生活の閨房画。「コレシュスとカリロエ」

❹ 新古典主義（18世紀末～19世紀初め）

ロココ趣味が色あせたころ，古代世界の再発見もあって，社会全体の目が古代ギリシア・ローマに向いた。美術でも，形式的ではあるが古代様式が復活した。繊細なロココ美術に対し，力強い**量感**と**均衡**が特色。

ダヴィッド	彫刻のような量感表現と均衡のとれた構図。「ナポレオンの戴冠式」「ホラティウス兄弟の誓い」
アングル	女性像に静的な理想美を追求。「泉」「グランド・オダリスク」

❺ ロマン主義（19世紀初め～中頃）

新古典主義のあまりにも観念的な形式主義に対し，感動の自由な発現が求められた。その潮流がロマン主義で，情熱などの感情を重視し，動きのある構図と豊かな色彩表現が特徴。

ジェリコー	ドラマティックな構成と写実的表現。「メデューズ号の筏」
ドラクロア	オリエンタリズムの形成にも役割を果たす。「キオス島の虐殺」「民衆を導く自由の女神」
ターナー	**イギリス最大の風景画家**。「平和―海への埋葬」「雨，蒸気，速度」
ゴヤ	**スペインの首席宮廷画家**。人間の内面や社会批判を表す風刺的版画も発表。ドラクロアや印象派たちにも影響を与えた。「着衣のマハ」「裸のマハ」

プラス+ α 印象派の誕生

印象主義の名の由来となったのは，モネが1872年に仕上げ74年のグループ展に陳列した「印象・日の出」だった。記者のルロワが出展者を「印象主義者」と呼び，これが定着したものである。

日本史

世界史

地理

思想

文学・芸術

❻ 写実主義 （1840 年代）

　現実の世界そのままに，形式にとらわれず自然や風俗を描く画家たち。**戸外の制作**を一般化した。ターナーやコンスタブルなどイギリスの風景画家たちはバルビゾン派の画家や印象主義の成立に影響を与えた。

コロー	抒情にあふれた作風の風景画に特色。「ナルニの橋」
ドーミエ	クールベとともに写実主義を提唱。雑誌「シャリヴァリ」の**石版画風刺画家**。「三等列車」，石版画：「ライフル発明者の夢」「法廷の人々」
J.F. ミレー	農民を主題とする絵を描いた。自然主義と呼ばれることもあるバルビゾン派に含めて分類される。「落穂拾い」「晩鐘」「種を蒔く人」
クールベ	写実主義の代表的画家。「眼に見えるものしか描かない」が口癖。レンブラントに感銘を受ける。「石割人夫」「オルナンの埋葬」
コンスタブル	風景画の近代性と古典主義風景画の構図法を融合。→フランスの印象主義に影響。「谷間の農場」，風景画の手引き『イギリスの風景画』

❼ 印象主義 （1870 年代〜 90 年代）

　サロン展の因習的規範を拒否。目に見える印象のままの**原色主義，色彩分割の技法**などで描写。

印象派は太陽の光の反射による自然の輝きを画面に定着させようとした
　┗その技法が色彩分割(筆触分割)＝絵具の色は混ぜるほど，明るさを失う
　　　　　　混ぜないようにする◀─────
　　　　　┗混合すべき色を，小さなタッチ(筆触)でカンヴァスに並置

マネは伝統的な規範から外れた画面構成や色彩表現を実践し，世間の非難を受け，同じように非難されていた印象派に親近感を抱いたが，グループには加わっていない。

ピサロ	コローに感銘を受ける。のちゴーギャン，セザンヌを指導。点描画法も試みた。「ポントワーズ・エルミタージュの菜園」「赤い屋根」
マネ	明るい色彩を好む。「草上の昼食」「オランピア」
シスレー	モネ, ルノワールと親交を結ぶ。「ポール・マルリの洪水」「モレ・シュル・ロワンの橋」
モネ	光の効果を重視し，連作に熱中。「印象・日の出」「ルーアン大聖堂」「睡蓮」
ルノワール	風景画だけでなく人物画にも取り組み，調和のとれた線と輝く色彩，親しみやすい雰囲気が特徴。「ムーラン・ド・ラ・ギャレット」「桟敷席」
ドガ	アトリエでの制作に執着し，室内の動きのある対象を瞬間的に凝縮,画面上に再現するのを得意とした。「楽屋の踊り子達」

❽ ポスト印象主義・新印象主義（1880年代〜1900年頃）

　印象主義画家として出発した人々から新しい芸術運動が起こった。セザンヌの作品はのちの**キュビスム**を胚胎し，ゴッホとゴーギャンの作品は**表現主義**❶の先駆けとなった。ポスト印象主義は，そうした画家たちをひとまとめにした呼称であり，1つの定まった流派というわけではない。また，スーラとシニャックは点描画法を創造，実践した。

セザンヌ	**20世紀美術の父**と呼ばれる。印象派を通して新しい色彩表現を体得，その後，幾何学的な画面構成を採用。「サント・ヴィクトワール山」「大水浴」
ゴーギャン	外界の再現にとどまらず，心理的な内容を持った絵画をめざす象徴主義。一時期ゴッホと共同生活。のち**タヒチ島**へ。「黄色いキリスト」「タヒチの女」
ゴッホ	アルル地方で描かれた傑作は強烈な色彩感覚を特徴とし，独自の画風を見せる。日本の浮世絵版画にも影響された（**ジャポニスム**）。「ひまわり」「糸杉」
ロートレック	世紀末のパリを愛し，ムーラン・ルージュに取材。ドガやゴーギャン，さらに日本美術の影響を受けた。「ムーラン街のサロンにて」
スーラ	新印象主義。同時代の化学者たちの色彩理論を研究し，理論的な**点描画法**を追求。画面構成も理論的。「グランド・ジャッド島の日曜日の午後」
シニャック	新印象主義で，**点描画法の実行者**。後年，点描主義から脱した。「マルセイユ港」

❾ 世紀末絵画

　19世紀末，神秘・瞑想に形を与えようとした心理主義的画風が出現。

ルドン	幻想的でロマンティックな夢想が特徴。「花瓶の花」「オフィーリア」
モロー	マティス，ルオーの師。聖書や神話の題材を想像力豊かに描く。「出現」「オイディプスとスフィンクス」
ムンク	ノルウェーの画家。孤独，不安，死の恐怖など人間の深層の感情を，独特の色彩と描線で描いた。「叫び」「マドンナ」「嫉妬」
クリムト	オーストリアの画家。**ユーゲントシュティール**❷の中心人物。装飾的，象徴的な作風。「接吻」「ユーディット」「生命の木」「期待」「成就」

---

❶ 20世紀初頭のドイツ表現主義，戦後米国で起こった抽象表現主義などの総称
❷ 19〜20世紀初めにかけてフランスで起こったアール・ヌーヴォー芸術のドイツ版

⑩ アール・ヌーヴォーとアール・デコ

　アール・ヌーヴォーは19世紀末から20世紀初頭に，ヨーロッパやアメリカで興った。つる草のような**うねる曲線**を多用している点が特徴。アール・デコはアール・ヌーヴォー様式の単純化をめざし，**簡潔で幾何学的，直線的な様式**に特徴がある。

ガレ	フランスのガラス工芸家。「ナンシー派」を結成。ガラス装飾の技法を究めた。「被せのガラス」
ミュシャ	フランスのポスター作家・画家。アール・ヌーヴォーの旗手的存在。巻たばこ用紙「ジョブ」の広告ポスターが代表作。チェコスロヴァキア出身

⑪ フォーヴィスム（野獣（フォーヴ）派）（20世紀初め）

　粗野なほどの色使い，非写実的な形態描写など極端な主情主義が特徴。

マティス	色彩だけで形や面を描写するフォーヴィスムのリーダー。ゴーギャンやセザンヌ，ゴッホに影響される。「緑の線の肖像」「ダンスII」「音楽」
ルオー	フォーヴィスムと表現主義の初期の代表者。厚塗りで，ステンド・グラスを思わせる黒い輪郭線も特徴。「老いたる王」「道化の頭部」
ヴラマンク	ゴッホに影響され独学で絵を描く。ドランとは友人，パリで活躍した佐伯祐三の師に当たる。「赤い木のある風景」「バルモンドワの画家の家」
ドラン	原色の絵具をそのままキャンバスに塗り込める強い表現。後年に洗練化，脱原色化する。「ロンドン・ブリッジ」「水浴する女たち」

⑫ キュビスム（立体派）（20世紀初め）

　抽象的・分析的に主題をとらえ，幾何学的形態に還元処理して描く。ピカソの作風はいろいろと変化し，後期には自分の作品を含め他の作家たちの作品を独自に模写している。

ピカソ	スペインの画家・彫刻家。20世紀の美術の新様式の開発者。「アヴィニョンの娘たち」「ゲルニカ」
ブラック	瞑想的雰囲気に特色。「バイオリンと水差し」
レジェ	力強い輪郭線と明るい色彩に特色。「森の中の裸像」

⓭ドイツ表現主義

　自己の感情体験を必然的な形で主観的に表現しようとする20世紀初めの美術運動。ナチスに弾圧を受けるまでドイツを中心に盛ん。

カンディンスキー	ロシア出身。エネルギッシュな色彩と音楽的構成の抽象表現に特徴。新芸術家同盟→ブラウエ・ライター（青騎士）。「冷たいかたちのある即興」
ノルデ	強烈な色彩とタッチ。「エジプトのマリアの生涯」

⓮エコール・ド・パリ（20世紀前半）

　両大戦間期にパリのモンマルトル・モンパルナスで活動した異邦人の画家集団。それぞれが個性豊かであった。

モディリアーニ	イタリア出身。不思議な哀感が漂う面長の人物が特徴。「ジャンヌ・エビュテルヌ」「横たわる裸婦」
スーティン	ロシア出身。対象の内面に迫る激しさが特徴。「小さな菓子屋のボーイ」「不吉な街」
シャガール	ロシア出身。無意識的なユーモアと幻想性に満ちた詩的な発想の主題が特徴。「祈るユダヤ人」「曲馬師と鳩」
キスリング	ポーランド出身。明るい新鮮な色彩。「キキの肖像」
藤田嗣治	日本出身。細密描法が特色。「友情」「秋田の行事」

⓯ダダイスム（破壊主義）からシュルレアリスム（超現実主義）へ

　ダダイスムは第一次大戦前後，西欧文化全体への反抗として出現した虚無的な芸術運動。シュルレアリスムは，詩人のアンドレ・ブルトンが主唱。

デュシャン	フランスの芸術家。芸術の概念そのものを否定。キネティック・アートとレディ・メイドの先駆者
エルンスト	夢や異次元世界の表現に当たり，幅広い技法・様式・媒体を駆使。「セレベスの象」
ミロ	幾何学的モティーフがうねる特徴的で明るい色彩感の画面。「アルルカンの謝肉祭」「オランダの室内」
マグリット	思いがけない配置や幻想性が特徴。「人の子」「聖家族」
ダリ	奇矯な言動で知られたスペインの画家。「記憶の固執」ルイス・ブニュエルと共同で映画「アンダルシアの犬」を作った

頻出度 C 西洋音楽・映画

試験別頻出度		
国家専門職 ──	地上特別区 ★☆☆	
国家総合職 ──	地上全国型 ──	市役所C ★☆☆
国家一般職 ──	地上東京都 ★☆☆	

> **学習のポイント**
> ◎実際に聴き比べて曲名と作曲者を印象づけることができれば一番効果的。
> ◎デジタル版の百科事典では，作曲家の項目に代表作の一部音声も収録されており，聞き比べに便利だ。

＊以下の表では，出身国を略号化した。フランス→FR，ドイツ→GR，オーストリア→AU，ハンガリー→HU，ポーランド→PL，ロシア→RU，チェコ→CH，フィンランド→FI，ノルウェー→NW

❶ バロック音楽

16世紀末～18世紀前半。貴族文化と新旧両教会，新興市民階級の3勢力拮抗の上に，イタリアで発祥。仏・独・英の各国へ拡散発展。

バッハ (GR)	「ブランデンブルク協奏曲」，オラトリオ「マタイ受難曲」「平均律クラヴィーア曲集」	対位法を駆使した作曲技法は後世に大きな影響
ヘンデル (GR)	組曲「水上の音楽」オラトリオ「メサイア」	後年イギリスに帰化。オラトリオの名手

❷ 古典主義

18世紀後半から19世紀の30年代まで，約60年間にわたりオーストリアのウィーンを中心に展開。様式的にはソナタ形式による作曲技法が確立し，交響曲，協奏曲，ピアノソナタなどが生まれた。

ハイドン (AU)	オラトリオ「天地創造」交響曲は「軍隊」「時計」「太鼓連打」など104曲	ハンガリー貴族エステルハージ侯の宮廷楽長。交響曲の父
モーツァルト(AU)	オペラ「フィガロの結婚」「ドン・ジョバンニ」ドイツ語の脚本による「魔笛」交響曲「ジュピター」	幼時から演奏家として著名。ザルツブルク大司教の宮廷音楽家を務めるが，のちウィーンで活躍
ベートーベン (GR)	ピアノソナタ「月光」交響曲「英雄」「運命」「田園」「合唱付」「荘厳ミサ曲」ピアノ協奏曲「皇帝」	ウィーンで活躍。ピアノ演奏家として有名。ソナタ形式を確立させ，古典派音楽を大成した

❸ ロマン主義

19世紀初頭〜20世紀初頭。市民革命による社会の変動の影響を受け、主観的・感情的で色彩感の豊かな楽曲が多い。ショパンはポーランド土着のポロネーズやマズルカを楽曲の形式として借用した。リストも同様にハンガリーの民族音楽やロマニー（ジプシー）音楽を取り入れた。

ウェーバー (GR)	オペラ「魔弾の射手」「オイリアンテ」「オベロン」	民話が題材の国民歌劇を多数作曲。ドイツロマン派の祖
シューベルト (AU)	歌曲集「冬の旅」「楽興の時」交響曲「未完成」	数多くの歌曲を残し、「**ドイツ・リートの王**」と呼ばれる
シューマン (GR)	歌曲「詩人の恋」, ピアノ曲集「子供の情景」, 交響曲「春」	人間心理の綾（あや）を繊細な音楽で描写
ベルリオーズ (FR)	「幻想交響曲」	文学・絵画の主題を表現する**標題音楽**を多数作曲
メンデルスゾーン (GR)	交響曲「イタリア」「スコットランド」「フィンガルの洞窟」	バッハを再評価。作風は優雅, 抒情的
ショパン (PL)	「軍隊ポロネーズ」「子犬のワルツ」「別れの曲」	**ピアノの詩人**といわれる。祖国の民族音楽をとり入れた
リスト (HU)	「ハンガリー狂詩曲」「超絶技巧練習曲集」	半音階的和声を駆使。ピアニストとして著名
ワーグナー (GR)	「タンホイザー」「ニーベルンゲンの指輪」「ニュルンベルクのマイスタージンガー」	オペラの劇としての展開と音楽を合致させた**楽劇**を確立
ブラームス (GR)	「ドイツ・レクイエム」「大学祝典序曲」, 交響曲第4番	古典派・ロマン派の長所を結合。**新古典派**ともいわれる
サン=サーンス (FR)	オペラ「サムソンとデリラ」「動物の謝肉祭」	国民音楽協会を創設
ブルックナー (AU)	交響曲第0番〜9番（未完）まで10曲	19世紀最大の教会音楽家。ワーグナーに傾倒
マーラー (AU)	交響曲第1番〜10番（未完）「大地の歌」, 1000人の交響曲	ベートーベン, ワーグナー, ブルックナーの試みを継承。編成が巨大化
シュトラウス父子 (AU)	「ラデツキー行進曲」父（＝ワルツの父）/「ウィーンの森の物語」子（＝ワルツ王）	**ウィンナワルツ**として一世を風靡
チャイコフスキー (RU)	バレエ音楽「白鳥の湖」オペラ「スペードの女王」交響曲「悲愴」	メランコリックで叙情的な旋律と的確な主題の展開が特色

日本史

世界史

地理

思想

文学・芸術

19世紀半ば以降，民族的な旋律・音楽手法を積極的に採用。

スメタナ (CH)	連作交響詩「わが祖国」 オペラ「売られた花嫁」	**チェコ国民楽派の始祖**
ドボルザーク（CH）	交響曲「新世界から」 ピアノ連弾曲集「スラブ舞曲」	スメタナの後継者
グリンカ (RU)	オペラ「ルスランとリュドミラ」	ロシア国民楽派を創始
ボロディン (RU)	オペラ「イーゴリ公」 交響詩「中央アジアの草原にて」	本来は医学博士で化学の教授。**ロシア五人組**
ムソルグスキー（RU）	オペラ「ボリス・ゴドゥノフ」 ピアノ曲「展覧会の絵」	ロシア五人組。独学で大胆な和声法を駆使
リムスキー=コルサコフ（RU）	交響組曲「シエラザード」 オペラ「皇帝サルタンの物語」	ロシア五人組。未完のボロディンの「イーゴリ公」を完成させた
グリーグ (NW)	ヴァイオリンソナタ第1番 組曲「ペール・ギュント」	ノルウェーの風土に根ざした和声様式を用いた
シベリウス (FI)	交響曲第1～7番，交響詩「フィンランディア」「エン・サガ」	ロマン主義的作風に故国の伝承詩，民謡を反映

ロシア五人組は他に**キュイ**と**バラキレフ**が含まれる。

ゴスペル	白人ゴスペル 黒人ゴスペル	大衆的な福音唱歌。1870年頃から歌い始められ，19世紀後半伝道師ドワイト・ムーディ，歌手アイラー・サンキーが普及させた
ブルース	黒人奴隷の労働歌から派生	**アメリカ南部**で誕生。初期のジャズの母体。1912年の「メンフィス・ブルース」が有名。→シティ・ブルースへ発展
ジャズ	黒人系＋白人系ポピュラー	南部のバンジョー音楽と南米系リズムが合体，ニューオーリンズで発生。即興演奏が特色。→1940年代からビッグバンド出現
リズム・アンド・ブルース（R&B）	シティ・ブルースが母体	1950年以降シティ・ブルースにエレキ・ギター，金管を加え「アーバン・ブルース」→レイ・チャールズ出現でR&Bに
カントリーソング	白人大衆向け	1930年代にホンキー・トンクとウェスタン・スウィングに分岐。→60年代「カントリー・アンド・ウェスタン」
ロック	R&Bやカントリーソングを融合	プレスリーの活躍した1959年以後ロックとして大量生産化。60年代以降，**ヒッピー文化**を背景に多様化。ハードロック，ヘヴィ・メタル，グラム・ロック，70年代にパンク，レゲエ，80年代にはラップ音楽が出現

❻ ワールド・ミュージック

●ダンス音楽

タンゴ	アルゼンチン	キューバの舞曲ハバネラなどが起源。20世紀初頭に南米で普及。バンドネオンの伴奏に特色
サンバ	ブラジル	アフリカ音楽的なシンコペーションに特徴がある。1960年代にはジャズの影響でボサノバを分岐した
ルンバ	キューバ	本来はアフリカ的な打楽器と歌の音楽。しかし同じキューバ産の「ソン」が米国などでルンバの名で紹介され普及。スペイン的メロディとアフリカ的リズムの合体
マンボ	キューバ	キューバ出身の**ペレス・プラード**が1950年頃メキシコで録音し売り出したスピード感のあるラテンリズム。歯切れのいい金管楽器を組み合わせる
サルサ	アメリカ合衆国	プエルトリコ系の音楽家が，1960年代末にニューヨークでキューバの「ソン」をもとに創作。70年代にはアフリカ・日本・ヨーロッパに飛び火した
ケルト	アイルランド，スコットランド	フィドル，イーリアン・パイプなどの民族楽器とリール，ホーンパイプといった独自のリズムで演奏される。アイリッシュ・ダンスにも使用される

●歌謡

ファド	ポルトガル	短調の2あるいは4拍子で，リスボン民衆の生活の哀歓を抒情的に歌う。伴奏はポルトガルギター（旋律）とスパニッシュギター（和音）が対に。歌手は**アマリア・ロドリゲス**
フォルクローレ	アンデス（アルゼンチン）	南米インディオの民謡。郷愁を呼ぶ独特の旋律とギターの伴奏や葦笛のケーナも有名。「トゥクマンの月」の**アタワルパ・ユパンキ**
シャンソン	フランス	3拍子のリズムにアコーディオン伴奏が多い。反権威的な現実派シャンソンでは，語り口調の演劇的表現が見られる。歌手は**エディット・ピアフ**，ダミア，イヴ・モンタン
カンツォーネ	イタリア	16世紀の声楽曲までさかのぼる。「オ・ソレ・ミオ」「サンタ・ルチア」などが古来有名。

□【 **アフリカ諸国の音楽** 】…音楽様式はショナ族のムビラ音楽のような**反復パターン**と，ズールー族の合唱音楽に代表される**ポリフォニー**に大きく特徴づけられる。南ア共和国は**アフリカのポピュラー音楽発祥の地**で，ダンス音楽の**ンバクァンガ**が有名。

日本史

世界史

地理

思想

文学・芸術

試験別頻出度	国家専門職 ――	地上特別区 ★☆☆
国家総合職 ――	地上全国型 ★☆☆	市役所C ★☆☆
国家一般職 ――	地上東京都 ★☆☆	

学習のポイント

◎浮世絵，日本画のほか，日本の洋画の発達についても準備が必要。
◎能や歌舞伎の基本的な流れを把握しておかないと，鑑賞も不十分。略史，使われる楽器，話の概略は要チェック事項である。

❶ 日本の美術

□【　絵巻物　】…詞書（ことばがき）と絵で場面の展開を示す。

　『伴大納言絵詞』（応天門の変がテーマ）『平家納経』（厳島神社に奉納）

　『鳥獣戯画』（**鳥羽僧正覚猷（かくゆう）**の絵も含まれるとされ，貴族社会を風刺）

□【　鎌倉時代　】…似絵（にせえ）（肖像画）が発達。寺院建築は唐様から和様へ。

□【　室町時代　】…住宅建築として書院造が発達。庭園造りは河原者（かわらもの）が
　活躍。水墨画が伝来：如拙『瓢鮎図（ひょうねんず）』雪舟『四季山水図巻』

□【　安土桃山時代　】…城郭建築の内装として，障壁画が発達。
　濃絵（だみえ）（金碧濃彩画）を狩野派の絵師などが描いた。

　狩野永徳『唐獅子図屏風』**長谷川等伯**『松林図屏風』

□【　江戸時代　】…俵屋宗達『風神雷神図屏風』
　　　　　　　　　　尾形光琳『紅白梅図屏風』『燕子花図（かきつばたず）屏風』

浮世絵：菱川師宣（ひしかわもろのぶ）『見返り美人図』（肉筆美人画）

　　　　　鈴木春信『弾琴（だんきん）美人』…多色刷版画である錦絵を創始

　　　　　喜多川歌麿『婦女人相十品』（美人大首絵）

　　　　　東洲斎写楽『中村仲蔵』（役者大首絵）

風景版画：葛飾北斎『富嶽三十六景』

　　　　　　歌川（安藤）広重『東海道五十三次』

文人画：池大雅『十便十宜図（じゅうべんじゅうぎず）』（蕪村と共作）

（南画）　**与謝蕪村**『夜色楼台雪万家』

　　　　　渡辺崋山『鷹見泉石像』（洋画の技法も見られる肖像画）

写生画：円山応挙『保津川図屏風』『孔雀図襖』

洋画：司馬江漢『不忍池図』（銅版画で，凸レンズを通して鑑賞する）

日本史

世界史

地理

思想

文学・芸術

□【 明治時代 】…フェノロサと岡倉天心らが東京美術学校を設立。

| 日本画 |
狩野芳崖『**悲母観音**』

橋本雅邦『龍虎図』

菱田春草『落葉』

横山大観『生々流転』

| 洋画 |
高橋由一『**鮭**』

黒田清輝『**湖畔**』『読書』

梅原龍三郎『浅間山』

岸田劉生『麗子像』

浅井忠『収穫』

青木繁『海の幸』

安井曽太郎『**金蓉**』

| 彫刻 |
高村光雲『**老猿**』

荻原守衛『女』

朝倉文夫『墓守』

画家のグループ

○白馬会：黒田清輝，久米桂一郎らが結成。フランス印象派の影響が大きい

○フューザン会：高村光太郎，岸田劉生らが結成。個性を尊重し，白馬会に対抗。
　　　　　↓
草土社，春陽会などに変遷

○ 1898年　院展（日本美術院の展覧会）創立。岡倉天心が亡くなって一時とだえたが，1914年に再興。

○ 1907年　文展（文部省美術展覧会）創始。新人登竜門として権威があった。1919年に帝展（帝国美術院展覧会）に引き継がれ，戦後は日展（日本美術展覧会）として再興。

○ 1893年に開かれたシカゴ万国博覧会に多くの美術工芸品が出品され，高村光雲の『老猿』は優賞を獲得し，日本の伝統的な木彫は世界に認められた。一緒に出品された竹内久一の『伎芸天』（極彩色の着色像，木彫り）も高い評価を得ている。

□【 荻原守衛 】…フランス留学中にロダンの『**考える人**』に感動。絵画から彫刻へ転向してロダンに師事。帰国後まもなく亡くなり，『女』は彼の絶作となった。

| 近代建築 |　来日外国人建築家が活躍

コンドル（イギリス）：鹿鳴館，ニコライ堂，三井家倶楽部などを設計。日本近代建築界の父と呼ばれる。

ロイド＝ライト（アメリカ）：帝国ホテルを設計

タウト（ドイツ）：桂離宮を絶賛し，『日本美の再発見』という著作で海外に紹介

❷日本の芸能

□【 能 】…室町時代，足利義満の保護を受けた大和・結崎座の観阿弥・世阿弥父子によって大成。能楽論『風姿花伝』『申楽談儀』

↓

シテ（主役）が中心…ワキ（脇役）はシテを盛り立てるだけ。謡・囃子につれられて人物が演技し舞う。興行は当時は五番立てが普通。

①脇能（神事物）：儀式的な祝言能で，めでたい雰囲気を出す。

②二番目能（修羅物）：武人の勇壮な物語。

③三番目能（鬘物・女物）：女性を主人公とする優美なもの。

④四番目能（現在物・狂物）：現実的な内容だが，狂女の登場もある。

⑤五番目能（鬼畜物）：動物や植物の霊が登場する。

観世（結崎）・宝生・金春・金剛（以上が大和四座）に喜多（江戸時代から）を加え，**能楽五流**という。

□【 狂言 】…能楽に付随して上演する風刺的な喜劇。

脇狂言・大名物・小名物・聟女物・鬼山伏物などに分類される。大名などの権力者をやり込める内容が主体。鷺流（観世），大蔵流（金春），和泉流（江戸時代から）が狂言三流。室町時代の口語で演じられる。

□【 浄瑠璃 】…三味線と人形を取り合わせた人形浄瑠璃をさすことが多い。1685年に竹本義太夫が始めた曲節以降を新浄瑠璃，それ以前のものを古浄瑠璃という。

竹本座に近松門左衛門，豊竹座に紀海音が出てから，浄瑠璃は盛況に。

時代物	世話物
古い時代に取材	現代物
武士道精神を強調	義理と人情の葛藤に苦しむ町人を描く
『出世景清』	『曽根崎心中』徳兵衛とお初の情死
『国性爺合戦』	『冥途の飛脚』忠兵衛と遊女梅川
『信州川中島合戦』	『心中天の網島』治兵衛と小春の心中
など	『女殺油地獄』与兵衛がお吉を殺害

近松以後は複数の作者が分担して執筆することが多くなった。

□【 歌舞伎 】…17世紀初めに出雲の阿国が始めた「かぶき踊り」が起源という。

　女歌舞伎・若衆歌舞伎が風紀上の理由で禁じられ，野郎歌舞伎となった。→成人男性のみで演じられる。

　近松門左衛門が当時の名優坂田藤十郎のために脚本を書いた。
　│『傾城仏の原』『傾城壬生大念仏』＝お家物（武家の社会劇）の傑作
　近松以後，歌舞伎は浄瑠璃から脚本を借りる状況となり低迷

　その後，上方で並木正三『三十石艠始』，奈河亀助『伽羅先代萩』，

　江戸で鶴屋南北（四世）『東海道四谷怪談』，河竹黙阿弥（二世）『蔦紅葉宇都宮峠』『鼠小紋東君新形』『三人吉三廓初買』などの名作が誕生し，勢いを盛り返した。

　歌舞伎舞踏の総称を所作事という。

　江戸時代の町人の暮らしを題材とし，写実性のある演技をしなければならないものを「生世話物」という。

　女を専門に演じる男優が女形で，対する男役（老役，敵役を除く）は立役と総称される。

　外連：早替りや宙乗りなどの観客の興味をひく演出や演技
　見得：見せ場で一瞬演技を止め，印象づける表情・姿勢をとること
　荒事：荒武者事の略で，武人や鬼神などを演じるもの
　和事：色事や艶事が主となる役柄や演目のこと
　隈取：紅や藍などの顔料を独特の筋やぼかしで化粧に用いたもの

　幹部俳優は名題と呼ばれ，町人に苗字が許されなかった頃の名残りで屋号を持っている役者も多い。

　音羽屋：菊五郎　澤瀉屋：猿之助　高麗屋：幸四郎
　中村屋：勘九郎　成駒屋：芝翫，歌右衛門，鴈治郎，梅之助
　成田屋：団十郎　播磨屋：吉右衛門　大和屋：玉三郎

　歌舞伎十八番：七世市川団十郎が家の芸と定めた演目のこと
　　不破・鳴神・暫・不動・嫐・象引・勧進帳・助六・押戻
　　外郎売・矢の根・関羽・景清・七つ面・毛抜・解脱・蛇柳・鎌髭

　同じ「道行」でも，歌舞伎なら相愛の男女が連れ立つ場面，能では旅行を述べた拍子に乗る謡，狂言は独白しながら舞台を一巡することをさす。

文学・芸術の 50 問 スコアアタック

Question

□**1** のちの勅撰集の範例となったもので，紀貫之を代表的歌人とし，醍醐天皇の命で編まれた和歌集は何か。

□**2** 中宮彰子に仕え『源氏物語』を著した人物の日記の名は何か。また，ほぼ同時期に活躍し『枕草子』を著した人物はだれか。

□**3** 『大鏡』の後の時代について伝記を集成した歴史文学の作品は何か。また，鏡物と呼ばれるもの(四鏡)の最後のものの名を示せ。

□**4** 仏教説話と世俗説話を12世紀に集大成した説話文学の作品は何か。また，大正期の新思潮派の作家で，この作品から効果的に翻案した短編を書いたのはだれか。

□**5** 西山宗因が現実生活のおもしろみを自由に表現するために起こした俳諧の団体で井原西鶴も入門していたのはどこか。

□**6** 松尾芭蕉が奥羽と北陸を旅したときの紀行文の題名と，蕉風が完成されて円熟さを読み取れる俳諧集の題名は何か。

□**7** 後期読本で滝沢(曲亭)馬琴が腕をふるい，因果応報とともに作品に込めた儒教思想は何か。

□**8** 文学論『小説神髄』を著したのはだれか。また，この人物がとった文学上の立場を何というか。

□**9** 二葉亭四迷の書いた初の言文一致体小説の作品名は何か。

□**10** 『破戒』『夜明け前』で知られる自然主義作家はだれか。また，浪漫詩人として出発した若年の彼の最初の詩集の名を示せ。

Answer

1 『古今集』
優美で繊細な「たをやめぶり」が特徴

2 『紫式部日記』
清少納言

3 『今鏡』
『増鏡』

4 『今昔物語集』
芥川龍之介
『鼻』『芋粥』など

5 談林派
貞門派の格式を打ち破った作風

6 『奥の細道』
『猿蓑』

7 勧善懲悪
雄大で複雑な話に秩序を持たせた

8 坪内逍遥
写実主義

9 『浮雲』

10 島崎藤村
『若菜集』

☐**11** 自我崇拝と人道主義に立脚した大正～昭和時代の文学グループの名は何か。また,『お目出たき人』などを書いたその派の代表的人物はだれか。

11 白樺派

　　武者小路実篤
他に志賀直哉, 有島武郎

☐**12** 芥川龍之介が『鼻』を発表した著名な文芸誌の名は何か。また, この作品をだれにほめられて彼は作家としてのスタートを切ったか。

12 「新思潮」(第4次)

　　夏目漱石

☐**13** 『日輪』『蝿』で登場。新感覚派の旗手と仰がれ,「文芸時代」を創刊したのはだれか。

13 横光利一

☐**14** 『風立ちぬ』で知られる新心理主義の作家はだれか。また,同主義の作家で,戦後のチャタレイ裁判で著名な人物はだれか。

14 堀辰雄

　　伊藤整

☐**15** 日本叙情文学の最高峰とされ『雪国』『山の音』で知られる作家はだれか。また, 彼が所属していた文芸上の流派はどこか。

15 川端康成

　　新感覚派

☐**16** 『蟹工船』『太陽のない街』などの作品で労働者の生活実態に密着した主張を行った文芸を何と呼ぶか。

16 プロレタリア文学
小林多喜二,徳永直など

☐**17** 若い頃は耽美的な作品を書いていたが,やがて日本の古典への関心を深め,『春琴抄』や『細雪』などを書いた作家はだれか。

17 谷崎潤一郎
関西に移ってから『源氏物語』を現代語訳した

☐**18** 日本浪漫派の強い影響を受け, 華麗な文体に特異な才能を発揮し,『仮面の告白』などを書いた作家はだれか。

18 三島由紀夫
『憂国』『豊饒の海』などの作品あり

☐**19** 伊藤左千夫に師事し,雑誌「アララギ」で短歌を発表,『赤光』などの歌集も出した歌人はだれか。

19 斎藤茂吉
北杜夫の実父であり,歌人研究でも業績あり

☐**20** 第2次戦後派, 新戯作派の後に登場した安岡章太郎, 吉行淳之介らを一括して何と呼ぶか。

20 第三の新人

□ **21** 『死者の奢り』『飼育』で登場した現代日本文学を代表する作家はだれか。

21 大江健三郎
1994年にノーベル文学賞受賞

□ **22** 英国グローブ座の座付き作者で，四大悲劇で知られる人物はだれか。四大悲劇のうち『オセロ』『リア王』以外の2つは何か。

22 シェークスピア
『ハムレット』
『マクベス』

□ **23** 写実主義の作家としては，『二都物語』の ① ，『赤と黒』の ② ，『ボヴァリー夫人』の ③ などが有名である。

23 ①ディケンズ
②スタンダール
③フロベール

□ **24** 『罪と罰』『白痴』といった代表作のほか，過酷な政治体験から『死の家の記録』などを書いたロシアの作家はだれか。

24 ドストエフスキー

□ **25** コロンビアの作家ガルシア＝マルケスの代表作は何か。

25 『百年の孤独』

□ **26** ベラスケス，エル＝グレコらが代表する反古典主義の美術を何というか。また，いつ頃の様式か答えよ。

26 バロック美術
16〜17世紀

□ **27** 繊細・優美な表現を特色とするヴァトーやフラゴナールの絵画は何様式か。また，いつ頃の様式か答えよ。

27 ロココ様式
18世紀

□ **28** フランス共和政で公的に認められた，ダヴィッドが代表する美術様式を何と呼ぶか。

28 新古典主義
他にアングルなど

□ **29** ロマン主義の画家ジェリコーが実話に取材して描いた著名な作品の名を挙げよ。

29 「メデューズ号の筏」

□ **30** 抽象の可能性の探求者として有名なカンディンスキーが属した芸術思潮を何というか。

30 ドイツ表現主義
他にノルデ，ベックマン

□ **31** 主題を幾何学的形態に還元して描いたピカソやブラックの属した芸術思潮を何というか。また，彼らの思潮は系統的にはだれの影響のもとに発生したか。

31 キュビスム（立体派）
セザンヌ
ピカソ「アヴィニョンの娘たち」がキュビスムの始まり

□**32** ダダイスムを母体にフロイト心理学の影響下で成立した，ホアン・ミロ，マグリットらの芸術運動を何というか。

□**33** 「悲愴」「月光」「情熱」の3大ピアノ・ソナタを作曲し，モーツァルトと同時代に生きた音楽家はだれか。

□**34** ドイツ・リート（歌曲）の王と呼ばれる作曲家はだれか。

□**35** 標題音楽を多数書いたフランスの作曲家はだれか。また，彼の代表作品は何か。

□**36** 全体芸術としての楽劇を創始した作曲家はだれか。

□**37** ムソルグスキー，ボロディン，ドボルザークら自国民族音楽の旋律・手法を採用した作曲家のグループを何というか。

□**38** 19世紀末のアメリカ南部の黒人労働歌を母体とする音楽を何というか。

□**39** T.S.エリオットの詩にアンドリュー・ロイド＝ウェバーが曲をつけ，1981年にロンドンで初演されたミュージカルの題名は何か。

□**40** 鎌倉時代に作られた絵巻物で，鳥羽僧正が描いた部分もあるといわれる，貴族社会を風刺した内容で有名な作品の題名は何か。

□**41** 錦絵を始めた浮世絵師と，独特の役者大首絵を短期間に集中して発表した身元の不確かな浮世絵師はそれぞれだれか。

□**42** 風景版画『東海道五十三次』の作者はだれか。

32 シュルレアリスム（超現実主義）

33 ベートーベン
古典主義に属する

34 シューベルト

35 ベルリオーズ
「幻想交響曲」

36 ワーグナー
「ニーベルンゲンの指輪」「タンホイザー」など

37 国民楽派
スラブ民族の間で始まり，東欧や北欧へ拡大

38 ブルース
ジャズの音楽的基礎となる

39 「キャッツ」
みすぼらしい猫グリザベラが歌う「メモリー」がヒット

40 鳥獣戯画
京都市高山寺に伝わる4巻1組の白描絵巻

41 鈴木春信
東洲斎写楽

42 歌川(安藤)広重

□43 フューザン会や草土社，春陽会などの洋画家グループの活動に参加し，『麗子像』などの作品を残した画家はだれか。

43 **岸田劉生**
デューラーなどの影響を受けた

□44 ロダンに師事し，『文覚』や『女』などの作品を作った彫刻家はだれか。

44 **荻原守衛**
号は碌山

□45 鹿鳴館やニコライ堂などを設計し，日本近代建築界の父と呼ばれるイギリス出身の建築家はだれか。

45 **ジョサイア・コンドル**

□46 能や狂言において，主役は何と呼ばれているか。

46 **シテ**

□47 大和猿楽四座の結崎座は，能の大成者として知られる世阿弥の出たところであるが，現在の流派の呼び名は何か。

47 **観世（流）**

□48 古浄瑠璃と新浄瑠璃が区別されるきっかけとなった演者はだれか。

48 **竹本義太夫**

□49 近松門左衛門の最初の世話物とされる作品はどれか。

49 **曽根崎心中**

□50 元禄時代の歌舞伎役者で，近松門左衛門に脚本を書いてもらい，また和事の創始者ともいわれている人物はだれか。

50 **坂田藤十郎**
上方歌舞伎を代表する名優の一人

文学・芸術の50問スコアアタック得点		
第1回（　／　）	第2回（　／　）	第3回（　／　）
／50点	／50点	／50点

●本書の内容に関するお問合せについて

　本書の内容に誤りと思われるところがありましたら，まずは小社ブックスサイト
（jitsumu.hondana.jp）中の本書ページ内にある正誤表・訂正表をご確認ください。
正誤表・訂正表がない場合や訂正表に該当箇所が掲載されていない場合は，書名，
発行年月日，お客様の名前・連絡先，該当箇所のページ番号と具体的な誤りの内容・
理由等をご記入のうえ，郵便，FAX，メールにてお問合せください。

〒163-8671　東京都新宿区新宿1-1-12　　実務教育出版　第二編集部問合せ窓口
FAX：03-5369-2237　　E-mail：jitsumu_2hen@jitsumu.co.jp

【ご注意】
※電話でのお問合せは，一切受け付けておりません。
※内容の正誤以外のお問合せ（詳しい解説・受験指導のご要望等）には対応できません。

上・中級公務員試験

新・光速マスター　人文科学 [改訂第2版]

2012 年 11 月 30 日　初版第 1 刷発行　　　　　　　　　　　〈検印省略〉
2017 年 12 月 15 日　改訂初版第 1 刷発行
2021 年 12 月 20 日　改訂第 2 版第 1 刷発行

編　者　資格試験研究会
発行者　小山隆之

発行所　株式会社　実務教育出版
　　　　〒163-8671　東京都新宿区新宿1-1-12
　　　　☎編集 03-3355-1812　販売 03-3355-1951
　　　　振替　00160-0-78270

印　刷　図書印刷
製　本　ブックアート

編集協力・制作　㈱大知

[公務員受験BOOKS]

実務教育出版では、公務員試験の基礎固めから実戦演習にまで役に立つさまざまな入門書や問題集をご用意しています。過去問を徹底分析して出題ポイントをピックアップし、すばやく正確に解くテクニックを伝授します。あなたの学習計画に適した書籍を、ぜひご活用ください。

なお、各書籍の詳細については、弊社のブックスサイトをご覧ください。

https://www.jitsumu.co.jp

人気試験の入門書

何から始めたらよいのかわからない人でも、どんな試験が行われるのか、どんな問題が出るのか、どんな学習が有効なのかが1冊でわかる入門ガイドです。「過去問模試」は実際に出題された過去問でつくられているので、時間を計って解けば公務員試験をリアルに体験できます。

★「公務員試験早わかりブック」シリーズ ［年度版］* ●資格試験研究会編

地方上級試験早わかりブック

市役所試験早わかりブック

警察官試験早わかりブック

消防官試験早わかりブック

社会人が受けられる**公務員試験**早わかりブック

高校卒で受けられる**公務員試験**早わかりブック
［国家一般職(高卒)・地方初級・市役所初級等］

社会人基礎試験早わかり問題集

市役所新教養試験Light & Logical 早わかり問題集

公務員試験で出る**SPI・SCOA**早わかり問題集
※本書のみ非年度版 ●定価1430円

過去問正文化問題集

問題にダイレクトに書き込みを加え、誤りの部分を赤字で直して正しい文にする「正文化」という勉強法をサポートする問題集です。完全な見開き展開で書き込みスペースも豊富なので、学習の能率アップが図れます。さらに赤字が消えるセルシートを使えば、問題演習もバッチリ!

★上・中級公務員試験「過去問ダイレクトナビ」シリーズ

過去問ダイレクトナビ **政治・経済**
資格試験研究会編●定価1430円

過去問ダイレクトナビ **日本史**
資格試験研究会編●定価1430円

過去問ダイレクトナビ **世界史**
資格試験研究会編●定価1430円

過去問ダイレクトナビ **地理**
資格試験研究会編●定価1430円

過去問ダイレクトナビ **物理・化学**
資格試験研究会編●定価1430円

過去問ダイレクトナビ **生物・地学**
資格試験研究会編●定価1430円

一般知能分野を学ぶ

一般知能分野の問題は一見複雑に見えますが、実際にはいくつかの出題パターンがあり、それに対する解法パターンが存在しています。基礎から学べるテキスト、解説が詳しい初学者向けの問題集、実戦的なテクニック集などで、さまざまな問題に取り組んでみましょう。

標準 判断推理 ［改訂版］
田辺 勉著●定価2310円

標準 数的推理 ［改訂版］
田辺 勉著●定価2200円

判断推理がみるみるわかる**解法の玉手箱** ［改訂第2版］
資格試験研究会編●定価1540円

数的推理がみるみるわかる**解法の玉手箱** ［改訂第2版］
資格試験研究会編●定価1540円

判断推理 必殺の解法パターン ［改訂第2版］
鈴木清士著●定価1320円

数的推理 光速の解法テクニック ［改訂版］
鈴木清士著●定価1175円

空間把握 伝説の解法プログラム
鈴木清士著●定価1210円

資料解釈 天空の解法パラダイム
鈴木清士著●定価1760円

文章理解 すぐ解ける〈直感ルール〉ブック ［改訂版］
瀧口雅仁著●定価1980円

公務員試験 **無敵の文章理解メソッド**
鈴木鋭智著●定価1540円

年度版の書籍については、当社ホームページで価格をご確認ください。https://www.jitsumu.co.jp/

公務員試験に出る専門科目について、初学者でもわかりやすく解説した基本書の各シリーズ。
「はじめて学ぶシリーズ」は、豊富な図解で、難解な専門科目もすっきりマスターできます。

はじめて学ぶ **政治学** 加藤秀治郎著●定価1175円	はじめて学ぶ **国際関係**[改訂版] 高瀬淳一著●定価1320円
はじめて学ぶ **ミクロ経済学**[第2版] 幸村千佳良著●定価1430円	はじめて学ぶ **マクロ経済学**[第2版] 幸村千佳良著●定価1540円

重要科目の基本書

どちらも公務員試験の最重要科目である経済学と行政法を、基礎から応用まで詳しく学べる本格的な
基本書です。大学での教科書採用も多くなっています。

経済学ベーシックゼミナール 西村和雄・八木尚志共著●定価3080円	**経済学ゼミナール 上級編** 西村和雄・友田康信共著●定価3520円
新プロゼミ行政法 石川敏行著●定価2970円	

苦手意識を持っている受験生が多い科目をピックアップして、初学者が挫折しがちなところを徹底的
にフォロー！やさしい解説で実力を養成する入門書です。

最初でつまずかない経済学[ミクロ編] 村尾英俊著●定価1980円	**最初でつまずかない経済学**[マクロ編] 村尾英俊著●定価1980円
最初でつまずかない民法Ⅰ[総則／物権 担保物権] 鶴田秀樹著●定価1870円	**最初でつまずかない民法Ⅱ**[債権総論・各論 家族法] 鶴田秀樹著●定価1870円
最初でつまずかない行政法 吉田としひろ著●定価1870円	**最初でつまずかない数的推理** 佐々木淳著●定価1870円

ライト感覚で学べ、すぐに実戦的な力が身につく過去問トレーニングシリーズ。地方上級・市役所・
国家一般職［大卒］レベルに合わせて、試験によく出る基本問題を厳選。素早く正答を見抜くポイン
トを伝授し、サラッとこなせて何度も復習できるので、短期間での攻略も可能です。

基本問題中心の過去問演習書

★公務員試験「スピード解説」シリーズ 資格試験研究会編●定価1650円

スピード解説 **判断推理** 資格試験研究会編 結城順平執筆	スピード解説 **数的推理** 資格試験研究会編 永野龍彦執筆
スピード解説 **図形・空間把握** 資格試験研究会編 永野龍彦執筆	スピード解説 **資料解釈** 資格試験研究会編 結城順平執筆
スピード解説 **文章理解** 資格試験研究会編 饗庭悟執筆	
スピード解説 **憲法** 資格試験研究会編 鶴田秀樹執筆	スピード解説 **行政法** 資格試験研究会編 吉田としひろ執筆
スピード解説 **民法Ⅰ**[総則／物権 担保物権][改訂版] 資格試験研究会編 鶴田秀樹執筆	スピード解説 **民法Ⅱ**[債権総論・各論 家族法][改訂版] 資格試験研究会編 鶴田秀樹執筆
スピード解説 **政治学・行政学** 資格試験研究会編 近裕一執筆	スピード解説 **国際関係** 資格試験研究会編 高瀬淳一執筆
スピード解説 **ミクロ経済学** 資格試験研究会編 村尾英俊執筆	スピード解説 **マクロ経済学** 資格試験研究会編 村尾英俊執筆

選択肢ごとに問題を分解し、テーマ別にまとめた過去問演習書です。見開き2ページ完結で読みや
すく、選択肢問題の「引っかけ方」が一目でわかります。「暗記用赤シート」付き。

一問一答 スピード攻略 社会科学 資格試験研究会編●定価1430円	**一問一答 スピード攻略 人文科学** 資格試験研究会編●定価1430円

★公務員試験「新スーパー過去問ゼミ6」シリーズ

◎教養分野
資格試験研究会編●定価1980円

新スーパー過去問ゼミ6 **社会科学** ［政治／経済／社会］	新スーパー過去問ゼミ6 **人文科学** ［日本史／世界史／地理／思想／文学・芸術］
新スーパー過去問ゼミ6 **自然科学** ［物理／化学／生物／地学／数学］	新スーパー過去問ゼミ6 **判断推理**
新スーパー過去問ゼミ6 **数的推理**	新スーパー過去問ゼミ6 **文章理解・資料解釈**

◎専門分野
資格試験研究会編●定価1980円

新スーパー過去問ゼミ6 **憲法**	新スーパー過去問ゼミ6 **行政法**
新スーパー過去問ゼミ6 **民法Ⅰ** ［総則／物権／担保物権］	新スーパー過去問ゼミ6 **民法Ⅱ** ［債権総論・各論／家族法］
新スーパー過去問ゼミ6 **刑法**	新スーパー過去問ゼミ6 **労働法**
新スーパー過去問ゼミ6 **政治学**	新スーパー過去問ゼミ6 **行政学**
新スーパー過去問ゼミ6 **社会学**	新スーパー過去問ゼミ6 **国際関係**
新スーパー過去問ゼミ6 **ミクロ経済学**	新スーパー過去問ゼミ6 **マクロ経済学**
新スーパー過去問ゼミ6 **財政学** ［改訂版］	新スーパー過去問ゼミ6 **経営学**
新スーパー過去問ゼミ6 **会計学** ［択一式／記述式］	新スーパー過去問ゼミ6 **教育学・心理学**

★大卒程度「警察官・消防官 新スーパー過去問ゼミ」シリーズ
資格試験研究会編●定価1430円

警察官・消防官 新スーパー過去問ゼミ **社会科学** ［改訂第2版］ ［政治／経済／社会・時事］	警察官・消防官 新スーパー過去問ゼミ **人文科学** ［改訂第2版］ ［日本史／世界史／地理／思想／文学・芸術／国語］
警察官・消防官 新スーパー過去問ゼミ **自然科学** ［改訂第2版］ ［数学／物理／化学／生物／地学］	警察官・消防官 新スーパー過去問ゼミ **判断推理** ［改訂第2版］
警察官・消防官 新スーパー過去問ゼミ **数的推理** ［改訂第2版］	警察官・消防官 新スーパー過去問ゼミ **文章理解・資料解釈** ［改訂第2版］

★上・中級公務員試験「新・光速マスター」シリーズ
資格試験研究会編●定価1320円

新・光速マスター **社会科学** ［改訂第2版］ ［政治／経済／社会］	新・光速マスター **人文科学** ［改訂第2版］ ［日本史／世界史／地理／思想／文学・芸術］
新・光速マスター **自然科学** ［改訂第2版］ ［物理／化学／生物／地学／数学］	

過去問演習を通して実戦力を養成

要点整理＋理解度チェック

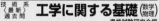